"十二五"高职高专涉外旅游专业工学结合系列教材

旅游客源国概况

主　编　刘长英

副主编　李鹏军　李文放
　　　　刘　琳　胡　萍

中国财富出版社

图书在版编目（CIP）数据

旅游客源国概况／刘长英主编．—北京：中国财富出版社，2015.1

（"十二五"高职高专涉外旅游专业工学结合系列教材）

ISBN 978－7－5047－5417－2

Ⅰ．①旅…　Ⅱ．①刘…　Ⅲ.①旅游客源—概况—世界—高等职业教育—教材　Ⅳ.①F591

中国版本图书馆 CIP 数据核字（2014）第 242372 号

策划编辑	寇俊玲	责任印制	何崇杭
责任编辑	王　琳　李彩琴	责任校对	梁　凡

出版发行	中国财富出版社		
社　　址	北京市丰台区南四环西路 188 号 5 区 20 楼	邮政编码	100070
电　　话	010－52227568（发行部）	010－52227588 转 307（总编室）	
	010－68589540（读者服务部）	010－52227588 转 305（质检部）	
网　　址	http：//www.cfpress.com.cn		
经　　销	新华书店		
印　　刷	北京京都六环印刷厂		
书　　号	ISBN 978－7－5047－5417－2/F·2255		
开　　本	710mm×1000mm　1/16	版　　次	2015 年 1 月第 1 版
印　　张	14.5	印　　次	2015 年 1 月第 1 次印刷
字　　数	292 千字	定　　价	29.00 元

前　言

　　本书系统地阐述了中国旅游业和海外客源市场的发展状况，然后分 14 个客源区对我国的主要客源国的地理、经济、社会文化、民俗风情等做了较为详细的介绍。

　　编写时，我们遵循"以企业需求为导向，以职业能力为核心"的理念，从现代旅游发展的实际出发，反映工作岗位需求，注重职业能力培养，做到既比较科学严谨，又较好地体现创新与适用，以求更好地满足培养现代旅游专业人才的需要。

　　从结构上看，全书内容新颖、简洁实用、体例完整、操作性强，切实保证教学过程中的具体性和可操作性，更利于提高学生的学习能力和应用能力，实现以知识运用、技能训练和能力强化来提高人才培养质量。

　　在使用功能上，本书安排的内容足量、适用，贴近工作实际，贴近市场需求，注重服务于职业岗位。既介绍各种基本知识，又提供一些必要的数据资料，并通过情景模拟、合作探究等方式来突显对学生专业素质和职业技能的培养。

　　本书由刘长英主持编写，李鹏军、李文放、刘琳、胡萍担任副主编。在编写过程中，我们参考了国内外专家、学者的诸多研究成果并引用了相关资料，在此向他们表示衷心感谢。由于时间仓促，书中肯定会有疏漏和不足之处，敬请读者批评指正！

　　本书适用于应用型本科院校、高等专科学校、高等职业院校、成人高等学校、中等职业学校相关专业学生使用，也适合于涉外旅游企业员工培训使用，亦可供饭店业、餐饮业以及相关行业管理人员学习和参考，还可作为旅游爱好者的旅游指南。

编　者
2014 年 10 月

目 录
Contents

第一章　中国旅游业和海外客源市场

学习目标

1. 了解中国旅游业发展概况；
2. 了解中国出境旅游市场现状及其发展趋势；
3. 掌握中国入境旅游现状、发展趋势及对策。

第一节　中国旅游业概况

一、中国古代旅游阶段

中国古代旅游活动始于夏、商、周。当时主要是帝王巡游、政治旅行和商务旅行活动等。夏禹被认为是我国最早的探险家和旅行家。商代是中国古代的一个商品经济繁荣时期，商人足迹遍布各地，商务旅游十分盛行。周穆王经常外出巡狩，乐而忘归。东周时代，社会处于大变革之中，代表不同阶级和阶层的思想家、理论家从各自的阶级利益出发，著书立说，争鸣论战，带门徒周游列国，宣传自己的政见。其中，孔子是代表人物。

秦汉时期是中国统一的中央集权国家建立和发展时期。秦始皇统一中国后，利用当时以咸阳为中心四通八达的交通，五次出巡，周游全国，并多次登泰山举行祭祀封禅活动。汉武帝时代，两次派张骞出使西域，开拓了"丝绸之路"，建立了与西域各国的友好关系。当时国内的许多矢志求学之士，为创万世之业，读万卷书，行万里路，拓展视野，增长见识，使这一时期的科学技术、史学、文学获得较大成就。西汉时期伟大的史学家、文学家司马迁，就是学术考察旅游最早最杰出的代表。

魏晋南北朝时期，对于中国山水诗歌、游记等旅游文学创作的兴起和中国旅游发展历史都有着特殊的意义。法显所著《佛国记》和郦道元所著《水经注》都是千古不朽的名著。士人漫游、宗教旅游、学术考察旅游是主要的形式。

隋唐时期是中国古代社会的鼎盛时期。隋唐的国内外旅游达到了鼎盛。士人漫游成风，宗教旅游盛行，国际旅游活跃，旅游文学创作繁荣是其特点。隋

1

朝统一南北和大运河的开凿，形成了南北水路交通大动脉，隋炀帝开创了中国旅游史上帝王周游的新篇章。唐代实行了科举取士制度，士人远游成风，出现了李白、杜甫等的诗人兼旅行家。中国同印度、日本等国僧人来往频繁，出现了玄奘、鉴真等杰出的宗教旅行家。

宋元时期的航海旅游、贸易旅游有了很大发展。这一时期由于指南针的发明并应用于航海，促进了"海上丝绸之路"的开辟，加强了与西方各国的贸易，增进了旅游交往。旅行家、旅游文学作品层出不穷，如范仲淹的《岳阳楼记》、苏轼的《赤壁赋》、欧阳修的《醉翁亭记》等。

明清时期最为突出的旅行活动是航海旅游和科学考察旅行，留存下来的学术著作成就不凡。最杰出的航海家郑和、旅行家徐霞客、医药学家李时珍等分别留下宝贵的航海资料、千古不朽的旅游和医药名著。

在史书和文学作品中，几乎总是将"旅"与"商"连到一起。"商旅"一词在这一时期的文学作品和史料记载中几乎随处可见，说明真正在规模上占支配地位的始终是以贸易经商旅行为代表的经济目的的旅行。但是，以李白、杜甫为代表的士人漫游，以张骞、郑和为代表的公务旅游，以玄奘、鉴真为代表的宗教旅游，以徐霞客、李时珍为代表的科学考察旅游等，都是属于非经济目的的旅游活动。以上情况说明中国古代旅游的形式向多样化发展，非经济目的的旅游活动逐渐扩大。

二、中国近代旅游阶段

鸦片战争以后，闭关锁国的中国社会的大门被迫打开，国际性的经济、政治、文化思想的交往不断开展起来，国际和国内的交通发展也为这种国际交往提供了便利条件。中国近代旅游业就是在这样的背景下发展起来的。

中国旅游业形成的标志是中国旅行经营机构的建立。1923 年 8 月 15 日，经当时的中国政府（史称北洋政府）批准，上海商业储蓄银行总经理陈光甫在自己银行内部成立"旅行部"。1924 年春，组织了第一批国内旅游团，从上海赴杭州游览，由于人数众多，包租了专列来往运送旅游者。1925 年又组织了第一个赴日本旅游的"观樱团"。从 1923 年 8 月起的 5 年内，上海商业储蓄银行在 11 家外埠分行开设了旅行社分部，还先后与 20 家中外铁路公司、23 家中外航运公司建立业务联系。上海商业储蓄银行旅行部开设了中国旅游发展史上四个第一：办理第一艘旅美学生专轮，举办国内第一个游览团，组织第一个国外游览团，发行中国第一张旅行支票。1927 年 6 月 1 日，旅行部从银行独立出来，正式领取了营业执照，成立了中国旅行社，这是我国第一家旅行社。为了扩大影响，1927 年中国旅行社创办了我国第一份旅游行业的专业杂志——《旅行杂志》，专门宣传祖国的风景名胜和自然风光。

图 1 - 1 陈光甫（1881—1976）及其创办的《旅行杂志》

与此同时，中国还出现了许多类似的旅游组织，如铁路游历经理处、公路旅游服务社、浙江名胜导游团、中国汽车旅行社等。然而，当时中国的社会基础差，生产力还十分落后，人民生活水平低，中国近代的旅游总体发展十分缓慢。旅游作为一种产业已经形成，但规模小，水平低，对国民经济的作用十分有限。

三、中国现代旅游阶段

中国的现代旅游始于 1949 年，但由于国内和国际政治、经济等各种原因，早期的旅游服务活动完全是出于外交的需要。中国国际旅游服务基本为"政治服务型"的模式，服务对象主要是友好国家的团体和友好人士，主要任务是为他们提供民间交往的便利。当时的中国旅游业对国家经济的贡献微不足道。

为了扩大统一战线和贯彻侨务政策，接待海外侨胞归国探亲和观光旅游，中国第一家国营华侨服务社于 1949 年 11 月 19 日在厦门市诞生。此后几年中，全国各主要城市也都陆续设立了华侨服务社。华侨旅行社于 1952 年开始兴办。1952 年 10 月，"亚洲及太平洋区域和平会议"在我国召开。与会者为来自 37 个国家的 367 位代表。由于这次会议的影响，此后来中国公务出差和旅游的外宾逐渐增多。现有的旅行社虽然承担了一定的服务工作，但难以胜任当时有特别要求的政治性服务任务。在周恩来的提议下，经政务院（1954 年 9 月成立国务院）批准，中国国际旅行社总社于 1954 年 4 月 15 日正式成立并在上海、天津、杭州、南京、汉口、广州、沈阳、哈尔滨、丹东、大连、满洲里、凭祥、南宁、南昌等地成立了 14 家分社。中国国际旅行社的任务是"作为统一招待外宾食、住、行事务的管理机构，承办政府各单位及群众团体有关外宾事务招待等事项；并发售国际联运火车、飞机客票。"当时中国国际旅行社的性质为"国营企业"，但实际上国家对其实行差额补贴，即每年由国家拨一定数量的招待费，结算赤字部分由国家给予补贴。事实上，国际旅行社在成立初期也基本上没有开展接待自费国际游客的业务。1964年7月24日，中国旅游事业管理局的成立标志着我国旅游业步入了一个新的阶段。1965年，仅国旅便接待了12877名外国团体旅游者和8358名外国散客，创造了一个阶段性的纪录。20世纪60年代中期虽然世界旅游发展迅速，但受10年"文化大革命"的影响，我国旅游业在之后的一段时间内没有更多的发展。

1978—1987年，我国旅游业处于起步阶段，实现了从"外事服务型"向"经济创汇型"转变，其特征是没有市场化，属于计划配额，求大于供，外事促内事。

1978年，我国入境旅游者只有180.9万人次，旅游外汇收入只有2.63亿美元，在世界排名第41位，中国旅游业基本上是一张白纸。在这个背景下，邓小平同志从资源综合利用和经济产业高度提出要积极发展我国旅游业，当时还算了一笔账：一个旅行者一千美元，服务一千万个旅行者，就可以赚一百亿美元。在他的积极倡导下，在改革开放政策的推动下，尤其十一届三中全会关于"对外开放，对内搞活"的宣言，意味公民可以自由、自费出入，中国旅游业从20世纪70年代末开始崛起。但由于当时中国国内经济比较落后，国内旅游市场尚未形成规模，因此，这一阶段仍以入境旅游占主导地位。

1987年至今，旅游业处于快速发展阶段，经历了从单一入境旅游到入境旅游、国内旅游两个市场，再到入境旅游、国内旅游、出境旅游三个市场的发展过程，旅游业逐渐加重其占国民经济总产值的比重，旅游业已成为具有相当规模的经济产业。其特征是市场逐渐成熟，竞争逐步激烈，供大于求。这一阶段，我国的旅游基础设施明显改善，如在一些发达城市的主要饭店的硬件水平已不低于甚至超过发达国家饭店的水平，外国管理公司的介入使中国饭店业迅速从原来招待所概念的管理上升到国际饭店管理模式。

1988年以后的10年中，我国的旅游业一直保持大幅度增长，入境旅游者数量的年平均增长率为33%，创汇的年平均增长率为24%。1989年动乱使旅游业出现第一次滑坡，至1992年开始复苏。

1992年以后，入境旅游逐渐成熟，团队旅游增长缓慢，打破卖方市场，进入平稳发展阶段。1995年5月1日我国实行五天工作制后，国内旅游开始迅速发展。1997年3月，经国务院批复，国家旅游局、公安部联合发布了《中国公民自费出国旅游管理暂行办法》，自1997年7月1日起实施，这标志着我国出境旅游市场的形成。

2001年11月10日，我国正式成为世界贸易组织的成员，这为我国旅游业的突破性进展带来了重大机遇。2002年，我国颁布并开始实施《中国公民出境旅游管理办法》，标志着我国旅游业进入了一个全面发展的时期，出境旅游的发展是一个国家国民经济发达程度的象征，也是一个国家旅游业成熟的标志之一。

2014 年 4 月 24 日，国家旅游局局长邵琪伟在 2014 年世界旅游旅行大会上说，目前已经有 150 个国家和地区成为中国公民出境旅游目的地。已建立起中国—东盟、中国—欧盟、中国—南太、中美、中俄、中澳、中日韩等一系列多双边旅游合作机制。近期将建立中国与中东欧旅游促进机构和旅游企业联合会。

经过改革开放后几十年的发展，我国旅游业已日渐成为国民经济重要产业。从中国旅游业的发展历程可以看出，旅游业不仅在对外拓展民间外交方面作出了历史性贡献，而且逐渐在增加非贸易外汇收入方面起到越来越重要的作用。

第二节　中国出境旅游市场

一、中国出境旅游市场现状

改革开放以来，中国出境旅游人数持续保持增长态势。中国已成为亚太地区和世界上旅游市场最活跃、发展最快和最大的客源国。中国国家旅游局公布的数据显示，2012 年中国大陆出境旅游总人数突破 8300 万人次，同比增长了 18%；2013 年中国大陆出境旅游总人数达 9819 万人次，比上年增长 1400 多万人次。2014 年 1 月 24 日，世界旅游组织（UNWTO）发布的《国际旅游晴雨表》显示，2013 年世界各地共接待境外游客 10.87 亿人次，比上年增长 5200 万人次。由此，可以看到中国大陆出境旅游增长人次占世界出境旅游增长人次的 26.9%。中国旅游者的足迹，已经遍及世界上大多数国家，中国已成为世界上最重要的客源输出国之一。

2013 年，全球游客在国际旅游支出高达 1.4 万亿美元。也就是说，他们平均每天的旅游花费就达到了 38 亿美元。其中，中国游客出手最大方，一年共花费了 1290 亿美元，约占全球出境旅游消费总额的 9.2%，成为世界第一大出境旅游消费国。经济因素是影响出境旅游市场的重要基础因素，2013 年国内生产总值 568845 亿元，按可比价格计算，比上年增长 7.7%。经济总量和人均可支配收入不断增长，个人收入的增加会促进出境旅游消费的升温；另外，人民币对外持续升值，促使出境游价格进一步降低，刺激了游客对出境旅游产品消费的意愿；一些目的地国家不断简化中国游客的签证手续，航空公司增开新航班和航线，也更有利于吸引更多中国游客出境旅游。

二、中国出境旅游市场客流结构

（一）客流分布

目前，有 150 个国家和地区成为中国公民出境旅游目的地。在中国公民出国客流结构中（不包括赴中国香港、中国澳门、中国台湾的人数），2013 年赴亚洲国家旅行的人数占出国总人数的71%，赴欧洲的人数占11%，赴美洲的占9%，非洲占5%，大洋洲占4%。亚洲国家仍然是中国公民出国旅行的主要目的地。

（二）区域目的地市场情况

从赴各大洲的人数来看，2013年赴非洲人数增长幅度最大，赴亚洲人数增长约27%，赴美洲增长约14%，赴欧洲增长率最低。2013年通过旅行社组团前往北美的人数增幅放缓，客流结构开始呈现结构性变化，因私出境旅行的人数在增加，公务团明显减少。

（三）主要出境旅游目的地

除中国香港、中国澳门和中国台湾外，2013年中国公民首站出境的前十个目的地分别为：泰国、韩国、柬埔寨、美国、日本、越南、马来西亚、新加坡、澳大利亚、印度尼西亚。

三、中国出境旅游市场特征

（一）出境旅游市场规模继续扩大，游客结构进一步优化

2002—2011年，中国出境旅游人数由1660万人次增长到7025万人次，增幅高达323%，成为世界上出境游增长最快的国家和世界第一大旅游客源国。2012年赴海外旅游的中国人总数约为8300万人，每年的增长幅度大约20%左右。2013年中国公民出境总人数为9819万人次，比2012年增长18%。我国出境旅游旅游业能取得如此快速的增长，一方面得益于我国经济的连续多年的高速增长，另一方面也是因为近年来人民币对主要货币的升值。

游客结构进一步优化，因私出境的主体格局进一步强化，因公出境人数占比逐渐下降。随着人民生活水平的提高和消费观念的转变，因私出境旅游冲破长期封闭，一经开办就成为旅游市场的热点。从2000年起，我国因私出境人数超过因公出境人数，成为出境旅游的主体。同时，出境旅游的高端消费明显下降，使出境消费更趋平民特征。

（二）开放目的地稳中有升，签证办理更趋便利

中国公民旅游目的地国家和地区达到150个，正式实施开放的旅游目的地达到110多个。我国出境旅游在国际旅游市场上发挥越来越重要的作用。同时，许多国家和地区针对中国游客争相降低签证门槛。如申根25国共同实施欧盟签证法典，推进签证便利化并适度降低签证费；德国开通了网上预约系统；韩国法务部发布《放宽中国游客签证标准方案》，放宽中国个人旅游签证标准；日本

则开始推出更加宽松的个人旅游签证等。

（三）旅游安全备受关注，旅游保险加速规范

台湾苏花公路坠车、冰岛火山喷发、中东地区政局动荡等突发事件，使得出境旅游安全日益为人们所关注和重视。对此，有关部门不断根据情况变化优化救援机制，特别是对旅游保险制度进行了明显的完善。2010 年 10 月 29 日，中俄顺利签署旅游保险合作协议，中外旅游保险体系对接加速推进。11 月 8 日，《旅行社责任保险管理办法》正式审议通过，境外旅游保险的法律基础得以全面更新。

（四）消费规模大幅增长，境外购物比重高企

联合国世界旅游组织（UNWTO）公布的统计数据显示，2012 年中国人海外旅游支出金额合计达到 1020 亿美元（约合 6330 亿元人民币），较上年激增 40%，超越了 2011 年排名世界第一及第二的德国和美国，成为全球第一大国际旅游消费国。与此同时，人民币升值进一步刺激了中国游客的消费热情，中国成为增长最快的旅游客源国。2012 年赴海外旅游的中国人总数约为 8300 万人，几乎是 2000 年（1000 万人）的 8 倍。海外旅游支出额与 2 年前相比增长 86%，与 2005 年相比增长约 4 倍。人均支出则达到约 1200 美元。该组织认为新兴经济体将继续引领世界旅游消费的增长态势，中国等国家将改变世界旅游业格局。

购物比重较高既与中国总人口出境率和个人出境率较低造成的"透支消费"以及社会习惯造成的集合式"影子消费"有关，也与进口商品综合税率过高所导致的"转移消费"密切相关。在一定意义上，这正是由中国出境旅游所处的发展阶段所决定的。从发达国家的发展历程来看，只有当出境旅游变成普及性与经常性的旅游活动之后，这种消费方式才会发生转变。从这个意义上说，购物为旅游消费主体项目说明中国的游客消费行为还处在从尝试型向成熟型逐渐发展的阶段。

四、中国出境旅游市场发展趋势

（一）出境旅游市场细分日渐明显

从出境旅游产品的选择来看，大众产品依然为热门需求，但是可以明显感到市场在分化，一些人开始寻求独特的感受。在近距离目的地，热衷于价格较高的深度游、豪华游，甚至"奢侈游"。另外一些人，脱离大众旅游线路，独辟蹊径，热衷于远距离、探索性的新线路。欧洲的旅游开始主推 1~3 个国家的游览线路，拉美地区和非洲地区的长线游"小众市场"悄然而起，不少人均 4 万~10 万元的旅游团开始上市。呈现出"常规线路开始转向深度体验游"、"远程线路高端切入，重在抢先"、"自由行讲求特色，追求奢华"的现象。这一市场细分虽然刚刚随着新目的地的开放而出现，但这将是一个重要的发展趋势。

（二）自由行市场发展迅速，将从近程周边目的地扩展到中远程目的地

就出境旅游目的地而言，近距离周边地区和国家仍然是中国公民出境旅游的主体。中国游客对远程目的地的兴趣越来越大。这些年，一些远距离市场在接待中国公民的数量上也有很好的表现，尤其是欧洲的法国、德国、意大利以及北欧的芬兰增长速度都比较快，而北美的美国和加拿大，接待中国公民的人次数也非常大。前者是由于频繁而有效的旅游促销宣传，而后者则是与多种多样其他方式和目的的旅行活动增加相关。非洲国家作为中国公民出境旅游目的地开放得较晚，但这些目的地颇有吸引力，尤其是中非政治经贸活动的日益频繁，非洲国家更加引起了关注，虽然距离遥远、价格不菲，但很快就成为高端市场的热线。

（三）出境游客的需求结构分化明显，定制化需求不断增长

中国公民出境的目的与方式是多种多样的，除了一般观光旅游团之外，还有各种各样的非自费旅游，包括在境外的会议、展览、奖励旅游等。

随着中国消费者收入的增长，越来越多的人开始利用富余的资金进行休闲旅游活动。高端市场（奢华旅游或豪华旅游）开始脱颖而出并形成一定的规模。高收入群体追求专业化、个性化、特殊化的体验，多选择远程旅游目的地、著名的度假地和特殊的旅游方式，费用极高。与之相对应的是，许多海外旅游目的地和旅游企业把重点转到开发特殊体验的品牌旅游产品上，除了这些年一直走俏的海岛游之外，还有名目繁多的"高尔夫"旅游，从东南亚的泰国、马来西亚延伸到南非和澳大利亚；马尔代夫、毛里求斯的"蜜月游"、"金婚游"，奥地利的音乐之旅，法国的品质之旅，荷兰的赏花之旅，以及各种各样的康体健身的SPA游、"阿尔卑斯山地游"等。整个出境旅游市场在悄然变化，旅游产品逐渐摆脱"价格低、质量次、匆匆跑、曾到过"的最初阶段，开始追求愉悦体验的更高层次。

（四）商务旅游持续上升

随着对外开放的不断扩大和国际商务、文化领域等交往的日益频繁，商务和公务旅游的规模越来越大。从经营的角度看，这个领域也开始成为中国出境旅游的一个重要组成部分，包括诸如会议旅游、展览旅游、奖励旅游、考察旅游、业务培训、社团交流、公共关系旅游等类型，涉及政府机构、社会团体、不同经济类型的企业等单位。国际上的一些国际商务、奖励旅游等专业组织也非常青睐中国市场，积极地发展中国会员，在中国举办展览和交易活动，一些国家旅游机构和企业也频繁来中国促销，力争把这个市场做大。

（五）线上预订和电子商务将快速增长，行业业态呈现多元化

我国的旅行社在进行出境旅游的市场营销时，一直沿用入境旅游和国内旅游的传统营销方式，即由单体旅行社独立开展和完成全部的市场营销任务。但是由于缺乏足够的资金投入和高素质的作业人员，导致旅行社的营销效果差强人意，规模化运用的程度较低。随着我国出境市场的扩大和互联网技术的发展，越来越多的旅行社开始重新审视出境旅游的市场营销方法问题。

近年来，我国的一些出境组团社开始尝试在线营销与传统营销相结合，根据我国出境旅游市场中存在着因私出境旅游市场和公务出境旅游市场的现实，根据自身的特点，采取直接营销、企业对企业（B2B）在线营销、人脉关系营销等营销方式，使出境旅游的市场营销方式朝着多元化方向转变。

目前，在因私出境旅游市场上，大型旅行社多采取直营为主，充分利用企业品牌的营销策略，专业批发商则利用产品的品牌，通过拥有地方性企业品牌和人脉关系的代理商进行营销。在公务旅行市场上，旅行社主要采取人脉关系营销方法。

第三节　中国入境旅游市场

一、中国入境旅游现状分析

我国入境旅游接待人数从 1978 年的 181 万人次，增长到 2011 年的 1.35 亿人次，增长近 75 倍，年平均增长率 28.3%。2012 年，我国全年累计入境旅游人数达到 1.32 亿人次，同比下降 2.23%。2013 年，入境旅游人数为 1.29 亿人次，比 2012 年下降 2.5%。受欧美和亚洲国家出境游疲软、日本游客大幅下降、人民币汇率导致在华旅游成本上涨，以及中国国内自然灾害等因素影响，中国的入境旅游市场出现明显下滑。2010—2013 年中国入境旅游人数情况详见表 1-1。

表 1-1　　　　2010—2013 年中国入境旅游人数情况一览表

年份 项目	2010 年		2011 年		2012 年		2013 年	
	合计（万人次）	同比增长（%）	合计（万人次）	同比增长（%）	合计（万人次）	同比增长（%）	合计（万人次）	同比增长（%）
合计	13376.23	5.76	13542.35	1.24	13240.53	-2.23	12907.78	-2.51
香港同胞	7932.19	2.57	7935.77	0.05	7871.30	-0.81	7688.46	-2.32
澳门同胞	2317.3	2.00	2369.08	2.23	2116.06	-10.68	2074.03	-1.99

年份	2010 年		2011 年		2012 年		2013 年	
项目	合计 （万 人次）	同比 增长 （％）	合计 （万 人次）	同比 增长 （％）	合计 （万 人次）	同比 增长 （％）	合计 （万 人次）	同比 增长 （％）
台湾同胞	514.05	14.64	526.30	2.38	534.02	1.47	516.25	−3.33
外国人	2612.69	19.10	2711.20	3.77	2719.16	0.29	2629.03	−3.31
外国人按地区及国别分								
亚洲小计	1618.87	17.49	1665.02	2.76	1664.88	−0.01	1608.83	−3.37
日本	373.12	12.47	365.82	−1.96	351.82	−3.83	287.75	−18.21
韩国	407.64	27.49	418.54	2.67	406.99	−2.76	396.90	−2.48
朝鲜	11.64	12.04	15.23	30.86	18.06	18.56	20.66	14.42
蒙古	79.44	37.75	99.42	25.15	101.05	1.64	105.00	3.91
菲律宾	82.83	10.59	89.43	7.97	96.20	7.57	99.67	3.61
泰国	63.55	17.29	60.80	−4.33	64.76	6.50	65.17	0.63
新加坡	100.37	12.83	106.30	5.91	102.77	−3.32	96.66	−5.95
印尼	57.34	22.25	60.87	6.15	62.20	2.18	60.53	−2.68
马来西亚	124.52	17.58	124.51	−0.01	123.55	−0.77	120.65	−2.34
巴基斯坦	8.73	7.15	9.25	5.95	9.67	4.53	10.65	10.18
印度	54.93	22.36	60.65	10.40	61.02	0.61	67.67	10.90
尼泊尔	3.08	32.33	3.19	3.73	4.09	28.19	5.88	43.63
斯里兰卡	3.09	30.87	3.80	23.21	4.27	12.45	4.95	15.77
哈萨克	38.03	35.89	50.62	33.11	49.14	−2.93	39.35	−19.91
吉尔吉斯	3.54	8.10	4.76	34.39	4.81	0.99	4.99	3.81
其他	207.02	4.27	191.82	−8.01	204.49	6.60	222.33	8.73
美洲小计	299.54	20.24	320.10	6.87	317.95	−0.67	312.38	−1.75
美国	200.96	17.53	211.61	5.30	211.81	0.09	208.53	−1.55
加拿大	68.53	24.53	74.80	9.15	70.83	−5.31	68.42	−3.40
墨西哥	4.94	52.80	5.37	8.85	5.77	7.44	6.01	4.21
其他	25.11	26.37	28.32	12.76	29.55	4.33	29.42	−0.42

续　表

年份 项目	2010 年		2011 年		2012 年		2013 年	
	合计 （万 人次）	同比 增长 （％）	合计 （万 人次）	同比 增长 （％）	合计 （万 人次）	同比 增长 （％）	合计 （万 人次）	同比 增长 （％）
欧洲小计	568.78	23.89	591.08	4.20	592.16	0.18	566.00	-4.42
英国	57.50	8.73	59.57	3.61	61.84	3.80	62.50	1.07
德国	60.86	17.37	63.70	4.67	65.96	3.55	64.93	-1.57
法国	51.27	20.71	49.31	-3.82	52.48	6.43	53.35	1.66
意大利	22.92	19.79	23.50	2.53	25.20	7.21	25.12	-0.33
俄罗斯	237.03	35.99	253.63	7.00	242.62	-4.34	218.63	-9.89
瑞士	7.43	18.72	7.53	1.34	8.28	9.95	8.06	-2.69
瑞典	15.45	22.85	17.01	10.11	17.16	0.85	15.90	-7.36
荷兰	18.91	13.33	19.75	4.44	19.55	-1.04	18.86	-3.54
挪威	5.35	12.27	5.14	-3.87	5.35	3.99	5.14	-3.81
奥地利	6.73	19.68	6.69	-0.55	6.61	-1.26	6.57	-0.56
比利时	7.62	25.47	7.04	-7.67	7.11	1.00	6.84	-3.80
西班牙	13.83	20.76	13.99	1.17	13.69	-2.12	13.24	-3.31
葡萄牙	4.77	9.27	4.70	-1.35	4.86	3.28	4.94	1.68
其他	59.11	16.63	59.49	3.28	61.47	3.31	61.93	0.76
大洋洲小计	78.93	17.38	85.93	8.87	91.49	6.47	86.34	-5.63
澳大利亚	66.13	17.77	72.62	9.80	77.43	6.63	72.31	-6.62
新西兰	11.61	15.55	12.09	4.18	12.83	6.08	12.86	0.25
其他	1.19	14.21	1.22	2.44	1.23	0.74	1.17	-4.74
非洲小计	46.36	15.55	48.88	5.44	52.49	7.39	55.27	5.29
其他国家	0.21	-2.90	0.19	-10.07	0.19	-3.37	0.22	12.24

资料来源：根据 www.cnta.gov.cn 上的相关统计数据整理。

我国入境旅游外汇收入从 1978 年的 2.6 亿美元，增长到 2011 年的 470 亿美元，增长近 181 倍，年平均增长率 28.9%。2012 年，全国实现入境旅游外汇收入 500.28 亿美元，同比增长 3.23%。2013 年我国入境旅游外汇收入 517 亿美元，增长 3.3%。

从客源市场结构来分析，中国大陆入境旅游多年来一直处于较为稳定的态势，主要客源来自我国的香港、澳门、台湾及韩国、日本、美国、俄罗斯、新加坡、马来西亚、泰国等国家或地区。

客源市场的稳定性及未来发展趋势是多方因素共同作用的结果。港、澳、台地区作为最大的入境客源市场，以香港市场占据最高份额，市场占有率基本维持在60%左右；澳门是第二大客源市场，市场占有率接近20%；台湾的市场占有率长期维持在3.5%~4.0%。近年来，尽管三个地区的市场份额存在小幅度的变动，但其作为我国主要入境旅游客源地的地位不会改变。

目前，我国已成为韩国、日本国民出境旅游的首选目的地，也是俄罗斯国民出境旅游的第三大目的地；我国接待美国游客数量占美国赴亚太地区游客总数的20%左右；我国接待德国游客数量占德国赴亚太地区游客总数的20%左右；我国接待英国游客数量占英国赴亚太地区和美洲地区游客总数的10%左右；我国是法国在亚洲的第一大旅游目的地。

日本来中国旅游客源市场自2010年以来受多方面因素影响呈现逐年下滑态势，其市场份额从2010年的9%下降到2013年的2.2%。2013年的数据显示，日本来中国入境旅游人数为287.75万人次，同比下降18.21%，很多旅游企业受到影响，一些中小旅行社开始取消日本部，大旅行社则开始战略结构调整，将关注点从之前的入境日本游客转移到国内的日本商务客，提供单项或专项服务，同时加大在日本商务市场的营销宣传力度。

新加坡、马来西亚、泰国来中国游客在整个入境市场份额中一直保持较为稳定的比重，是入境旅游客源市场的一支重要力量。

尼泊尔、斯里兰卡等南亚国家来中国旅游的人数一直以来保持着强劲增长，尤其是2013年，尼泊尔来中国旅游的人数同比增长了43.63%，斯里兰卡增长了15.77%，这在入境旅游市场萎缩的大背景下具有重要意义。

相关数据显示，中国已成为世界主要旅游目的地。

二、中国旅游客源市场的发展趋势

（一）入境旅游人数将持续增长

和平与发展已成为当今世界的主题。世界格局正向建设性的多极化方向发展，大国关系明显改善，很多国家都在为建立新的国际经济和政治新秩序，为建设一个和平、和谐、合作与发展的世界而不懈努力。

世界经济的全球化和区域化正在成为决定世界经济发展状况和未来趋势的重要因素。各国家、各地区之间的合作与竞争进一步加强，经济和社会发展越来越为各国所重视。丰富多彩、并存互补的世界文化，越来越成为人类不断发展的重要动力之一。世界文明的多元性，各国历史、文化和其他方面的差异将会推动各国人民进一步相互接近、相互了解。世界政治、经济和文化发展的总体趋势，决定了世界旅游业将进入新的发展时期。

（二）传统市场持续保持稳定，薄弱市场部分将有所加强

对于中国客源国分布地区来看，亚洲主体市场和西欧北美传统市场的地位都会保持下去，同时，拉丁美洲和非洲、中东等薄弱地区将得到进一步的开拓。亚洲作为世界第一大洲，面积、人口均居首位。经济发展已有一定基础，很多国家和地区又与中国有着历史、文化、地缘等方面的密切联系和便利条件，市场潜力很大。

日本、美国等发达国家和中国周边国家仍将是最为重要的中国旅游海外客源国。日本自 1986 年以来，一直是名列前茅的中国海外客源国。2005 年韩国有 354 万名游客来到中国，取代日本成为中国入境旅游第一大客源国家。但日本市场总体增长势头也很明显。

（三）周边地区和发达国家仍将是我国最重要的客源国

受各种因素的影响，中国旅游客源国的地位排序也将会发生一些变化。近期内受世界经济形势的影响，一些周边国家来中国旅游的游客市场将会出现短期的低迷状况，但从长远发展分析，仍具开拓前景。在周边国家市场低迷的同时，英、法、德、意、澳大利亚等传统客源国市场已经比较成熟，将会保持稳定并有一定的增长。一些在客源国市场排序较为落后的拉丁美洲、东欧地区的一些国家，也有可能上升为中国旅游主要客源国。台湾也将成为祖国大陆最具潜力的客源市场。

总之，中国旅游客源市场将会基本保持几十年来形成的基本格局，同时又将有一些新的发展和变化。

三、中国入境旅游面临的考验

与出境游的持续火爆形成鲜明对比，中国的入境游市场一直不温不火，甚至呈现下降趋势。据国家旅游局网站数据显示，2012 年中国公民出境游总人数超过 8300 万人次，入境游为 1.32 亿人次；2013 年中国公民出境游总人数为 9819 万人次，入境旅游人数为 1.29 亿人次。我国入境旅游市场正面临严峻的考验。

（一）亚洲邻国的激烈竞争

亚洲邻国对于外国游客的竞争是比较激烈的。据 Google 7 月 10 日发布的《中国入境旅游白皮书》显示，以印度、泰国为旅游目的地的搜索量均高于中国，且亚洲多国的搜索量同比增长和入境游客数同比增长都超过中国。对印度

为目的地搜索增长 21%，对泰国搜索增长 19%，对土耳其搜索增长 13%，对新加坡搜索增长 10%，对中国搜索仅增长 7%。

（二）外国游客对中国的不同理解

外国游客普遍对中国最感兴趣的是传统文化、历史、风景。不过每个国家的旅游者对于中国的理解还各有差异，美国游客喜欢三峡、黄山、九寨沟这些自然风光与一些古朴的小镇，日本游客喜欢中国美食，东南亚游客除了对中国的风景、历史和文化有着强烈的兴趣之外，能打动他们的还有中国的产品。

总体来看，除了北京、上海和香港，游客对于中国元素的认知超过了对省份的认知。日本和东南亚总体比其他国家对于中国的省份认知更多。能让外国旅游者印象深刻并记住的多为著名的具体景点和代表元素，如黄河、乐山等。外国游客认为代表中国的还是一些具体的景点和元素，例如：长城、熊猫和故宫。

（三）来中国的外国游客的差异

来中国的外国游客的目的不同。休闲娱乐是海外游客来到中国的主要目的。以游玩、娱乐、休闲为旅游目的的海外游客比例占 79%，而在 37% 以商务为目的的游客当中，超过一半的游客有游乐休闲内容。公务游穿插的文化探寻游成为中国旅游的一种特色。

商务出差与休闲度假的游客在行为方式上差异明显。商务游游客中男性占 87%，拥有本科以上学历比例达 73%，月平均工资为 8312 美元。他们拥有更多预算，更频繁地使用智能移动设备，多用笔记本和智能手机采集基本信息；高效、明晰的跨平台推广方式更容易被商务游客接受。舒适、安全、便捷是旅游配套服务的推广重点。在休闲游客中，男性占 58%，拥有本科以上学历比例为 50%，月平均工资为 5827 美元。他们多用台式电脑作为搜索终端，更喜欢信息搜索和分享，并看重配套服务的经济实惠和较强娱乐性。详细的旅游信息和交互有趣的传播方式更适合休闲游游客。

来自不同国家的游客，其旅游行为也有所不同。美国游客来中国停留时间长（10 天），更倾向选择四星以上酒店，更看重文化和历史。舒适周到的服务，偏重中国文化和历史的宣传对美国游客更有吸引力。而日本游客来中国时间短（5 天），但频次略高（1.7 次/年），且更多选择经济舱，更看重自然风光。行程紧凑、性价比高、偏重于自然风光的宣传对日本游客更有吸引力。

四、中国入境旅游客源市场的发展对策

随着生活水平的不断提高，以及对精神享受的日益注重，人们旅游活动的范围也从国内转向了国外，尤其在一些发达国家。随着国际旅游业的迅速发展，中

国入境旅游也蓬勃发展起来，并已成为旅游业的重要组成部分，它对提升旅游产业的素质、调整旅游产业的结构、增加外汇收入、增进国际间的交流合作起到了积极作用。为更好促进中国入境旅游业的发展，可以采取以下市场开拓的对策：

（一）选准目标分级开发，重点促销

开展深入细致的市场调查，切实了解外国游客的需要。在调查的基础上做好预测工作，为进一步的发展提供可靠的依据。使旅游企业了解旅游市场环境、旅游商品的生命周期、本企业商品的竞争能力及竞争对手的竞争能力，为企业进一步制定决策提供可靠依据，从而避免盲目性以及由盲目性而造成的巨大损失。

重点开展针对入境旅游客源国有效的宣传促销，做到有的放矢，提高宣传的有效性、针对性，提高入境游客对中国旅游资源、旅游市场的了解度，激发旅游动机。例如，首先，可以在重点客源国开展形式多样的旅游年主题活动，把中国旅游资源、特色民族文化等融入其中，从而促进旅游交流，进一步深化、巩固和提升合作。另外，宣传促销要与客源地文化、民情、国情相结合，切忌出现"水土不服"的宣传促销；其次，充分发挥媒体优势，加强旅游形象和产品的宣传，近些年，在我国的电视台经常看到韩国济州岛、印度尼西亚巴厘岛等的广告，我们可以借鉴这样的例子，充分发挥媒体优势，将中国旅游推向世界。再次，在宣传做法上，要有针对性，针对不同客源的需求，投其所好，从而产生吸引力。在宣传手段上要尽可能多样化，如利用电视、电影、书刊、展览、体育、商务等多种广告形式进行。在宣传力量上，既要重点突出，又要有一定的覆盖面，即选择目标市场进行重点宣传。

（二）开发多元化旅游市场，推出多层次、多样化的旅游产品，把中国旅游推向世界

选择韩国、日本、俄罗斯、美国、中国港澳台为重点市场，积极拓展东南亚市场，深度挖掘欧美远程市场，争取欧洲和美洲的国家，有意识地吸引非洲、拉美等发展中国家的旅游客源。总之，既要巩固年客源量在100万人次以上的高级市场，又要培育年客源量在10万人次以下的低级市场，而且还要注意开拓随机性的机会市场。

20世纪80年代后期以来，国际旅游市场的需求状况朝着多元化方向发展。为适应这一发展，中国旅游业必须根据本地资源条件，因地制宜地建立多层次、多样化的供给市场，开展具有特色的专项旅游：如度假、考察、修学、朝圣、访俗、登山、探险、垂钓、狩猎、骑马、滑雪等多种形式。接待设施应高、中、低档相结合，以满足不同阶层游客的需要。旅游商品的生产要突出地方特色和民族特色，以刺激游客购买，并逐步提高游客购物在旅游支出中的比重。

（三）树立中国历史和文化魅力突出，又兼具国际流行元素的旅游形象

如何突破中国入境游市场的困境，首先要研究中国对于入境游客的吸引力在何处。中国的历史和文化更让外国游客心动，所以中国旅游目的地需要在推广时注重文化和历史因素，更充分更准确地展现中华文明和东方神韵。同时还要注重国际旅游流行元素的引进，并把它们融入到中国的传统文化中去，形成具有中国特色的旅游形象。

中国旅游目的地需要更多地触发外国游客的文化探寻需求；并在宣传过程中，以有中国特色的传统文化（如传统建筑）、历史和风景等作为创意主流；再将各国旅客感兴趣的中国元素融入宣传中，从而塑造区别于亚洲其他国家、独一无二的美丽之处，创造中国旅游新形象。

（四）深化旅游企业改革，提高市场竞争能力

全球化浪潮袭遍各行各业，旅游业自然也不例外，海外入境旅游市场发展不仅取决于中国的旅游资源在全球的竞争力，还取决于中国的旅游企业在全球的竞争力。现代企业制度的建立，先进经营管理体系的完善，多向、多元、多形式的国际合作，是提高旅游企业国际竞争力的必然措施。

（五）鼓励旅游创新，加强促销宣传

旅游是一种体验性活动，只有依托现有旅游资源不断开发新的旅游产品，推出新的旅游品种，如生态旅游、探险旅游、商务旅游、主题旅游等，并对各种旅游产品进行内部组合优化，才能使旅游的发展具有可持续性。

同时，要不失时机地加强海外促销，扩大在海外旅游客源中的影响力和知名度。国家层面的旅游营销要继续发挥主导作用。"旅游主题年"是统筹中国旅游形象宣传的重要手段；旅游形象口号和标识设计与推广提升了国家整体宣传力度；"中国旅游日"对加强境外认知具有标志性意义。

（六）增强透明度，制定合理的旅游服务价格

当今世界旅游市场是一个供大于求、竞争激烈的买方市场，旅游需求对价格富有较大的弹性，因此，价格对市场竞争有直接的影响。旅游企业在制定旅游产品价格时，首先要遵循市场供求平衡的原则，利用市场机制调节价格。另外，企业在运用价格手段开展竞争时要慎重行事，全面评估旅游价格变化可能带来的影响。既要考虑价格变化对某产品本身的影响，也要考虑对相关产品的影响。既要考虑主动调价一方的影响，也要考虑竞争对手可能会对价格变化做出的反应。总之，随时注视市场价格的变化，评估价格变化的影响，从而做出正确的价格决策。

此外，必须改变我国旅游产品价格全包的死板形式，将机票、客房、游览、饮食、娱乐各环节的价目公布给游客，任游客自行选择，满足他们的自主心理。

复习题

一、名词解释

1. 陈光甫

2. 旅行杂志

3. 中国国际旅行社

二、简答题

1. 简述中国出境旅游市场的特征。

2. 简述中国旅游客源市场的发展趋势。

3. 简述中国入境旅游面临的考验。

实际操作训练

一、实训名称

召开出境说明会

二、实训内容

培养学生运用知识的能力

三、实训步骤

1. 以5~8人为一小组，分工合作完成以下工作：

（1）小组全体成员讨论决定本次出境旅游目的地，并做好分工；

（2）搜集资料完成本次出境旅游行程安排表；

（3）搜集资料完成本次旅游的注意事项，包括目的地基本情况、安全问题、民俗风情问题、团队纪律问题等。

2. 小组研讨并形成书面资料。

3. 以小组为单位，在课堂上模拟演示出境说明会。

（1）自我介绍；

（2）分发行程表至每一位游客，并大致介绍每一天景点；

（3）向游客说明注意事项；

（4）确认集合时间，留领队导游的联系方式；

（5）游客自由提问。

四、实训评价

教师和学生代表根据各组的设计方案及表现给予评价打分，纳入学生实训课考核之中。

第二章　亚洲及太平洋地区客源国概况

学习目标

1. 掌握亚洲及太平洋地区主要客源国的地理概况；

2. 掌握亚洲及太平洋地区主要客源国的经济概况；

3. 掌握亚洲及太平洋地区主要客源国的社会文化与民俗风情，并能据此开展旅游接待工作。

第一节　东亚客源国概况

一、东亚概述

东亚（East Asia）位于亚洲东部，太平洋（Pacific Ocean）西侧。东亚地区总面积约 1200 万平方千米，约占全球大陆面积的 9%。地形西高东低，成三级阶梯：第一级为青藏高原（Tibetan Plateau），第二级为系列盆地和高原，第三级为低平原、丘陵和一些海岛。东亚大陆的边缘，地质条件复杂，多山，且多火山、地震。夏秋季节常受台风侵袭。

东亚是世界上季风气候最典型的地区，其特点是夏季炎热多雨，冬季温和湿润，降水的季节变化和年际变化大。由于雨热同期，特别利于农作物特别是稻谷的生长；由于濒临太平洋，渔业资源丰富（西太平洋渔场是世界主要渔场之一），多天然良港，利于渔业和对外经济的发展。

东亚是世界上人口分布最多的地区之一，居民以黄色人种为主，人口 16 亿多人，占亚洲全体的 40%，约占世界全体的 1/4。东亚是世界人口密度最高的地区之一，平均每平方千米约 130 人，相当于世界人口密度平均值（每平方千米约 40 人）的 3 倍。

东亚人种以蒙古利亚种为主，集中在沿海及河谷平原。民族分布大致可分为属汉藏语系的汉族和藏族，属阿尔泰语系的蒙古族、满族，以及语系有争议的朝鲜族、大和民族等。

东亚地区包括中国（China）、蒙古（Mongolia）、朝鲜（Democratic Peoples

18

Republic of Korea）、韩国（Republic of Korea）、日本（Japan）五个主权国家和一个政治实体、两个特别行政区。其中日本、韩国为资本主义发达国家，中国香港（Hong Kong）、中国澳门（Macau）、中国台湾（Taiwan）为资本主义发达地区，蒙古为资本主义发展中国家，中国、朝鲜为社会主义初级阶段的发展中国家。

由于东亚各国在现代化转型中取得成功，东亚在世界上的政治、经济重要性正日益提升。中国台湾和大韩民国都在世界经贸体系中争得一席之地，中国已取得战略和经贸世界第二的大国地位，日本在经贸和科技方面占有东亚第一的位置；此外，上述几个经济体间的分工合作和贸易整合，更在世界贸易组织（World Trade Organization）、亚洲太平洋经济合作组织（Asia - Pacific Economic Cooperation）等国际组织的框架下日趋紧密。依此趋势，东亚有成为世界一个新经贸核心的潜力。

在广泛采取经贸合作的同时，东亚几个国家之间依然存在相当程度的政治歧见，以及潜在的战略竞争意识。除了朝鲜半岛、中华人民共和国和中国台湾间的政治问题以外，日本和中、韩两国因为第二次世界大战的历史而形成的民族情绪摩擦，至今不承认侵略中的史实，也是影响东亚政治稳定的一个不利因素。

另外，即使冷战已经结束，美国和俄罗斯作为战略大国，在东亚的国际事务中仍保有相当程度的影响力；此一层关系更是将东亚事务与全球战略局势联系起来，形成一个错综复杂的国际政治网络。

现代东亚区域内的三大民族——汉、韩、日——都在现代化转型的过程中，饱经磨难，才终于形成今日的几个国家。尽管从民族主义的角度出发，汉民族和韩民族都是非单一国家；然而在实际的国际关系中，东亚的各个国家或政权，分别以不同的模式陆续开展政治、经济、社会、科技、军事等方面的现代化转型，除朝鲜民主主义人民共和国外，大体上均获得成功。而在政治体制上，日本、大韩民国、中国台湾和蒙古国都先后成功转型至民主政府，只剩朝鲜民主主义人民共和国仍维持一党专政的政权，中华人民共和国采用多党合作的政治协商制度。

二、韩国

韩国（Korea），全称大韩民国（Republic of Korea），是一个新兴的发达国家。宪法领土范围为整个朝鲜半岛及附属岛屿，实际领土约占朝鲜半岛总面积的4/9。自20世纪60年代以来，韩国政府实行了"出口主导型"开发经济战略，推动了本国经济的飞速发展，在短短几十年里，由世界上最贫穷落后的国家之一，一跃成为中等发达国家，缔造了令世界瞩目的"汉江奇迹"。

（一）地理

1. 位置

韩国位于亚洲（Asia）大陆东北朝鲜半岛南部，东、南、西三面环海，北部以北纬38°为休战线与朝鲜接壤。朝鲜半岛地处亚洲大陆的东北部，自北向南延伸，全长1100千米。韩国的总面积为99600平方千米，半岛海岸线全长约1.7万千米（包括岛屿海岸线）。韩国的领海与太平洋最西部的海域交汇。朝鲜半岛北部与中国和俄罗斯接壤，东部濒临韩国东海，与邻国日本隔海相望。除与大陆相连的半岛之外，韩国还拥有3200个大小岛屿。其中最负盛名是有"东方夏威夷"之称的济州岛（Jeju Island）。

2. 地形

地形东北高、西南低，山地面积约占70%。地形具多样性，低山、丘陵和平原交错分布。低山和丘陵主要分布在中部和东部，海拔多在500米以下。太白山脉纵贯东海岸，构成半岛南部地形的脊梁；其向黄海侧伸出的几条平行山脉组成低山丘陵地带，有太白山脉、庆尚山脉、小白山脉等，其中雪岳山、五台山等山峰以风景优美著称。东北至西南走向的小白山脉最高峰为智异山（Chirisan），海拔1915米。汉拿山（Halla Mountain）位于济州岛的中心，海拔1950米，是韩国的第一高峰。古代相传有神仙在汉拿山上生活，因此过去曾把汉拿山叫作瀛洲山，并且同金刚山、智异山一起被誉为三座神山。

平原主要分布于南部和西部，海拔多在200米以下。黄海沿岸有汉江平原、湖南平原等平原，南海沿岸有金海平原、全南平原及其他小平原。

3. 水文

韩国拥有较多的河流。最长的河流分别是洛东江和汉江，是半岛南部地区两条主要河流。洛东江长525千米，流入东海；汉江长514千米，流入黄海，是中部地区的重要水系。其他河流还有：锦江、蟾津江、临津江等。韩国湖泊较少，最大的天然湖是位于济州岛汉拿山顶火山口的白鹿潭，海拔1850米，湖面直径约30米，周长1千米，深约6米。最大的人工湖是昭阳湖，位于江原道春川市东北13千米处，1973年建成，面积6930万平方米。此外还有一些面积较小的湖，如插桥湖、木津湖等。

4. 资源

韩国矿产资源较少，已发现大约有300多种，其中有经济价值的有50多种。储量较大的有铁、金、银、铜、铅、锌、石灰石、磷灰石、硅石、滑石、莹石、高岭土、无烟煤、云母和石棉等。由于韩国气候条件多样，多山多河，很利于多种植物的生长。森林资源占有很重要的地位，山林面积达65956平方千米，占国土总面积的 66.6%。韩国的树种达 167 科、903 属，约 5000 多种。

5. 气候

韩国属温带季风气候，海洋性特征显著。韩国四季分明，春秋两季相当短；夏季炎热潮湿，冬季漫长、寒冷干燥，时而下雪。冬季最低气温达 −12℃，夏季最高气温可达 37℃。年平均降水量为 1300~1500 毫米，其中 6—8 月雨量较大，降雨量为全年的 70%，降水量由南向北逐步减少。三四月和夏初时易受台风侵袭。

韩国各地区之间温差较大，平均温度为 6℃~16℃。在全年最热的 8 月，平均温度为 19℃~27℃。而在全年最冷的 1 月，平均温度则在 −7℃~−8℃。

早春时节常常刮风下雨，大风带来亚洲内陆沙漠的"黄沙"，俗称沙尘暴，近年来有逐渐增加的趋势。到了 4 月中旬，天气转暖，韩国农民每年就在这时平整秧田，准备种植水稻。夏秋两季多台风，夏季会有梅雨期。

6. 政区

（1）行政区划

现有 1 个特别市：首尔特别市；9 个道：京畿道、江原道、忠清北道、忠清南道、全罗北道、全罗南道、庆尚北道、庆尚南道、济州道；6 个广域市：釜山、大邱、仁川、光州、大田、蔚山。

（2）首都

首尔（Seoul），人口超过 1003 万。2005 年 1 月，汉城市市长李明博在汉城市政府举行记者招待会，宣布把汉城市的中文名称改为"首尔"。首尔历史悠久，古时因位于汉江之北，得名"汉阳"。14 世纪末朝鲜王朝定都汉阳后，改名为"汉城"。近代朝鲜半岛受日本殖民统治期间，汉城改称"京城"。1945 年朝鲜半岛光复后，更名为朝鲜语固有词，罗马字母标记为"Seoul"，语意为"首都"。2012 年 7 月 1 日，韩国"行政中心城市"世宗市（Se‐jong）正式诞生，包括国务总理室在内的 17 个政府部门自 2012 年 9 月起的两年多时间里陆续搬迁至世宗市办公。世宗市全称"世宗特别自治市"，由原属忠清南道的燕岐郡、公州市和忠清北道清原郡的一部分合并而成。

（二）经济

1. 工业

韩国工业实力雄厚，钢铁、汽车、造船、电子、纺织等已成为韩国的支柱产业。其中造船和汽车制造等行业更是享誉世界。大企业集团在韩国经济中占有十分重要的地位，三星、现代、SK、LG 和 KT（韩国电信）等大企业集团创造的产值在其国民经济中所占比重超过 60%。

2. 农业

韩国曾是个传统的农业国。随着工业化的进程，农业在韩国经济中所占的比例越来越小。韩国是农产品主要进口国家，进口量趋于增长，但其农业市场对外国的参与极为敏感，是个对外开放程度较小的经济部门。韩国耕地面积为 195 万公顷，主要分布在西部和南部平原、丘陵地区，约占国土总面积的 22%。

3. 对外贸易

韩国实行政府主导的外向型经济发展战略，以"贸易立国"，利用国际市场的有利条件，克服国内资源贫乏、市场狭小的不利因素，实现了经济腾飞，跻身新兴工业国行列。近年韩国主要出口商品为电气电子产品（半导体、家用电子产品、电脑及周边设备、手机）、汽车、船舶、石化产品、一般机械、钢材、纺织品等；主要进口商品为半导体等电子零部件、原油、农林水产品、电气电子产品、机器设备、钢铁、石化产品等。韩国的存储半导体芯片（DRAM）、超薄膜液晶显示器（TFT－LCD）、平板玻璃、微波炉、CDMA 移动电话机、光盘驱动器、电脑显示器、电子血压计等在世界市场所占份额排名前列。韩国的主要贸易伙伴是美国、日本、欧盟、中国、东南亚和中国台湾等。

4. 旅游业

韩国风景优美，有许多文化和历史遗产，旅游业较发达。韩国拥有 9 处世界文化遗产和 1 处世界自然遗产，被收录进世界遗产的韩国文化遗产包括：首尔宗庙（1995 年）、海印寺（1995 年）、佛国寺和石窟庵（1995 年）、水原华城（1997 年）、昌德宫（1997 年）、庆州历史遗址区（2000 年）、高敞、和顺，江华支石墓遗址（2000 年）、朝鲜王陵 40 座（2009 年）、安东河回村。济州火山岛和熔岩洞窟于 2007 年被登载入世界自然遗产名录。韩国主要旅游景点有景福宫（Gyeongbokkung）、昌德宫（Changdokkung）、韩国国宝崇礼门（the Great South Gate of Seoul）、广寒楼（Kwanghanrn）、济州岛（Jeju Island）等。

5. 中韩关系

中韩于 1992 年 8 月 24 日建立大使级外交关系。建交后两国各方面关系发展迅速。两国建立战略合作伙伴关系，双边关系不断向前发展。双方在政治、经贸、人文等领域的交流合作不断扩大，在国际和地区事务中也保持良好的沟通和协调。从 2005 年起，韩国取代日本成为中国第一大旅游客源国。

中韩双方已经建立了 130 对友好省市关系，每周有 800 多个航班穿梭往来。双方友好团体有中韩友好协会、韩中友好协会、韩中文化协会、21 世纪韩中交流协会、韩中经营人协会、韩中亲善协会等。

（三）社会文化

1. 国家象征

（1）国旗

韩国国旗又称太极旗（Taegeukgi），是 1882 年 8 月由派往日本的使臣朴泳孝和金玉均在船上第一次绘制的，1883 年被高宗皇帝正式采纳为朝鲜王朝的国旗。1949 年 3 月 25 日，韩国文教部审议委员会在确定它为大韩民国国旗时作了明确解释：太极旗的横竖比例为 3∶2，白地代表土地，中间为太极两仪，四角有黑色四卦。太极的圆代表人民，圆内上下弯鱼形两仪，上红下蓝，分别代表阳和阴，象征宇宙。四卦中，左上角的乾即三条阳爻代表天、春、东、仁；右下角的坤即六条阴爻代表地、夏、西、义；右上角的坎即四条阴爻夹一条阳爻代表水、秋、南、礼；左下角的离即两条阳爻夹两条阴爻代表火、冬、北、智。整体图案意味着一切都在一个无限的范围内永恒运动、均衡和协调，象征东方思想、哲理和神秘。

（2）国徽

韩国国徽为圆形。圆面为五瓣的木槿花，中间为阴阳图案。绶带上写着"大韩民国"。

图 2-1　韩国国旗　　　　　图 2-2　韩国国徽

2. 人口

韩国人口约 5000 万，全国为单一民族，通用韩国语。50% 左右的人口信仰基督教、佛教等宗教。

3. 教育

韩国是一个十分重视教育的国家。1953 年起实行小学六年制义务教育，从 1993 年起普及初中三年义务教育。高等教育机构 80% 为私立。全国各类大专院校数以千计。著名大学有首尔大学（Seoul National University）、延世大学（Yonsei University）、高丽大学（Korea University）、梨花女子大学（Ewha Women's University）等。

4. 文化

韩国的文化受中国影响十分明显，早在唐朝时期，朝鲜半岛的新罗国就专门派人到中国学习中国的文化以及治国的策略，甚至有些东西直接照搬照抄地拿回去，中国文化对新罗国影响十分久远，新罗也因为吸收了中国的文化而强大起来，统一了朝鲜半岛。

韩国的美术主要包括绘画、书法、版画、工艺、装饰等，既继承了民族传统，又吸收了外国美术的特长。韩国的绘画分东洋画和西洋画，东洋画类似中国的国画，用笔、墨、纸、砚表现各种话题。此外还有各类华丽的风俗画。与中国、日本一样，书法在韩国是一种高雅的艺术形式。

韩国人素以喜爱音乐和舞蹈而著称。韩国现代音乐大致可分为"民族音乐"和"西洋音乐"两种。民族音乐又可分为"雅乐"和"民俗乐"两种。雅乐是韩国历代封建王朝在宫廷举行祭祀、宴会等各种仪式时由专业乐队演奏的音乐，通称"正乐"或"宫廷乐"。民俗乐中有杂歌、民谣、农乐等。乐器常用玄琴、伽耶琴、杖鼓、笛等。韩国民俗乐的特色之一是配上舞蹈。韩国舞蹈非常重视舞者肩膀、胳膊的韵律。道具有扇、花冠、鼓。

韩国的舞蹈以民族舞和宫廷舞为中心，多姿多彩。韩国的戏剧起源于史前时期的宗教仪式，主要包括假面具、木偶剧、曲艺、唱剧、话剧5类。其中假面具又称"假面舞"，为韩国文化象征，在韩国传统戏剧中占有极为重要的地位。

5. 体育

韩国人民十分喜欢运动，尤其爱好参加民间游戏。主要民间游戏有荡秋千、踩跷跷板、放风筝、踏地神等。韩国的民间体育活动种类颇多，主要有围棋、象棋、掷棋、摔跤、跆拳道、滑雪等。

韩国在1988年举办了第24届奥运会，2002年与日本一起举办了韩日世界杯（官方名称）及釜山亚运会。韩国男子国家足球队是亚洲传统强队。韩国平昌举办2018年冬季奥运会。韩国是继美国、德国、法国、意大利、俄罗斯、日本之后，第七个举办奥运会、冬奥会、世界杯三大赛的国家。

（四）民俗风情

1. 姓名

韩国深受中国传统文化的影响，姓名大多由三个汉字组成，即由姓氏及双音节名字构成。姓在前面，其余二字为名。名字两字之间通常有一个字是代表辈分的。韩国的姓大约有300个，但全国绝大多数人只用为数不多的一些姓。韩国人最常见的姓有：金、李、朴、崔、郑、张、韩、林、安、赵、陈、姜、柳、尹等。也有一些复姓，如南宫、皇甫、司空、鲜于、诸葛、西门、独孤、东方等。韩国妇女婚后不随夫姓，但子女须随父姓。

2. 服饰

韩服是从古代演变到现代的韩民族的传统服装。近代被洋服替代，一般只有在节日和有特殊意义的日子里穿。韩服的线条兼具曲线与直线之美，尤其是女式韩服的短上衣和长裙上薄下厚，端庄娴雅。在春节、秋夕（中秋节）等节庆日，或举行婚礼时，许多人喜爱穿传统的民族服装。女性的韩服是短上衣搭配优雅的长裙；男性则是短褂搭配长裤，而以细带缚住宽大的裤脚。上衣，长裙的颜色五彩缤纷，有的加刺明艳华丽的锦绣。根据生活风俗用途，韩服可分为以下几种：节日服、花甲宴服、周岁服、仪式礼服、婚礼服。

3. 饮食

韩食以泡菜文化为特色，一日三餐都离不开泡菜。韩国传统名菜烧肉、泡菜、冷面已经成了世界名菜。

韩国有各种饮食，从古代开始主食就以米为主。韩国饮食与各种蔬菜、肉类、鱼类共同组成。泡菜（发酵的辣白菜）、海鲜酱（盐渍海产品）、豆酱（发酵的黄豆）等各种发酵保存食品，以营养价值和特别的味道而闻名。

韩国摆餐桌的特征是所有饮食同时摆出。传统菜数为贫民 3 种，王族 12 种等，摆餐方式根据面条或肉类而有所不同。

韩国饮食包括每天重复的日常饮食，一生中必经的举行仪式时摆的食品，祈求丰年和丰渔时摆的丰年祭与丰渔祭食品，祈祷部落平安而摆的部落祭食品，还有悼念过世的人而摆的祭祀食品等。同时随季节的不同韩国人也利用当时的食物做季节美食。韩国的季节美食风俗是协调人与自然的智慧而形成的，在营养上也很科学。例如，正月十五吃核桃整年不会生疮，这必定以补充所缺脂肪酸，有效防止皮肤的烂、癣、湿疹的科学说法为依据。而立春吃春天的野菜，既有迎春的感觉，又能补充因过冬而缺的维生素。可以说，乡土饮食是根据当地地理、气候特点而产的地区特产，是由祖传烹调法做出来的正宗民俗饮食。由此看来，在各地承接的岁时风俗，通过仪式以及生活习俗，不仅具有当地文化的特点，而且从营养方面来说也有很大意义。

4. 美容

在一般的国家里，明星演员整容是比较平常的事，普通人整容一般不多。然而在韩国，整容即使对于普通人来说也是一件很平常的事，整容医生也很多。早期整容以女性为主，但近年男性整容的数量急剧增加。甚至就连政界要人，也有热衷整容的。

5. 禁忌

韩国人对"4"非常反感。许多楼房的编号严禁出现"4"字；医院，军队绝不用"4"字编号。韩国人在喝茶或喝酒的时候，主人总是以 1、3、5、7 的数字单位来敬酒、敬茶、布菜，并忌讳利用双数停杯罢盏。

三、日本

日本国（Japan）自 20 世纪 60 年代末期起一直是世界公认的第 2 号资本主义经济强国，科学研发能力居世界第 3，同时也是当今世界第 4 大出口国与第 4 大进口国。日本属于发达国家，国民生活质量很高，人均国民生产总值超过 40000 美元，稳居世界前列，是全球最富裕、经济最发达和生活水平最高的国家之一。

（一）地理

1. 位置

日本位于亚洲大陆东岸外、太平洋西北部，是一个由东北向西南延伸的弧形岛国，由数千个岛屿组成。日本东部和南部濒临一望无际的太平洋，西、北隔东海、黄海、朝鲜海峡（Korea Strait）、日本海（Japan Sea）、鄂霍次克海（Sea of Okhotsk）与中国、朝鲜、韩国、俄罗斯相望。

日本海岸线全长 33889 千米。由于日本是一个岛国，因此其海岸线十分复杂。西部日本海一侧多悬崖峭壁，港口稀少，东部太平洋一侧多入海口，形成许多天然良港。

日本包括北海道、本州、四国、九州 4 个大岛和其他 6800 多个小岛屿，因此也被称为"千岛之国"。日本陆地面积约 37.79 万平方千米。其中土地面积 37 万多平方千米，水域面积 3091 平方千米，领海面积 310000 平方千米。日本是世界上填海造陆最多的国家，填海造陆的面积多达 1600 平方千米。

2. 地形

日本境内多山，山地约占总面积的 70%，大多数山为火山，山地成脊状分布于日本的中央，将日本的国土分割为太平洋一侧和日本海一侧，山地和丘陵占总面积的 71%，国土森林覆盖率高达 67%。其中著名的活火山富士山（Fuji Mountain）是日本的最高峰，海拔 3776 米。富士山也是日本的象征，被日本人尊称为"圣岳"。

日本的平原主要分布在河流的下游近海一带，多为冲积平原，规模较小，较大的平原有关东平原、石狩平原、越后平原、浓尾平原、十胜平原等。日本平原面积狭小，耕地十分有限，人口密度高达 3054 人/平方千米，为世界第二，仅次于埃及（3503 人/平方千米）。

日本位于亚欧板块和太平洋板块的消亡边界，为西太平洋岛弧—海岸山脉—海沟组合的一部分。日本位于环太平洋火山地震带，每年发生有感地震 1000 多次，是世界上地震最多的国家，全球 10% 的地震均发生在日本及其周边地区。

3. 水文

日本境内河流流程短，水能资源丰富，最长的河流是信浓川（Shinano – gawa），长约 367 千米，流域面积位居日本第三，为 11900 平方千米；最大的湖泊是琵琶湖（Lake Biwa），位于日本滋贺县，面积 670.33 平方千米，占有滋贺县六分之一的面积，湖岸长 241 千米，最深 103.58 米，平均水深 41.2 米。

日本的河流大多发源于中部山地，向东西两侧流入太平洋和日本海。由于日本东西狭窄，加之山势陡峭，河流多短而急促。在梅雨和台风季节，水量增大，容易形成洪水。为此，日本修筑了大量的堤防和水库，用于防洪。河水广泛用于生活用水、农业和工业用水、水力发电。

4. 气候

日本属温带海洋性季风气候，气候温和、四季分明。樱花是日本的国花，每到春季，青山绿水间樱花烂漫，蔚为壮观。由于地处温带，国土在海洋的包围之中，终年温和湿润，冬无严寒，夏无酷暑。夏秋两季多台风，6 月多梅雨。1 月平均气温北部 – 6℃，南部 16℃；7 月北部 17℃，南部 28℃。年降水量 700 ~ 3500 毫米，最高达 4000 毫米以上。

在东部太平洋一侧自南向北均被日本暖流（黑潮）环绕、东北部形成千岛寒流（亲潮），西部日本海一侧是对马暖流和里曼寒流。在寒流和暖流交汇处，鱼类资源丰富，成为天然渔场。日本北海道渔场是世界最著名的渔场之一，其成因就是千岛寒流与日本暖流交汇。

5. 资源

日本矿产资源贫乏，除煤、锌有一定储量外，90% 以上依赖进口。主要资源依赖进口的程度为：煤 95.2%，石油 99.7%，天然气 96.4%，铁矿石 100%，铜 99.8%，铝矾土 100%，铅矿石 94.9%，镍矿石 100%，磷矿石 100%，锌矿石 85.2%。为此，日本政府积极开发核能等新能源，拥有 55 所核能发电站，总发电装机容量为 4822 万千瓦，位居世界第三。

森林面积 2526 万公顷，占国土总面积的 66.6%，是世界上森林覆盖率最高的国家之一。而木材自给率仅为 20% 左右，55.1% 依赖进口，是世界上进口木材最多的国家。

日本山地与河流较多，水力资源丰富，水力发电量占总发电量的 12% 左右。

6. 政区

（1）行政区划

日本的都、道、府、县是平行的一级行政区，直属中央政府，但各都、道、府、县都拥有自治权。全国分为 1 都（东京都：Tokyo）、1 道（北海道：Hokkaido）、2 府（大阪府：Osaka、京都府：Kyoto）和 43 个县（省），下设市、町、村。其办事机构称为"厅"，即"都厅"、"道厅"、"府厅"、"县厅"，行政长官称为"知事"。每个都、道、府、县下设若干个市、町（相当于中国的镇）、村。其办事机构称"役所"，即"市役所"、"町役所"、"村役所"，行政长官称为"市长"、"町长"、"村长"。

（2）首都

东京（Tokyo），是一座有 1300 万人口的现代化大都市。日本 1/10 的人口聚集于东京。东京 1 月平均气温 3℃，8 月平均气温为 25℃。

（二）经济

1. 工业

日本国土狭小，资源贫乏，但第二次世界大战后的日本奉行"重经济、轻军备"路线，重点发展经济，使日本在 20 世纪 60 年代末成为世界第二大经济体，经济实力仅次于美国。日本工业高度发达，是国民经济的主要支柱，工业总产值约占国内生产总值的 40%，主要集中在太平洋沿岸地区，京浜、阪神、中京和北九州为四大传统工业区，后又出现北关东、千叶、濑户内海及骏河湾等新兴工业地带。主要工业部门有电子、钢铁、汽车、电机、造船、石油化学、纺织等，工业产值占工农业总产值的 90%。造船吨位长期位居世界首位，有"造船王国"之称。纺织工业和电器电子工业在工业中占有一定地位。

2. 农业

日本农业用地面积狭小，农业生产集约化程度很高。主要农作物是稻子，稻田面积约占全部耕地面积的一半。其他农作物还有小麦、马铃薯、甘薯、荞麦等。粮食自给不足。丘陵地区普遍种植桑和茶，茶叶为日本传统输出商品。日本海洋渔业发达，是世界第四大渔业国。常年捕鱼量在 1000 万吨以上，位居世界前列。近海渔业资源丰富，北海道的函馆和本州的下关是最大的渔业基地。

3. 对外贸易

日本是一个资源靠进口，产品靠外销的"加工贸易型"的国家。外贸在国民经济中占重要地位。日本主要的进口商品有原油、天然气、金属原料、纺织原料、其他原料、粮食和食品、化工产品、机械仪器等；出口产品主要有机械、汽车、金属及其制品、化工产品、纺织品、粮食、食品、船舶等。主要的贸易对象是美国、中国、东盟、韩国、中国台湾、中国香港、德国等。

4. 交通运输业

日本交通运输业发达，已形成了以海运为主的海陆空密切结合的现代化交通运输体系，拥有强大的船队，与世界各地有航线相通。横滨、神户、东京、大阪、北九州、名古屋是重要港口。

5. 旅游业

日本旅游业较发达，每年旅游业直接收入约为 25 兆日元，约占国内生产总值的 5%。1/7 的国土被辟为自然公园，其中国立公园 278 个，国家公园（国家批准、地方管理）55 个，都道府县立自然公园 302 个。在北起北海道、南至冲绳岛的国土上，有着许多迷人的高山（火山）、丛林、湖泊和海滨，更有着遍布列岛的各种温泉。为旅游业的发展提供了优越的自然条件。

日本有着千年以上的民族文化传统，庙宇神社星罗棋布，城堡园林引人入胜，民间节庆热闹非凡，城市景观古今兼备。这就使得日本的旅游业如虎添翼，在战后迅速发展起来，成为实力雄厚的"无烟工业"。旅游观光活动已经是日本人生活中必不可少的组成部分。日本主要的风景名胜有富士山（Fuji Mountain）、东京铁塔（Tokyo Tower）、唐招提寺（Toshodai Temple）、金阁寺、白山历史乡村等。

6. 中日关系

1972 年 9 月 29 日，中日两国签署《中日联合声明》，实现邦交正常化，翌年 1 月互设大使馆。中国在大阪、福冈、札幌、长崎，日本在上海、广州、沈阳和香港分别开设总领事馆。日本在大连设有驻沈阳总领馆办事处，在重庆设有驻华使馆领事部办事处。1978 年 8 月 12 日，两国签署《中日和平友好条约》，同年 10 月邓小平副总理访日，双方互换《中日和平友好条约》批准书。

中日建交以来，双边经贸关系发展很快。日本已成为中国第二大外资来源地。中国也已经超过美国成为日本的最大出口市场。

（三）社会文化

1. 国家象征

（1）国旗

太阳旗，呈长方形，长与宽之比为 3:2。旗面为白色，正中有一轮红日。白色象征正直和纯洁，红色象征真诚和热忱。日本国一词意即"日出之国"，传说日本是太阳神所创造，天皇是太阳神的儿子，太阳旗来源于此。

（2）国徽

圆形，绘有 16 瓣黄色的菊花瓣图案。菊花图案也是皇室御纹章上的图案。

2. 人口

日本人口约 1.27 亿。日本政府自 20 世纪 50 年代开始公布日本人口结构数据。日本的主要民族为大和族，北海道地区约有 2.4 万阿伊努族人。通用日语，北海道地区有少量人会阿伊努语。主要宗教为神道教和佛教，信仰人口分别占宗教人口的 49.6% 和 44.8%。

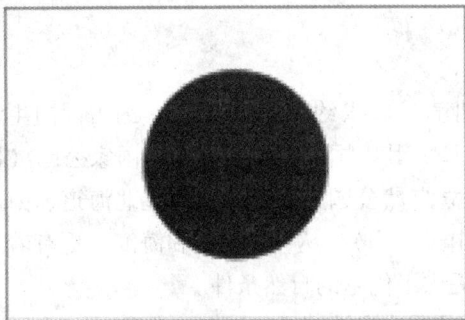

图 2-3　日本国旗

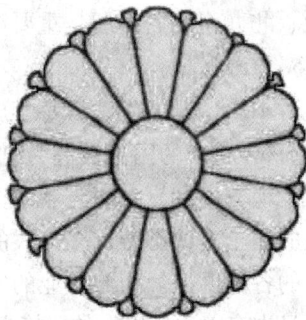

图 2-4　日本国徽

3. 教育

日本是一个非常重视教育的国家，教师的地位非常高。日本学校教育分为学前教育、初等教育、中等教育、高等教育四个阶段，学制为小学 6 年、初中 3 年、高中 3 年、大学 4 年、大专 2～3 年，其中小学到初中为 9 年义务教育。

大学有国立大学、公立大学和私立大学。著名的国立综合大学有东京大学、京都大学、东北大学、九州大学等，著名的私立大学有早稻田大学、庆应义塾大学等。日本重视社会教育，函授、夜校、广播、电视教育等较普遍。

4. 文化

（1）茶道、花道、书道

在日本有著名的"三道"，即日本民间的茶道、花道、书道。

①茶道

茶道也作茶汤（品茗会），自古以来就作为一种美感仪式受到上流阶层的无比喜爱。茶道是一种独特的饮茶仪式和社会礼仪。日本的茶道最早是由中国唐朝贞观年间传到日本的。日本人民称"中国是日本茶道的故乡"，日本茶道和中国的潮汕功夫茶有些相似。

②花道

花道作为一种在茶室内再现野外盛开的鲜花的技法而诞生。因展示的规则和方法有所不同，花道可分成 20 多种流派，日本国内也有许多传授花道各流派技法的学校。另外，在宾馆、百货商店等各种场所，可以欣赏到装饰优美的插花艺术。忌讳荷花，认为荷花是丧花。忌用山茶花，菊花是皇室家族的标志。

③书道

提起书法，不少人会认为它是中国独有的一门艺术。其实，书法在日本不仅盛行，更是人们修行养性的方式之一。古代日本人称书法叫"入木道"或"笔道"，直到江户时代（17 世纪），才出现"书道"这个名词。在日本，用毛笔写汉字而盛行书法，应当是在佛教传入之后。僧侣和佛教徒模仿中国，用毛笔抄录经书。

（2）相扑

相扑来源于日本神道的宗教仪式。在奈良和平安时期，相扑是一种宫廷观赏运动，而到了镰仓战国时期，相扑成为武士训练的一部分。18世纪兴起了职业相扑运动，它与现在的相扑比赛极为相似。神道仪式强调相扑运动，比赛前的跺脚仪式（四顾）的目的是将场地中的恶鬼驱走，同时还起到放松肌肉的作用。场地上还要撒盐以达到净化的目的。相扑手一旦达到了横纲，几乎就可以说是站在了日本相扑界的顶点，将拥有终身至高无上的荣耀。

（3）和服

和服（Kimono）是日本人的传统民族服装，也是日本人最值得向世界夸耀的文化资产。和服是仿照中国隋唐服式和吴服改制的，所以在日本被称为"吴服"和"唐衣"，和服是西方人对吴服的称谓。和服在男女间有明显的差别，男式和服色彩比较单调，偏重黑色，款式较少，腰带细，附属品简单，穿着方便；女式和服色彩缤纷艳丽，腰带很宽，而且种类、款式多样，还有许多附属品。女式和服的款式和花色的差别能区别年龄和结婚与否等，通常有婚礼和服、成人式和服、晚礼和服、宴礼和服及一般礼服，女士根据场合与时间的不同，穿着不同的和服出现。明治时代以后，和服逐渐被西服代替。

（4）柔道

柔道在全世界有广泛声誉。柔道的基本原理不是攻击，而是一种利用对方的力量的护身之术，柔道家的级别用腰带的颜色（初级：白/高级：黑）来表示。柔道是中国拳术的发展，源出少林。明末，陈元赟将中国的传统武术传到扶桑（今日本），成为现代风行世界的柔道之先河。

（5）剑道

剑道是指从武士重要武艺剑术中派生而出的日本击剑运动。比赛者按照严格的规则，身着专用防护具，用一把竹刀互刺对方的头、躯体及手指尖。

（6）空手道

空手道是由500多年前的古老格斗术和中国传入日本的拳法糅合而成的。空手道不使用任何武器，仅使用拳和脚，与其他格斗运动相比，是一种非常具有实战意义的运动形式。

（7）能剧

能剧是日本的传统戏剧，也是世界上现存的最古老的戏剧之一。能剧源于古代舞蹈戏剧形式和12世纪或13世纪在日本的神社和寺院举行的各种节庆戏剧。"能"具有才能或技能的意义。演员通过面部表情和形体动作暗示故事的本质，而不是把它表现出来。现在这一剧种在日本仍具有顽强的生命力。

（四）民俗风情

1. 姓名

日本人的姓名多用汉字，姓在前，名在后，读音仍用日语。日本人习惯只称呼姓，一般不叫名。日本人一般跟随父姓，女子出嫁后要随夫姓，男子入赘则要随妻姓。

日本人的姓有用一个汉字的，也有用几个汉字的。现在日本人的姓氏常见的有佐藤、铃木、田中、山本、高桥、中村、伊藤等，其中姓铃木（Suzuki）和佐藤（Sato）的最多。日本人的姓均有一定的含义。以地名为姓是一大特征。例如：有的人住在山脚下，便以"山下"或"山本"为姓；有的人住在水田边，便称"田边"。日本人的姓有许多是以"村"字结尾的，如：西村、冈村、森村、木村等，这些姓最初都是来源于地名或村名。此外，还有许多姓是表示大自然现象、社会生活和思想意识的。上至日月星辰下至花鸟鱼虫，从职业住所到宗教信仰，几乎都可作姓。例如：高崎，意为岛屿的突出部分，大庭，是宫殿前的广场，白鸟、小熊是动物；若松、高杉是植物；高桥、乌居表示建筑物；小野寺、西园寺表示宗教信仰；服部、秦则是古时从中国经由朝鲜到日本定居的移民的姓。

日本人的名是由一个汉字或数个汉字组成。日本人的名字的含义很丰富。例如：人名中的忠、孝、仁、义、礼、智、信等表示伦理道德；良、吉、喜、嘉等表示吉庆；龟、鹤、松、千代等表示长寿；君代等表示远久，广、博、浩、洋等表示智慧。有些表示死亡、疾病邪恶含义的字，如：瘦、饥、苦、怪、邪等是人们所忌讳的，一般不用作名。

有些名具有特定的含义，如：山本五十六，"五十六"是因出生时其父年龄五十六岁而得名。日本男子的名多表示威武、忠信等内容。如黑田俊雄、奥野高广、和田英松等。此外，以排行为名也是男子名的一个特征。如羽仁五郎、城山三郎、新田次郎（即次子）。男名的用字很广，一般来说，目前以郎、雄、男、夫等字结尾的名较多，如小林秀赖、三本武夫、岸俊男。

日本女子的名一般多用秀丽优雅、读音柔和的字词，如小百合、赤子、花子、佐和子。以"子"字结尾是近代日本女名的一个特点。现在许多女名后面都带一个"子"字。例如当代著名歌唱家加藤登纪子、芹洋子的名就是如此。另外，以江、代、美、枝等字结尾的名也不少，如大关行江、字野干代、江上由美、太原富枝等。

2. 饮食

（1）饮食习惯

日本人以最普遍的食鱼习惯而自豪，常称自己为"彻底的食鱼民族"。日本的主菜是鱼，以生鱼片（生鱼片是中国人对它的称呼，日语中写作"刺身"，英文为 Sashimi）最为著名，它堪称日本菜的代表作。"生鱼片"、"寿司"在日本是很受欢迎的两种食物，生食也是非常健康的食用方式，比烹煮方式更能减少鱼肉中营养物质的流失。日本人烹煮鱼类的方法多为低温煮熟、清蒸等。

日本的冷面是放在竹制盘上，用筷子夹起一口的数量放在冷汤里进食。有些餐馆没有附上汤匙，日本人习惯拿起来喝汤。

（2）酒水类

①啤酒

日本人最喜欢喝啤酒，无论是生啤酒或是瓶装的都受欢迎。在夏天，部分百货公司开设有露天啤酒馆，吸引大量游客。

②日本清酒

清酒可以热喝或冷喝，无论哪一种清酒，都是日本菜肴的最佳搭配。酒味可口甜美，容易使人喝过量而醉。

③威士忌

日本人喜爱喝加冰的威士忌。

④餐酒

在西餐厅内都有日本制及进口的餐酒。

⑤烧酒

烧酒是用番薯、大麦、蔗糖等材料制成，经过滤后的酒精，与伏特加有些类似。

（3）饮酒的礼仪

一般普通的日式酒馆，气氛随和且轻松，同行顾客都会互相为对方倒啤酒。如果一群人去喝酒的话，第一杯要等大家举杯说"干杯"后才能喝。

3. 民风民情

（1）打招呼

日本人之间打招呼，基本上是以鞠躬来表示的。站着的时候，双脚合拢、直立，弯腰低头。从一般性行礼到上身至 90 度的鞠躬。根据礼节轻重程度的不同，低头的角度是各种各样的。在铺着榻榻米的房间里，必须要坐着行礼。以"正座"的姿势上身弯下，两手放在前面着地然后低头。一般日本人行礼致意是互不接触身体的，传统上也没有握手的习惯。日本人有时候也握手，但大多在和外国人、选民、影迷等接触的特殊场合。

（2）称呼

称呼日本人时，可称之为"先生"、"小姐"或"夫人"，也可以在其姓氏或名之后加上一个"君"字，将其尊称为"某某君"。只有在很正式的情况下，称呼日本人才使用全名。

（3）坐的姿势

在学校、公司一般都坐椅子。但在家庭里，日本人仍然保持着传统的坐在榻榻米上的生活。近年来，在普通家庭里，西洋式的居室和餐室多起来了，所以不坐榻榻米的年轻一代在逐渐增多。

（4）招手

把手掌朝下轻轻地放开，手腕从前方朝自己一边来回摆动几次。这种方式没有性别、年龄的限制，都能使用。但对地位、辈分高的人这样招手是失礼的，要尽量避免。

（5）自己

表示"那是我"、"是我吗"等意思时，用食指指着自己的鼻子。

4. 禁忌

日本人一向注重礼仪，生活中约定俗成的许多礼节都是有自己民族特色的。比如，日本人认为饮酒时将酒杯放在桌上，让客人自己斟酒是失礼的，斟酒时要右手托瓶底，而客人则应右手拿酒杯，左手托杯底。

日本人忌荷花图案。忌"9"、"4"等数字，因为"9"在日语中发音和"苦"相同；而"4"的发音和"死"相同，所以在平时要避开4层楼4号房间4号餐桌的习惯。

日本商人还忌"二月"、"八月"，因为这是营业淡季。还讨厌金银眼的猫，认为看到这种猫的人要倒霉。忌讳几种用筷的方法，即舔筷、移筷、扭筷、插筷、掏筷、跨筷、剔筷。同时，还忌用同一双筷子让大家公用，也不能把筷子垂直插在米饭中。

四、蒙古

蒙古（Mongolia）是亚洲东北部一个高原内陆国。蒙古经济相对落后，工业基础薄弱，生产技术落后，生态环境破坏，荒漠化严重，基础建设不足，其国民经济的基础一直是畜牧业。

（一）地理

1. 位置

蒙古国的面积约15665万平方千米，是亚洲中部的内陆国家，地处蒙古高原（Mongolian Plateau）北部。东、南、西三面与中国接壤，北面同俄罗斯的西伯利亚为邻。西部、北部和中部多为山地，东部为丘陵平原，南部是戈壁沙漠。

2. 地形

平均海拔约1600米。西、中和北部是阿尔泰山脉、杭爱山脉、唐努乌拉山、东萨彦岭、戈壁阿尔泰山脉、肯特山脉等地垒构成的山地，各山脉主峰一般都在海拔3000米以上。山地之间是地堑形成的内流水系和湖泊、盆地。色楞格河及其支流鄂尔浑河是主要河流。河、湖附近地区多水草，是天然牧场和主要农耕区。东南部是比较平坦的高原，分布着低矮的丘陵和浅盆地，地表主要为粗砂、砾石的"戈壁"。戈壁地区约占全国总面积的1/3。

3. 水文

蒙古国山地间多河流、湖泊，主要河流为色楞格河及其支流鄂尔浑河。境内有大小湖泊3000多个，总面积达1.5万余平方千米。库苏古尔湖（Khovsgol Lake）位于蒙古国北部，是蒙古国最大的湖泊，其水域总面积为2760平方千米，素有"东方的蓝色珍珠"之美誉。

蒙古国水资源短缺，降水很少，年平均降水量为120~250毫米，70%集中在7—8月；西北部地区属温带针叶林气候，许多高峰终年积雪。水资源问题越来越成为蒙古国发展的制约因素，在拥有丰富矿产资源的南部戈壁地区尤其缺水。70%以上的土地面积存在不同程度的荒漠化，而且荒漠化面积正以惊人的速度在全国范围内扩展。

4. 气候

蒙古国属典型的大陆型气候。季节变化明显，冬季长，常有大风雪；夏季短，昼夜温差大；春、秋两季短促。每年有一半以上时间为大陆高气压笼罩，是世界上最强大的蒙古高压中心，为亚洲季风气候区冬季"寒潮"的源地之一。无霜期大约在6—9月，只有90~110多天。冬季最低气温可至-40℃，夏季最高气温达35℃。

5. 资源

蒙古国地下资源丰富，现已探明的有铜、钼、金、银、铀、铅、锌、稀土、铁、萤石、磷、煤、石油等80多种矿产。其中煤蕴藏量为500亿~1520亿吨、铁20亿吨、磷2亿吨、萤石蕴藏量约800万吨、铜800万吨、钼24万吨、锌6万吨、银7000吨、金3000吨、石油15亿桶。额尔登特铜钼矿已列入世界十大铜钼矿之一，位居亚洲之首。森林面积为1530万公顷，全国森林覆盖率为10%，木材蓄积量为12.7亿立方米。水蕴藏量为60亿立方米。

6. 政区

（1）行政区划

除首都外，全国划有21个省：后杭爱省、巴彦乌勒盖省、巴彦洪格尔省、布尔干省、戈壁阿尔泰省、东戈壁省、东方省、中戈壁省、扎布汗省、前杭爱省、南戈壁省、苏赫巴托尔省、色楞格省、中央省、乌布苏省、科布多省、库苏古尔省、肯特省、鄂尔浑省、达尔汗乌勒省和戈壁苏木贝尔省。

（2）首都

蒙古的首都在乌兰巴托（Ulan Bator）。人口约 100 万。平均气温为 –2.9℃。乌兰巴托意思是"红色英雄城"，原名库伦，已有 300 多年的历史。乌兰巴托是一座具有浓郁草原风貌的现代城市。

（二）经济

1. 工业

工业体系尚未建立，采矿、燃料动力、轻工、食品、加工是蒙古国主要的工业。额尔登特的铜钼矿，年产铜精矿粉在 51 万吨左右，产品的 95% 出口中国，全部出口的收入约占蒙古财政收入的 40%。

2. 畜牧业

蒙古国可利用土地面积为 15646.64 万公顷，其中，农牧业用地面积占 80%。畜牧业是蒙古传统的经济部门，也是蒙古国民经济的基础，素有"畜牧业王国"之称。

3. 对外贸易

1997 年 1 月，蒙古加入世界贸易组织（WTO）。为适应加入 WTO 的新形势，促进贸易自由化，蒙古国家大呼拉尔修改了《海关法》，规定自 1997 年 5 月 1 日起，将所有进口商品（酒精等除外）的进口关税税率降为零。1999 年，国家大呼拉尔再次修改有关法律，将进口税率增加至 5%，并已于 1999 年 7 月 1 日开始执行。出口产品主要有铜钼精矿、羊毛、山羊绒、皮张、地毯和其他畜产品等；进口商品主要有机器设备、电器、食品、燃料油和日用品等。出口产品主要为纺织品、矿产品和畜产品等；主要贸易伙伴有中国、俄罗斯、美国、韩国和日本等。

4. 旅游业

蒙古旅游业规模较小。主要旅游饭店有乌兰巴托饭店、巴彦高勒饭店、成吉思汗饭店等，主要旅游景区有哈尔和林古都、库苏古尔湖、特列尔吉旅游景区、南戈壁、东戈壁和阿尔泰狩猎区等。

5. 中蒙关系

1949 年 10 月 16 日，蒙古国与中国建交。中蒙互为近邻，也是重要合作伙伴。中蒙两国都处于发展的重要阶段，两国发展互为机遇。蒙中关系发展良好，两国政治互信不断深化，互利合作快速增长。中国是蒙古国最大贸易伙伴和最大外资来源国。2011 年 6 月两国建立战略伙伴关系以来，双边贸易额增长迅速，双方人员往来频繁。2014 年 8 月 21 日至 22 日，中国国家主席习近平访问蒙古国后，两国贸易额将增加到 100 亿美元，双方交换的货币量从 100 亿元人民币增加到150亿元人民币，两国关系已经提升到全面战略伙伴关系阶段。

（三）社会文化

1. 国家象征

（1）国旗

蒙古国旗呈横长方形，长与宽之比为2∶1，旗面由三个垂直相等的竖长方形组成，两边为红色，中间为蓝色。左边的红色长方形中有黄色的火、太阳、月亮、长方形、三角形和阴阳图案。旗面上的红色和蓝色是蒙古人民喜爱的传统颜色，红色象征快乐和胜利，蓝色象征忠于祖国，黄色是民族自由和独立的象征。火、太阳、月亮表示祝人民世代兴隆永生；三角形、长方形代表人民的智慧、正直和忠于职责；阴阳图案象征和谐与协作；两个垂直的长方形象征国家坚固的屏障。

（2）国徽

蒙古国徽呈圆形。圆面为蓝色，中间是一匹飞奔的骏马，马中间的图案与国旗上的相同，马之下是一个法轮。圆周由褐色和金黄色的花纹装饰，下方饰以白色的荷花花瓣，顶端是三颗宝石。

图2-5　蒙古国旗　　　　　　　图2-6　蒙古国徽

2. 人口

蒙古国人口约294万。蒙古是一个地广人稀的草原之国，平均人口密度为每平方千米1.5人。人口以喀尔喀蒙古族为主，约占全国人口的80%，此外，还有哈萨克族、杜尔伯特、巴雅特、布里亚特等15个少数民族。过去大约40%的人口居住在乡下，20世纪90年代以来城市居民占总人口的80%，其中生活在乌兰巴托的居民占全国居民总数的1/4。农业人口主要由饲养牲畜的游牧民组成。主要语言为喀尔喀蒙古语。居民主要信仰喇嘛教，根据《国家与寺庙关系法》的规定，喇嘛教为国教。还有一些居民信仰土著黄教和伊斯兰教。

3. 教育

蒙古国实行国家普及免费普通教育制。教育体系包括幼儿园、全日制普通教育学校、高等学校。主要大学有国立大学、科学技术大学、教育大学、农业大学、医科大学、文化艺术大学、人文大学、乌兰巴托大学、依和扎斯克大学、奥特根腾格尔大学等。

4. 文化

（1）鼻烟文化

鼻烟是一种烟草制品，用富有高级油分和香味的干烟叶加入名贵药材，磨成粉末装入密封容器陈化而成，以手指送少量到鼻孔。在中国北方的近邻蒙古国，吸闻鼻烟一直是当地人不可或缺的习惯，并形成特有的鼻烟文化。在蒙古国参加各种会议，总可以见到一些人拿出鼻烟壶放在桌上，不时取出少量鼻烟吸闻，甚是享受。

蒙古国人的鼻烟壶种类繁多，并成为一种装饰品。他们尊崇凤凰石、玛瑙、珊瑚、玉石、水晶、琥珀等材料制成的鼻烟壶，其中凤凰石、珊瑚、玉石制成的鼻烟壶都极为贵重。有的蒙古国人则相信鼻烟壶可以为主人防病或者祛除顽疾，如白玉鼻烟壶可以保佑主人身体不受外伤，珊瑚鼻烟壶将为主人带来好运，会给孕妇带来健康和平安。在蒙古国，鼻烟壶一般被装进荷包里，揣在怀里或挂在腰间。荷包做工十分讲究。

（2）马文化

蒙古国拥有 220 多万匹马。蒙古国人养马，也爱马，牧人自幼就在马背上成长，马就是他们成长的摇篮，马文化深深地融入到人的精神世界之中。

蒙古马体形矮小，头大颈短，体魄强健，胸宽鬃长，皮厚毛粗，能抵御来自西伯利亚的疾风暴雪。蒙古国的人熟识马性，采用粗放式牧马，将马群放归自然，处于半野生生存状态。蒙古马性烈、剽悍，对主人却十分忠诚，主人如果受伤、醉酒，只要把他放到马背上，马就会十分温顺地驮着主人回家；在赛场上，马会按照主人的意愿拼死向终点奔跑，为了主人的荣誉，它会拼尽最后气力，宁愿倒地绝命也不会半途放弃比赛。在蒙古国，大到国家庆典，小到民间节庆，赛马几乎都是保留节目。每年在蒙古国国庆节那达慕大会上除赛马之外，还有马上骑射、马上杂技等马术表演项目，充分体现了马在蒙古国人民生活中的重要性。蒙古国以马为主题的诗歌、故事、警句格言、音乐、美术、雕塑等。马头琴是草原艺术的一朵奇葩，也是最具代表性的与马有关的乐器。相传一位牧人因为怀念死去的小马，按它的模样雕刻成了马头琴。牧人取小马的腿骨为琴柱，头骨为筒，尾毛为弓弦，演奏时声音圆润，低回婉转，时而如万马奔腾，时而如马嘶阵阵。马头琴是草原之美和音乐之美的统一，其旋律能够完美地表现出草原的古老、雄浑和神奇，更能尽情倾诉牧民心中的喜悦与忧伤，向往与遐想。

（3）猎鹰节

居住于蒙古国西部的哈萨克族居民传承了祖先驯鹰的习俗，至今仍保持着驯鹰和狩猎的文化传统。蒙古国哈萨克族人驯服的猎鹰大致属于隼类，也称海东青。成年猎鹰体重可达6.5千克，通常母鹰比公鹰更凶猛。

（四）民俗风情

1. 姓名

蒙古族的姓氏大体有四种：以本部落的名称为姓；以本氏族的名称为姓；以祖先的名字为姓；以历史上一种特殊称呼为姓。蒙古人的名字有以动物名称命名，有以祝福、吉祥、幸福的词来命名，也有以星辰、花草树木、珠宝等为女性命名。蒙古人姓名反映了蒙古民族文化、历史传统以及生活方式、宗教等方面的特点。

由于蒙古族人只有部落、氏族的"族姓"，没有严格意义上的"家姓"。因此，很少有蒙古人把多音节的"族姓"放在名字前面，渐渐地，有不少蒙古族人遗忘了自己的"族姓"。蒙古人平常习惯以名字互相称呼，但向外人介绍自己时都比较注重说明自己是哪个姓。

2. 服饰

蒙古袍是蒙古民族传统服饰，男女均穿。有皮袍、棉袍、布（绸、缎）袍。女式袍子因地域和部族的不同而异，一般均以缎料为主，袍子上扎的腰带以整幅绸子为之；男子腰带喜用金黄色和橙黄色，女子爱扎紫和绿等颜色的带子。男子袍多用棉布料，也有用缎料。男子戴的帽子分冬夏两种，冬季戴皮帽、风雪帽，夏帽为尖顶圆帽和毡帽，妇女戴凉圈帽。帽子一般以兽皮作里，绸、缎、布料做外套。蒙古靴子为高筒靴，有革制、毡制和布制的，上有传统花纹。男子通常腰佩蒙古刀、火镰和鼻烟壶，妇女则喜用头饰。现在，蒙古牧区人仍多着蒙古袍，而城市居民则多穿现代服装，在庆典和重要节日时才着蒙古袍。

3. 饮食

蒙古国居民饮食习惯特点浓郁，食品以牛、羊肉为主，经常食用的蔬菜品种包括马铃薯、白菜、圆葱、萝卜等，喜饮酒。蒙古国的风味佳肴有烤全羊、扒羊肉、涮羊肉、奶茶等款待贵宾的风味餐，而且必然备酒。主人以银碗盛酒，双手捧上，高唱劝酒歌，直到客人一饮而尽。往往须连干三碗。客人离去时，主人拦在车前、马前，重又敬酒，祝君一路平安，欢迎再次光临。

4. 蒙古包

蒙古牧民至今仍保持着游牧生活方式，无定居房屋，靠蒙古包栖身。

蒙古包主要有三大构件：可折叠的网状围壁条木、搭起伞状圆顶的椽木、覆盖圆壁和顶棚的白色厚毡。蒙古包顶有圆形天窗，可以用来通风、采光、排烟。毡包有大有小，其共同点是适合草原上的气候条件和生活环境。

进入蒙古包后，主人会请客人坐至蒙古包中最尊贵的位置（后半部的座位），男宾应从左手方绕过摆放在蒙古包正中央炉子走向座位。主人用茶、点心、奶制品等款待客人。当主人敬酒时，如客人一饮而尽，主人会认为是对自己的尊敬和诚意。

5. 礼仪

蒙古人与客人见面时，有个特别的待客习惯。他们喜欢拿出自己珍爱的鼻烟壶让客人嗅闻。客人若遇到这种情况，应该诚心实意地嗅闻，然后把壶盖儿盖好还给主人。蒙古人与亲人或朋友打招呼的方式极为特殊。相互见面，一般不习惯先问对方身体如何，而是习惯先问对方的牲畜是否平安？这是蒙古国人的一种传统习礼。

6. 哈达

蒙古哈达为丝制，长度不一，有蓝、白、黄、绿、红等五种颜色，其中以蓝色为尊。敬献哈达时，哈达的叠口应对着接受者。晚辈向长辈敬献哈达时，应双手献上，同时致祝词，接受者双手接过哈达，并自行将其搭在颈上；长辈向晚辈赠送哈达时，可直接将哈达搭在晚辈颈上。有时向贵宾敬酒时，将酒碗置于哈达上，用右手献给客人，客人只取杯饮酒而不必接哈达。

7. 敖包

蒙语"敖包"意即石堆，通常在行人经过较多的大路旁，是蒙古草原上常见的供人祈祷、祭祀的场所，祭敖包是蒙古民间最普遍的一种祭祀活动。人们常常到敖包祈祷、还愿，病愈的人则在敖包上留一件病时旧物，表明是神压服了病魔。有的敖包兼有路标或界标的作用。路过敖包的人一般均下马下车，按顺时针方向绕着敖包走三圈，并在上面添加石块，同时祈祷许愿。日积月累，有的敖包可高达数米，底基周围可达十余米。专门的大型祭祀活动一般在农历五月十三。

8. 禁忌

蒙古人喜欢马，故不喜欢吃马肉；送礼物时忌送帽子，因为帽子的口朝下，送人会损坏别人运气；穿蒙古袍时，忌挽袖子，因为这样会使人理解为要打架；在进入蒙古包时不能踩门槛；蒙古人忌讳别人触摸自己的头部和帽子。

蒙古人忌往火里扔脏东西，不能从火上跨越，不能在火旁放刀、斧等锐器；由于自古以来随水草而居，蒙古人特别崇敬水，认为在河里不能洗澡、洗脏东西，更不能倒垃圾、大小便。

第二节　东南亚客源国概况

一、东南亚概述

东南亚（Southeast Asia）是第二次世界大战后期才出现的一个新的地区名称。现今共有 11 个国家，包括越南（Vietnam）、老挝（Lao）、柬埔寨（Cambodia）、泰国（Thailand）、缅甸（Myanmar）、马来西亚（Malaysia）、新加坡（Singapore）、印度尼西亚（Indonesia）、文莱（Brunei）、菲律宾（Philippines）、东帝汶（Timor - Leste）。世界各国习惯把越南、老挝、柬埔寨、泰国、缅甸五国称之为东南亚的"陆地国家"或"半岛国家"。而将马来西亚、新加坡、印度尼西亚、文莱、菲律宾五国称之为东南亚的"海洋国家"或"海岛国家"。

东南亚地区位于亚洲东南部，面积约 457 万平方千米，包括中南半岛（Indo - China Peninsula）以及马来群岛（Malay Archipelago）的大部分。中南半岛山河相间，纵列分布，北部地势较高，山脉呈掌状向南展开。大河下游和河口为冲积平原。马来群岛地形崎岖，地势高峻，沿海有狭窄平原；位于亚欧板块与印度洋板块交界处，地壳活动不稳定，火山、地震活动非常强烈。印度尼西亚是世界上火山最多的国家。爪哇岛上多火山灰，土壤肥沃。

亚洲东南部地理位置具有特殊的意义，一方面它是亚洲纬度最低的地区，是亚洲的赤道部分；另一方面它正扼亚澳之间的过渡地带，这在气候和生物界均有明显的反应；本区也是太平洋与印度洋的交汇地带，这种地理位置使东南亚具有湿热的气候，并形成繁茂的热带森林，是本区与其他区的根本差异。东南亚在构造地形上可分为两大单元，一是比较稳定的印度—马来地块，二是地壳变动比较活跃的新褶皱山地。具有赤道多雨气候和热带季风气候两种类型，自然植被以热带雨林和热带季风林为主。

东南亚是世界上人口比较稠密的地区之一。人口特点是人口稠密，多华人聚居。人口多分布在平原和河口三角洲地区。东南亚各国都是多民族的国家，全区有 90 多个民族。人种以黄色人种为主。东南亚也是世界上外籍华人和华侨最集中的地区之一，约有华侨、华人 3348.6 万，约占东南亚总人口的 6%，约占全球 4543 万华侨、华人的 73.5%。其中，20 世纪 80 年代以后进入东南亚的中国移民及其眷属至少在 250 万以上。另有 200 多万印度人、100 多万其他国家的外来移民。

东南亚各国拥有丰富的自然资源和人力资源，为经济发展提供了良好的条件，形成了以季风水田农业和热带种植园为主的农业地域类型。但是经济结构比较单一。20世纪60年代以后,各国发展了外向型市场经济与国家干预相结合的经济发展模式。其主要内容包括:大力发展制造业,一般优先发展劳动密集型且资本周转较快的轻纺工业和装配工业;扩大农矿产品的生产和出口。

东南亚是当今世界经济发展最有活力和潜力的地区之一。新加坡繁荣进步,生活水平已达发达国家之标准,经济以服务业、金融业、科技业、航运业、物流业、旅游业为主,并积极发展高科技和教育。越南、菲律宾和印度尼西亚经济相对落后,经济偏重旅游业、基础制造业、农渔业。泰国、越南、缅甸是世界上重要的稻米(水稻)出口国。印度尼西亚是重要的石油出口国。出产石油较多的还有马来西亚和文莱。泰国、马来西亚等国的锡产量居世界前列。印度尼西亚、泰国、马来西亚都是橡胶生产大国。在未来新的世界政治、经济格局中,东南亚在政治、经济上的作用和战略地位将更加重要。

1967年,东南亚地区出现了一个"国家集团",这就是"东南亚国家联盟"(Association of Southeast Asian Nations),简称"东盟",发展至今已有10个成员国。东南亚国家联盟是集合东南亚区域国家的一个政府性国际组织。东盟的旗帜和标志如图2-7和图2-8所示。东盟旗帜是在1993年11月开始使用的,背景为蓝色,有10条纵向的曲线在一个被填满红色的圈内,分别代表了10个成员国。东盟标志则体现了一个稳定、和平、联合与充满活力的东盟。

图2-7 东盟旗帜	图2-8 东盟盟徽

东盟成立初期,基于冷战背景,主要任务之一为防止区域内共产主义势力扩张,合作侧重在军事安全与政治中立,冷战结束后各国政经情势趋稳。1997年爆发亚洲金融风暴之后,东盟各国汲取教训,便开始转向加强区域内经济环保等领域的合作,并积极与区域外国家或组织展开对话与合作。

东盟最著名的特点,就是在谈判协商时采取"东盟模式"(The ASEAN Way),或称亚洲方式,也就是对成员国内政、领土和主权采取不干涉的原则。但是,许多具争议性的议题,往往因东盟模式而无法取得共识而遭搁置。

二、新加坡

新加坡（Singapore），全称新加坡共和国（The Republic of Singapore）。新加坡是全球最为富裕的国家之一，属于新兴的发达国家，其经济模式被称为"国家资本主义"，并以稳定的政局、廉洁高效的政府而著称。新加坡是亚洲最重要的金融、服务和航运中心之一。根据全球金融中心指数排名，新加坡是继纽约、伦敦和香港之后的世界第四大金融中心。新加坡也是东亚第四富裕的地区，仅次于香港、日本和韩国。新加坡风光绮丽，终年常绿，岛上花园遍布，绿树成荫，素以整洁和美丽著称，故有"花园城市"之美称。新加坡全国耕地无几，人口多居住在城市，因此被称为"城市国家"。

（一）地理

1. 位置

新加坡位于马来半岛南端、马六甲海峡（Strait of Malacca）出入口，南面有新加坡海峡（Singapore Strait）与印度尼西亚相隔，北面隔狭窄的柔佛海峡（Johore Strait）与马来西亚相望，并以两条长堤相连于新马之间。

新加坡是东南亚的一个岛国，全国由新加坡岛、乌敏岛、德光岛、圣约翰岛和龟屿等63个岛屿组成，面积约为714.3平方千米。其中新加坡岛占全国面积的88.5%。

2. 地形

新加坡地势起伏和缓，中西部是翠绿的山丘和自然保护区，东部及沿海是平原地，地理最高点为武吉知马（Bukit Timah），高163米。

3. 水文

新加坡共有32条主要河流，最长的河道是加冷河（Kallang River），海岸线总长200余千米。新加坡建有17个蓄水池储存淡水，其中，中央集水区自然保护区占地将近3000公顷，该区包括了新加坡主要的水库——麦里芝蓄水池、实里达蓄水池、贝雅士蓄水池等，其土地除了用来收集雨水，还发挥着重要的城市"绿肺"功能。

4. 气候

许多人都以"常年是夏，一雨成秋"来形容狮城的天气。新加坡属于热带海洋性气候，常年高温多雨，年平均气温24℃~27℃，气候湿热，昼夜温差小，年均降雨量在2400毫米左右，相对湿度介于65%~90%。狮城11月至次年3月为雨季，受较潮湿的东北季候风影响，雨水较多，平均低温徘徊在23℃~24℃；6月到9月则吹西南季候风，最为干燥。这两个季风期，间隔着季候风交替月，那就是 4—5 月，以及 10—11 月。在季候风交替月里，地面风弱多变，阳光酷热，下午经常会有阵雨及雷雨，最高温度可以达到 35℃。

5. 政区

（1）行政区划

新加坡土地面积仅 714 平方千米，故无省市之分，而是以符合都市规划的方式将全国划分为 5 个社区，由相应的社区发展理事会（简称社理会）管理。5 个社理会按照地区划分，定名为东北、东南、西北、西南和中区社理会，这 5 个社区再进一步分为 87 个选区，包括 12 个单选区和 15 个集选区。

（2）首都

新加坡市区（Singapore City）是新加坡共和国首都，位于新加坡岛最南端，面积将近 100 平方千米。新加坡市是全国政治、经济、文化中心，有"花园城市"之称。珊顿道（Shenton Way）是东南亚乃至国际的金融中心，毗邻的吉宝港口（Keppel Harbour）也是世界上最繁忙的港口之一。在新加坡河口上，矗立一座乳白石的"狮头鱼尾"雕像，它是新加坡的精神象征和标志。

（二）经济

1. 工业

工业主要包括制造业和建筑业。制造业产品主要包括电子产品、化学与化学产品、机械设备、交通设备、石油产品、炼油等。新加坡是世界第三大炼油中心。1961 年 10 月，政府为加快工业化过程、促进经济发展，创建了裕廊工业区。除此之外在德福、双溪加株、罗央等地也建立了轻工业基地。各个工业区的工业种类很多，包括橡胶加工、造船、修船、炼油、钢铁、水泥、化学、汽车装配、纺织、药品等。工业产品主要有机械设备、化学与化学产品、交通设备、石油产品、炼油等部门。此外，裕廊岛亦是拥有完善基础设施的能源与石化产业中心，目前有超过 100 家全球大型石油、石化和特种化工企业在该岛设有工厂，至今吸引了超过 240 亿美元的投资。

2. 农业

农业在国民经济中所占比例不到 1%，主要有家禽饲养和水产业。农业园区位于林厝港，拥有可耕地面积 2000 多公顷，农业中保存高产值出口性农产品的生产，如种植热带兰花、观赏鱼批发养殖、鸡蛋奶牛生产、蔬菜种植等，另外还有一百多家水产养殖场，绝大部分设在乌敏岛和林厝港之间的海域，饲养鲈鱼、虎斑、红鲷等鱼类供应给本地消费市场。新加坡粮食全部靠进口，蔬菜自产仅占 5%，绝大部分从马来西亚、中国、印度尼西亚和澳大利亚进口。

3. 服务业

服务业为经济增长的龙头产业，包括零售与批发贸易、饭店旅游、交通与

电讯、金融服务、商业服务等，在新加坡经济中扮演重要角色，占新加坡 GDP
的 2/3。批发与零售业、商务服务业、交通与通信业、金融服务业是新加坡服务
业的四大重头行业，其中批发与零售业由于包括贸易在内，因此份额最大。新
加坡商务服务业则包括不动产、法律、会计、咨询、IT 服务等行业。交通与通
信行业，包括水陆空交通及运输，也包括传统的邮政服务和新兴的电信服务业。
金融服务业则包括银行、证券（股票、债券、期货）、保险、资产管理等门类，
可以说正是依托这四大服务业的发展，新加坡才确立了其亚洲金融中心、航运
中心、贸易中心的地位。

4. 贸易

新加坡自然资源贫乏，经济属外贸驱动型，高度依赖美国、日本、欧洲和
周边国家市场，外贸总额是国内生产总值的 4 倍。进出口的商品包括加工石油
产品、消费品、机器之零件及附件、数据处理机及零件、电信设备和药品等。
主要贸易伙伴有马来西亚、泰国、中国、日本、中国香港和台湾、韩国、美国、
印度尼西亚和澳大利亚等。

5. 交通

新加坡交通发达，设施便利，是世界最繁忙的港口和亚洲主要转口枢纽之
一，也是世界最大燃油供应港口。新加坡还是联系亚、欧、非、大洋洲的航空
中心。新加坡樟宜机场（Singapore Changi Airport）连续多年被评为世界最佳
机场。

6. 旅游业

旅游业是新加坡经济的重要组成部分，贯穿于餐饮业、宾馆业等多个产业
部门；对新加坡 GDP 的直接及间接贡献率达 10%，从业人员数量占当地劳动力
总量的 7%。旅游业是主要外汇收入来源之一。主要旅游景点有圣淘沙名胜世界
（Resorts World at Sentosa）、金沙综合娱乐城（Marina Bay Sands）、乌节路（Or-
chard Road）、牛车水（Chinatown）、鱼尾狮公园（Merlion Park）、裕廊飞禽公园
（Jurong Bird Park）、新加坡动物园（Singapore Zoo）、新加坡夜间野生动物园
（Night Safari）等。

7. 中新关系

1980 年 6 月 14 日，中国和新加坡关于互设商务代表处协议在北京签字，次年
9 月两国商务代表处正式开馆。中国和新加坡自 1990 年 10 月 3 日建交以来，两地
在各领域的互利合作成果显著。两国签署《经济合作和促进贸易与投资的谅解备
忘录》，建立了两国经贸磋商机制。双方还签署了《促进和保护投资协定》、《避免
双重征税和防止漏税协定》、《海运协定》、《邮电和电信合作协议》、《成立中新双
方投资促进委员会协议》等多项经济合作协议。近年来，中新经贸合作成果显著，

新加坡是中国第十大贸易伙伴，中国则是新加坡第三大贸易伙伴。

（三）社会文化

1. 国家象征

（1）国旗

新加坡国旗由上红下白两个相等的横长方形组成，长与宽之比为3:2。左上角有一弯白色新月和五颗白色五角星。红色代表人类的平等，白色象征纯洁和美德；新月象征国家，五颗星代表国家建立民主、和平、进步、正义和平等的思想。新月和五颗星的组合紧密而有序，象征着新加坡人民的团结和互助的精神。

（2）国徽

新加坡国徽由盾徽、狮子、老虎等图案组成。红色的盾面上镶有白色的新月和五角星，其寓意与国旗相同。红盾左侧是一头狮子，是新加坡的象征，新加坡在马来语中是"狮子城"的意思；右侧是一只老虎，象征新加坡与马来西亚之间历史上的联系。红盾下方为金色的棕榈枝叶，底部的蓝色饰带上用马来文写着"前进吧，新加坡！"

图2-9　新加坡国旗

图2-10　新加坡国徽

（3）国歌

《前进吧，新加坡》（Onward Singapore）是新加坡的国歌歌名，也是国家格言。

（4）国花

以一种名为卓锦·万代兰的胡姬花为国花。东南亚通称兰花为胡姬花。卓锦·万代兰是由卓锦女士培植而成，花朵清丽端庄、生命力特强，它象征新加坡人的气质和刻苦耐劳、果敢奋斗的精神。

2. 人口

新加坡总人口超过518万，其中325万人属于新加坡公民和53万个永久居民（简称"PR"），居住在新加坡的外籍人士数目相当多，共有约155万人。新加坡华人即汉族占新加坡公民人口中的74.1%，而马来人、印度裔和欧亚裔占人口的25.9%。新加坡绝大部分的华人来自中国福建、广东、浙江和海南等地，其中4成是闽南人，其次为潮汕人、广府人、客家人、海南人和福州人等。新加坡是一个多元民族的国家，马来语为国语，英语、华语、马来语、泰米尔语为官方语言，英语为行政用语。政府实行种族平等政策治国，这里没有种族歧视和纷争，而极为可贵的是，新加坡4大族群自独立以后，齐心协力共同建设新加坡。

3. 宗教

新加坡提倡宗教与族群之间的互相容忍和包容精神，实行宗教自由政策，确认新加坡为多宗教国。主要宗教为佛教、道教、伊斯兰教、基督教和印度教。有宗教信仰的新加坡人占人口的83%。新加坡的宗教建筑各式各样，许多历史悠久的寺庙已被列为国家古迹，而且每年都有着各式各样的庆祝活动。

（1）佛教与道教

佛教是新加坡第一大宗教，约占人口的33%。多年来，各个佛教团体通过主办各种宗教、文化、社会福利计划等活动，将佛法与公众的距离拉近。新加坡境内寺庙林立，属于北传佛教的寺院超过150所，南传上座部佛教寺院约有20余所。

新加坡道教占人口的11%。南来的华人移民，带来了他们的宗教信仰与习俗，早期潮侨和闽帮所创建的粤海清庙和天福宫，也获赐清帝御题，可见在百年以前，这两间古庙已名扬海外。另外，四马路观音堂也是新加坡最著名、香火最鼎盛的庙宇之一，每天来庙堂烧香进贡的香客络绎不绝。

（2）天主教与基督教

教徒占全国总人口的18%。新加坡共有260多座教堂，最早的教堂是阿美利安教堂和圣安德烈教堂。在新加坡草创初期，不同的团体，比如海峡华人族群、海外传教士和西方商人，对两个教会的发展作出独特贡献。新加坡天主教教会也先后开办学校、医院、老人院和儿童收容所等慈善组织来帮助社会上有需要的人。

（3）伊斯兰教

教徒占全国总人口的15%，约有65万人。马来或巴基斯坦血统的信徒基本上属于伊斯兰教的逊尼派，另外也有部分印度血统和华人信仰回教。新加坡建有回教堂共80座，当中较为著名的有花蒂玛和苏丹回教堂。

（4）兴都教

信徒约10万人，占人口的5%。新加坡共有24间主要的兴都庙，大部分是以南印度的风格为主，其中马里安曼兴都庙和尼瓦沙柏鲁马兴都庙都被完整保留了下来。

（5）锡克教与其他宗教

教徒合计只有 2 万余人。锡克教在新加坡有 7 间锡克庙，教徒主要是锡克族警察和保安人员。犹太教在新加坡设有两个会堂，位于市中心的马海阿贝犹太庙建于 1878 年，是东南亚最古老的犹太会堂。

4. 教育

新加坡的教育制度强调双语、体育、道德教育、创新和独立思考能力并重。双语政策要求学生除了学习英文，还要兼通母语。政府推行"资讯科技教育"，促使学生掌握电脑知识。学校绝大多数为公立，其中包括 170 所小学、154 所中学、14 所初级学院，以及新加坡国立大学（National University of Singapore）、南洋理工大学（Nanyang Technological University）和管理大学（Singapore Management University）三所大学。

5. 文化

（1）文化传承

早期离乡背井到新加坡再创家园的移民者将各自的传统文化带入新加坡，各种族之间的交流与融合，不仅创造了新加坡今日多民族的和谐社会，也留下了丰富的多元化文化特色。中华文化精髓也深深影响着新加坡的生活形态。如欢欣多彩的农历新年，或慎终追远的清明节和传统祭祖普度的中元节。风行于华人文化的风水之说，也反映在新加坡的多项建筑设计里面。

马来人，以自身丰富的文化遗产，使新加坡更为多彩多姿。马来人受到早期阿拉伯商旅的影响，改信伊斯兰教，最为人称道的民族特性是坚强的民族团结性、乐于助人的心胸和对宗教信仰与传统的坚定不移。

印度人，在新加坡草创初期扮演着契约劳工的角色，参与各项建设工程，例如道路建筑与许多新加坡著名公共建筑物的兴建。就像华裔和马来裔民族一样，印度族裔也在饮食、艺术、宗教方面尽力保留其特色，更突显新加坡文化的多元性特质。

（2）娘惹文化

东南亚有个峇峇（bā bā）娘惹族群，是数百年前中国移民和马来女人所生的后代，主要在马来西亚、新加坡和印度尼西亚爪哇一带。新加坡、槟榔屿、马六甲、英属殖民地的峇峇娘惹，又被称为海峡华人。男的是峇峇，女的为娘惹。峇峇娘惹保存的中国传统习俗来自历史的某段时空，然后停格了，后来加入了马来文化习俗的影响，所以不等同于中土文化。

新传媒 8 频道在 2008 年年末推出《小娘惹》作为台庆大戏，内容是几户峇峇家族几代人的恩怨情仇，连续剧以"月娘"作为剧中的核心人物，着重介绍峇峇娘惹的文化习俗。《小娘惹》堪称新加坡版《大长今》，跌宕起伏的故事情节，加上色彩绚丽的民族服饰与娘惹美食的完美烘托，非常轰动。

（四）民俗风情

1. 饮食

新加坡的饮食特色集中在当地人做的美食，其中包括中餐、印度餐和马来餐，这里的中餐主要以福建、广东和海南等地的特色菜为主，其中也融入了马来饮食的特色，比如咖喱鸡和咖喱鱼头等菜可谓别具特色的"中餐"。

新加坡人非常喜欢吃辣，在这样一个热带国家，炎热的天气下还频频吃辣，实在让人有些匪夷所思。新加坡人在吃饭时，都要配着一碟泡辣椒来沾菜吃，所谓泡辣椒就是干辣椒泡在酱油里。一般而言，新加坡人吃饭的地方往往被称为"熟食中心"，英文是 Food Court，分布在各住宅区、商业中心、地铁站和大商场里。

2. 礼仪

（1）社交

在社交场合，新加坡人与客人相见时，一般都施握手礼，男女之间可以握手，但一般要等女方先伸出手。马来人则是先用双手互相接触，再把手收回放到自己胸口。

（2）商务

新加坡工商界人士多讲英语，见面时要交换名片，名片用英文印刷。在会谈中尽可能不要吸烟。新加坡人不喜欢挥霍浪费，宴请对方不要过于讲排场，尤其是在商务活动中，答谢宴会不宜超过主人宴请的水平，以免对方产生其他想法。

（3）喜丧

在新加坡人眼中，男婚女嫁是件大事，不论华人还是马来人都很重视，婚事要经过求亲、送订婚礼物、订立婚约等程序。新加坡的华人讲求孝道，如有老人过世，其子孙必须回家中守灵。丧礼一般都很隆重。

3. 禁忌

（1）在新加坡，用食指指人，用紧握的拳头打在另一只张开的掌心上，或紧握拳头，将拇指插入食指和中指之间，均被认为是极端无礼的动作。

（2）新加坡忌说"恭喜发财"，他们认为"发财"两字含有"横财"之意，而"横财"就是不义之财。

（3）新加坡人对色彩的想象力很强，一般喜欢红、绿、蓝色，把紫色、黑色视为不吉利，黑、白、黄色为禁忌色彩。在商业上反对使用如来佛的形态和侧面像。在标志上禁忌使用宗教词句。喜欢红双喜、大象、蝙蝠图案。

（4）数字禁忌 4、7、8、13、37、69。不喜欢"7"，认为"7"是个消极数字。

（5）不喜欢乌龟，认为它是种不祥动物，给人以色情和污辱的印象。

（6）大年初一，扫帚必须都收起来，绝不许扫地，这天扫地被认为会把好运气扫走。

（7）在新加坡，头部视为心灵之所在，摸别人的头会使人有遭受污辱之感。尤其不要摸小孩的头。在公共场合不要拥抱或亲吻任何人。

（8）新加坡非常讨厌男子留长发，也不喜欢蓄小胡子者。新加坡对嬉皮型男性管制相当严格。

三、泰国

泰国（Thailand），全称泰王国（The Kingdom of Thailand），原名暹罗（Siam）。1949 年 5 月 11 日，泰国人用自己民族的名称，把"暹罗"改为"泰"，主要是取其"自由"之意，泰国的意思是"自由之地"。大多数泰国人信仰上座部佛教，佛教教徒占全国人口九成以上。在泰国，处处可见身披黄色袈裟的僧侣，以及富丽堂皇的寺院。因此，泰国又有"黄袍佛国"的美名。佛教为泰国人塑造了道德标准，使之形成了崇尚忍让、安宁和爱好和平的精神风范。

（一）地理

1. 位置

泰国面积约 51.3 万平方千米。位于亚洲中南半岛中南部，东南临泰国湾（Gulf of Thailand，旧称暹罗湾 Gulf of Siam），西南濒安达曼海（Andaman Sea），西和西北与缅甸（Myanmar）接壤，东北与老挝（Laos）交界，东南与柬埔寨（Cambodia）为邻，疆域沿克拉地峡（Kra Isthmus）向南延伸至马来半岛，与马来西亚相接，其狭窄部分居印度洋与太平洋之间。

2. 地形

泰王国位于东南亚的中心，是通往印度、缅甸和中国南部的天然门户。从地形上划分为四个自然区域：北部山区丛林、中部平原的广阔稻田、东北部高原的半干旱农田，以及南部半岛的热带岛屿和较长的海岸线。国境大部分为低缓的山地和高原。地形多变，可分为西、中、东、南四个部分。

东北部是呵叻高原（Khorat Plateau），这里夏季极干旱，雨季非常泥泞，不宜耕作。中部是昭披那河（即湄南河）平原。由曼谷向北，地势逐步缓升，湄南河沿岸土地丰饶，是泰国主要农产地。曼谷以南为暹罗湾红树林地域，涨潮时没入水中，退潮后成为红树林沼泽地。泰国南部是西部山脉的延续，山脉再向南形成马来半岛，最狭处称为克拉地峡。

3. 气候

泰国属于热带季风气候。全年分为热、雨、旱三季。年均气温24℃~30℃。常年温度不下18℃，平均年降水量约1000毫米。11月至次年2月受较凉的东北季候风影响比较干燥，3—5月气温最高，可达40℃~42℃，7—9月受西南季候风影响，是雨季。10—12月偶有热带气旋从南中国海经过中南半岛吹袭泰国东部。

4. 资源

主要矿产资源有钾盐、锡、褐煤、油页岩、天然气，还有锌、铅、钨、铁、锑、铬、重晶石、宝石和石油等。其中钾盐储量4367万吨，居世界前列，锡储量约120万吨，占世界总储量的12%。油页岩储量达187万吨，褐煤储量约20亿吨，天然气储量约16.4万亿立方英尺，石油储量1500万吨。森林总面积1440万公顷，覆盖率25%。

5. 政区

（1）行政区划

泰国全国分为中部、南部、东部、北部和东北部五个地区，现有76个一级行政区，其中包括75个"府"（Changwat）与唯一的府级直辖市的首都——曼谷。每个府都是以其首府（Mueang）作为该府的命名。府下又有更小的次级行政区划，称为"区"（Amphoe）与"次区"（King Amphoe），泰国全国共有795个区与81个次区。至于首都曼谷的次级行政区则与各府的次级行政区在命名上有点出入，称为"Khet"总数达50个。

（2）首都

首都曼谷（Bangkok）地处湄南河东岸，南邻泰国湾，是全国政治、经济、贸易、文化、社会、科技、教育等各方面的中心及全国最大的城市。曼谷是一座现代与传统相交融的大都市，依然保留着标志辉煌传统的名胜古迹。金碧辉煌的大王宫、镂金镶玉的玉佛寺、庄严肃穆的金佛寺和四面佛等名胜古迹吸引了大批游客前往观光，使游人流连忘返。曼谷目前注册人口超过800万，占泰国全国人口的1/8，其中有华人血统的人口占近1/4。此外，曼谷还与中国的许多城市建立有友好关系，如北京、上海、昆明等，跨国城际间的各种交往长年不断。

（二）经济

1. 工业

泰国经济结构随着经济的高速发展出现了明显的变化。制造业在其国民经济中的比重已日益扩大。目前，制造业已成为比重最大的产业，且成为主要出口产业之一。泰国工业化进程的一大特征是充分利用其丰富的农产品资源发展食品加工及其相关的制造业，主要工业门类有：采矿、纺织、电子、塑料、食品加工、玩具、汽车装配、建材、石油化工、软件、轮胎、家具等。

2. 农业

农业是泰国传统经济产业，农业人口约 1530 万人。全国可耕地面积约占国土面积的 41%。主要作物有稻米、玉米、木薯、橡胶、甘蔗、绿豆、麻、烟草、咖啡豆、棉花、棕油、椰子等。

3. 渔业

海域辽阔，拥有 2705 千米海岸线，泰国湾和安达曼湾是得天独厚的天然海洋渔场。此外，还有总面积 1100 多平方千米的淡水养殖场。曼谷、宋卡、普吉等地是重要的渔业中心和渔产品集散地。泰国是世界市场主要鱼类产品供应国之一，也是位于日本和中国之后的亚洲第三大海洋渔业国。全国从事渔业人口约 50 万人。

4. 对外贸易

自 20 世纪 80 年代以来，出口产品由过去以农产品为主逐步转为以工业品为主，主要出口产品有：自动数据处理机、集成电路板、汽车及零配件、成衣、鲜冻虾、宝石和珠宝、初级化纤、大米、收音机和电视机、橡胶等；主要进口产品有：电子和工业机械、集成电路、化学品、电脑配件、钢铁、珠宝、金属制品等。

5. 旅游业

泰国是亚洲重要的旅游国家之一，迷人的热带风情以及独具特色的佛教文化是吸引游客的重要因素。泰国是一个历史悠久的佛教国家，这个被称为"白象王国"的美丽国度，拥有独特的文化传统和民族风俗，如丰富多彩的各种节日，水上人家的清新生活，闻名于世的古典舞和民族舞，饶有趣味的哑剧和洛坤剧，别具一格的泰拳、斗鸡、玩鱼和人妖等，都令人"乐不思蜀"。这里到处是金碧辉煌、尖角高耸的庙宇、佛塔，无处不有精致美观的佛像、石雕和绘画，这些在长年青绿的椰林掩映下的古迹，为泰国妖媚动人的热带风光增添了无限绚丽的色彩。

在泰国观光旅游局的大力推动下，旅游业保持稳定发展势头，成为泰国主要的经济收入来源。泰国有现代化的城市曼谷，南部面临暹罗湾和印度洋，有很多天然的沙滩度假区发展起来，北部山区气候宜人，亦适宜旅行。主要旅游点有曼谷、普吉岛（Phuket Island）、清迈（Chiang Mai）、帕塔亚，清莱（Chiang Rai）、华欣（Hua Hin）、苏梅岛（Samui Island）等地近年来也越来越受到国内外游客的欢迎。

6. 中泰关系

中泰两国人民的友谊源远流长。几百年前，很多中国人就开始漂洋过海到泰国定居，并逐渐成为泰国社会的一个重要组成部分。1975 年 7 月 1 日，泰王国与中华人民共和国正式建交。建交后两国各领域友好合作关系全面、顺利发展。泰国是东盟成员国中第一个与中国建立战略性合作关系的国家。中国是泰国第一大出口目的地和第二大进口来源国，泰国是中国在东盟国家中第二大贸易伙伴。

（三）社会文化

1. 国家象征

（1）国旗

泰国国旗呈长方形、长与宽之比为 3∶2。由红、白、蓝三色的五个横长方形平行排列构成。上下方为红色，蓝色居中，蓝色上下方为白色。蓝色宽度等于两个红色或两个白色长方形的宽度。红色代表民族和象征各族人民的力量与献身精神。泰国以佛教为国教，白色代表宗教，象征宗教的纯洁。泰国是君主立宪制国家，国王是至高无上的，蓝色代表王室。蓝色居中象征王室在各族人民和纯洁的宗教之中。

（2）国徽

泰国国徽图案是一只大鹏鸟，鸟背上蹲坐着那莱王。传说中大鹏鸟是一种带有双翼的神灵，那莱王是传说中的守护神。

图 2-11　泰国国旗

图 2-12　泰国国徽

2. 人口

泰国是一个由 30 多个民族组成的多民族国家，人口总数 6740 万。泰族为主要民族，占人口总数的 40%，老族占 35%，马来族占 3.5%，高棉族占 2% 等。此外还有苗、瑶、桂、汶、克伦、掸等山地民族。泰语为国语。佛教是泰国的国教，90% 以上的居民信仰佛教，马来族信仰伊斯兰教，还有少数信仰基督教新教、天主教、印度教和锡克教。

3. 教育

泰国实行 12 年制义务教育。中小学教育为 12 年制，即小学 6 年、初中 3 年、高中 3 年。中等专科职业学校为 3 年制，大学一般为 4 年制，医科大学为 5 年制。

著名高等院校有：朱拉隆功大学、国立法政大学、农业大学、清迈大学、孔敬大学、宋卡纳卡琳大学、玛希敦大学、诗纳卡琳威洛大学、易三仓大学和亚洲理工学院等。此外，还有兰甘亨大学和素可泰大学等开放大学。

（四）民俗风情

1. 姓名

泰国人的姓名是名在前姓在后，如巴颂·乍仑蓬，巴颂是名，乍仑蓬是姓。未婚女性用父姓，已婚女性用丈夫姓。泰国惯例是称呼名字，并在名字前加一冠称"坤"（意为您），而不会单独称呼姓，除非是指某某家族。如称巴颂·乍仑蓬，口头称巴颂即可。

2. 礼仪

泰国人见面时要各自在胸前合十相互致意，其法是双掌联合，放在胸额之间，这是见面礼，相当于西方的握手，双掌举得越高，表示尊敬程度越深。平民百姓见国王双手要举过头顶，小辈见长辈要双手举至前额，平辈相见举到鼻子以下。长辈对小辈还礼举到胸前，手部不应高过前胸。地位较低或年纪较轻者应先合十致意。

别人向你合十，你必须还礼，否则就是失礼。合十时要稍稍低头，口说"萨瓦迪"（Sawattdee，即"您好"）。双方合十致礼后就不必再握手，男女之间见面时不握手，俗人不能与僧侣握手。

3. 饮食

泰国美食国际知名。无论是口味辛辣的，还是较为清淡的，和谐是每道菜所遵循的指导原则。泰式烹调实质上是东方和西方的有机结合，形成了独特的泰国饮食。泰国美食的特点要根据厨师、就餐人、场合和烹饪地点情况而定，以满足所有人的胃口。泰国烹饪最初反映了水上生活方式的特点。水生动物、植物和草药是主要的配料。因为有佛教背景，所以早期泰国人避免用大块的肉。后来泰国饮食中也逐渐使用相当大块的肉。

完整的泰餐应该包括一份汤、一份有调味品的咖喱菜、鱼和蔬菜。加香料的色拉可以代替咖喱菜。汤也可以是辛辣的，但是咖喱应该被不辣的菜取代。每道菜和整顿餐都必须在口味和材质上协调。

泰国人最爱吃民族风味的"咖喱饭"，它是用大米、鱼肉、香料、椰酱及蔬菜等烹制而成的。他们特别喜爱吃辣椒，而且越辣越好，"辣椒酱"是他们每餐必备的；泰国人也非常喜欢用味精和鱼露调味。他们不喝热茶，而习惯把喝的茶里放冰块，喝饮料也同样喜欢配上些冰块。他们在喝橘子汁或酸橙汁时，总喜欢在里面加放点盐。这种习惯的养成，可能与他们国内气候炎热有很大的关系。他们饭后有吃水果的习惯，在吃西瓜或菠萝时，不仅爱放些冰块，而且也习惯蘸上些盐或辣椒末一些吃，认为这样吃起来显得别有风味。他们用餐时，不习惯使用筷子，有的人爱用叉子和勺（右手拿勺，左手拿叉），有的人乐于以手抓饭取食。

4. 主要传统节日

（1）宋干节

宋干节（"宋干"是梵语的译音）又名泼水节，泰国最盛大的节日，是每年的 4 月 13 日到 16 日。节日里，人们抬着或用车载着巨大的佛像出游，佛像后面跟着一辆辆花车，车上站着化了妆的"宋干女神"，在游行队伍经过的道路两旁，善男信女夹道而行，用银钵盛着用贝叶浸泡过的渗有香料的水，泼洒到佛像和"宋干女神"身上，祈求新年如意，风调雨顺，然后人们相互洒水，喜笑颜开地祝长辈健康长寿，祝亲朋新年幸运。未婚的青年男女，则用泼水来表示彼此之间的爱慕之情。

（2）农耕节

农耕节是泰国的重要节日，每年到农耕节时泰国都要在曼谷大王宫旁边的王家田广场举行大典。农耕节大典始于 13 世纪的素可泰王朝。节日由占卜师选择在每年 5 月（泰农历 6 月）的一个吉日良辰按照婆罗门教的习俗举行。主犁官在号角乐声中扶着由两头白公牛拉的金色木犁耕田 6 圈，两名挑金担和两名挑银担的少女跟在木犁后面，主犁官不时从金担和银行中抓出一把把谷种撒在田里。耕田播种仪式后，围在广场四周成千上万的人涌进田中，从土壤中挖出种子，连泥土装进袋中，带回家去。他们相信，这些种子和王家田的"圣土"会带来丰收年和好运。犁田之后，司理官员为两头耕牛送上丰盛的饲料，包括稻谷、玉米、绿豆、芝麻、青草、水和米酒。如果两头耕牛选择了青草和玉米，占卜师宣布说，牛选吃了两种饲料预示着今年五谷丰登。

（3）鬼节

泰国的鬼节每年都于六月中旬在黎府举行，非常受当地人民的重视，主要是向上天祈求风调雨顺，希望来年稻米丰收。在黎府地区，鬼其实是天上的神。据说，数百年前的泰国王子是佛祖的化身，他尽心尽力为居民服务，因此深得民心。突然有一天，他向人民说将要返回天国，并叫众人忘记他，人民听了之后非常伤心，天神看见了亦深受感动，于是准许王子重返黎府，而鬼节就是黎府的居民用来纪念王子的。

泰国鬼节不但没半点惊悚，反而洋溢着一份欢乐和热闹。游行途中，"众鬼"不但会向围观的途人扮"鬼脸"，还狂歌热舞一番，期间的歌曲甚至以摇滚音乐为主，有时更有乐队现场伴奏。更有意思的是，众"鬼"在游行途中有时还会手持木制假阳具，因为当地人视假阳具为土地肥沃、产量丰富的象征，寓意来年丰收富足。

（4）佛诞节

佛诞节又称浴佛节，时间是5月23日，为佛祖释迦牟尼诞生纪念日。按规定可放假一天。佛寺在这一天都要举行斋戒、诵经法会，以各种香水、鲜花水浴洗佛像。这天善男信女都要到寺庙敬香，参加浴佛仪式。

（5）拳术

泰拳（Muay Thai）是泰国的传统搏击技术，特点是可以在极短的距离下，利用手肘、膝盖等部位进行攻击，是一种非常狠辣的武术，在武学里有文练、武练、横练，泰拳属横练，具有很强的杀伤力。而近年由于瘦身热潮，有人利用泰拳的高热量消耗来代替带氧舞蹈，在帮助女士瘦身之余，亦使她们习得一技之长，以作个人防卫用途。

（6）人妖

人妖（Shemale）主要指的是专事表演的从小服用雌性激素而发育的男性。其中部分是变性人，而大部分仍然是"男人"，只是胸部隆起，腰肢纤细，完全丧失了生育能力，大多人妖都很漂亮，外表上和女性的唯一区别是通常手脚较大、声音低粗。这一类人多集中在泰国，我们称之为"人妖"。在泰国，有"不看人妖就等于没有到泰国"的说法。泰国人妖主要集中在帕塔亚和普吉岛附近一带。针对变性所带来的争议，泰国政府于2008年宣布禁止医院和诊所进行"人妖"手术。

5. 禁忌

泰国人忌讳随便触摸别人头部，除了和尚之外，任何人都不能随便触摸别人的头部。否则就是对他人的一种极大的侮辱。泰国人忌讳有人盘足或把两腿叉开而坐，因泰国的一般家庭不设座椅，人们惯于席地而坐，但绝不允许盘足或把腿叉开而坐。他们讨厌西方人平时生活中的拍拍打打的举止习惯，认为这是有伤风化的。

泰国的乡村人对握手礼也看不惯，甚至不欢迎。他们忌讳有人用脚踢门或用脚指东西。认为这是有伤风化和不礼貌的举止。他们忌讳别人拿着东西从他们头上掠过。认为这是极不礼貌的举动，会看成你这是有意对他的污辱。他们忌讳左手服务，认为左手不洁净，并会令人回想起肮脏的事情，甚至还会怀疑你这是不轨行为。他们忌讳用红笔签字和用红颜色刻字，认为用红色是死人的待遇。他们睡觉忌讳头西脚东，认为只有死人停尸才头西脚东。他们把戴着墨镜用手指着对方说话视为一种不礼貌的行为。他们禁止议论或打听国王及王室的秘密。他们忌食鲜牛肉，不喜欢酱油、红烧菜肴、甜味菜、香蕉和海参等食品。

四、马来西亚

马来西亚（Malaysia），简称大马，马来西亚是东南亚国家联盟（Association of Southeast Asian Nations，ASEAN）的创始国之一。马来西亚是一个资源出口国，最具价值的出口物资是石油，并拥有相对开放的新兴工业化市场经济。

（一）地理

1. 位置

马来西亚位于东南亚（Southeast Asia），地处太平洋和印度洋（Indian Ocean）之间。全境被南中国海分成互不连接的东马来西亚和西马来西亚两部分。西马来西亚为马来地区，位于马来半岛南部，北与泰国（Thailand）接壤，西濒马六甲海峡（Strait of Malacca），东临南中国海。东马来西亚为砂拉越（Sarawak）地区和沙巴（Sabah）地区的合称，位于加里曼丹岛（Kalimantan Island）北部，西濒南中国海，东临苏拉威西海（Celebes Sea），南与印度尼西亚（Indonesia）的加里曼丹省接壤，砂拉越的北部还与文莱达鲁萨兰国（Brunei Darussalam）毗邻。海岸线长 4192 千米，面积 330257 平方千米。

2. 地形

西马和东马的地形彼此相似，大部分地区为低丘浅谷，只有少数地区因岩性与构造的关系，呈现陡峭崎岖的地貌，沿海地区均有较宽广的冲积平原。高山峻岭多由花岗岩和石灰岩所构成，千姿百态，美不胜收。马来西亚的地形得天独厚，它虽位于东南亚沿海地区，但地盘安定，既不在东南亚台风路线之内，也不在东南亚火山带和地震带之内，较长时期没有地震、火山及台风灾害。

3. 水文

马来西亚境内河流众多，但河流流向随地势走向而变化。西马的河流均由北向南流入太平洋的南中国海和印度洋的马六甲海峡。主要河流有：彭亨河、霹雳河和吉兰丹河。东马河流密布，具有通航价值。砂拉越的主要河流由东南向西北流，注入南中国海；沙巴主要河流则由西向东流，注入苏禄海。主要河流有全国第一大河拉让河、第二中基纳巴坦甘河和第四大河巴兰河等。马来西亚还有不少沼泽湖、矿坑湖和人造湖，没有天然大湖。

4. 气候

马来西亚属热带雨林气候。全年平均气温 26.6℃，最高温度 29.9℃，最低温度 24.9℃，年平均温差仅 8.8℃。马来西亚终年多雨。平均年雨量为 2000～2500 毫米，为世界上降雨量最多的地区之一，西马最高可达 3000 毫米，东马最高达 4000 毫米，尤其是东北季风和西南季风期间，雨量更为丰富。多雨带在临海山麓地区的迎风坡。

5. 资源

马来西亚自然资源丰富，橡胶、棕油和胡椒的产量和出口量居世界前列，盛产热带硬木。曾是世界产锡大国，但近年来产量逐年减少。此外还有铁、金、钨、煤、铝土、锰等矿产。

6. 政区

（1）行政区划

全国分为 13 个州，包括西马的柔佛、吉打、吉兰丹、马六甲、森美兰、彭亨、槟榔屿、霹雳、玻璃市、雪兰莪、丁加奴以及东马的沙巴、沙捞越，另有 3 个联邦直辖区：吉隆坡、纳闽、布特拉加亚（Putra Jaya，联邦政府行政中心）。

（2）首都

吉隆坡（Kuala Lumpur），是一座拥有 150 多万人口的现代化城市，其标志性建筑之一———国营石油公司"双峰塔"高约 452 米，是当今世界最高的双塔建筑。吉隆坡也是这个多民族、多宗教国家的缩影，市内清真寺、佛教、印度教的寺庙及典型的穆斯林建筑、中国式住宅和英国殖民时期建筑随处可见，并存相依，别有特色。

（二）经济

1. 工业

工业以锡、石油和天然气开采为主。政府鼓励以本国原料为主的加工工业，重点发展电子、汽车、钢铁、石油化工和纺织品等。

2. 农牧渔林业

马来西亚的耕地面积约 414 万公顷，占可耕地面积的 30.6%。农业以经济作物为主，主要有油棕、橡胶、热带水果等。稻米自给率为 60%。盛产热带林木。渔业以近海捕捞为主，近年来深海捕捞和养殖业有所发展。

3. 交通运输

全国有良好的公路网，公路和铁路主要干线贯穿马来半岛南北，航空业比较发达。

4. 服务业

范围广泛，包括水、电、交通、通信、批发、零售、饭店、餐馆、金融、保险、不动产及政府部门提供的服务等。20世纪70年代以来，马来西亚政府不断调整产业结构，使服务业得到了迅速发展，成为国民经济发展的支柱性行业之一，也是就业人数最多的行业。自1996年设立"多媒体超级走廊"以来，创造了超过4万个就业机会。

5. 对外贸易

马来西亚现为世界第18大贸易国。主要出口电子电器（约占总出口的47.7%）、棕榈油（5.5%）、原油（5.4%）、木材产品（4.0%）、天然气（4.0%）和石油产品（3.2%），主要出口市场为：美国、新加坡、欧盟、日本和中国。主要进口机械运输设备、食品、烟草和燃料等。

6. 旅游业

马来西亚是一个美丽的热带国家，自然风光怡人，旅游资源丰富。旅游业已成为马来西亚第三大经济支柱，第二大外汇收入来源。白色的沙滩、蓝色的大海、魅力独特的珊瑚岛、种类多样的海洋生物、千姿百态的洞穴、多元化的人文景观、古老的民俗民风、众多历史文化遗迹以及现代化的都市，无不吸引着来自世界各地的游客。

繁荣的旅游业除了带来巨额外汇收入外，还提供170多万个就业机会，对交通运输、商业服务、农林牧业都有一定的推动作用。马来西亚期望到2020年外国游客总数达到3600万人次，旅游收入达到1680亿林吉特。

中马双方签署有《旅游合作谅解备忘录》。中国赴马来西亚游客逐年增加，中国已成为马来西亚的第四大海外客源国。2012年马来西亚来中国的游客为123.55万人次，2013年马来西亚来中国的游客为120.65万人次，马来西亚也已成为中国的主要海外客源国之一。

马来西亚主要旅游点有沙巴、槟榔屿（Penang）、沙捞越、吉隆坡、云顶高原（Genting Highlands）、马六甲（Malacca）、柔佛新山金海湾（Danga bay）等。

7. 中马关系

中马两国之间有着悠久的历史往来。早在公元前2世纪，中国商人就去马来半岛从事商业活动。两国于1974年5月31日正式建立外交关系，马来西亚成为东盟中第一个与中华人民共和国建交的国家。建交后，两国关系总体发展顺利，双方在政治、经济、文化等各个领域的友好交流与合作全面展开，并取得丰硕成果。

两国高层互访和接触频繁。两国外交部于1991年4月建立磋商制度，迄今已举行10多轮磋商。马来西亚已成为中国在东盟的最大贸易伙伴，中国也是马来西亚最大的贸易伙伴。

（三）社会文化

1. **国家象征**

（1）**国旗**

马来西亚国旗呈横长方形，长与宽之比为 2:1。主体部分由 14 道红白相间、宽度相等的横条组成。左上方有一深蓝色的长方形，上有一弯黄色新月和一颗 14 个尖角的黄色星。14 道红白横条和 14 角星象征马来西亚的 13 个州和政府。蓝色象征人民的团结及马来西亚与英联邦的关系（英国国旗以蓝色为旗底），黄色象征国家元首，新月象征马来西亚的国教伊斯兰教。

（2）**国徽**

马来西亚国徽中间为盾形徽。盾徽上面绘有一弯黄色新月和一颗 14 个尖角的黄色星，盾面上的图案和颜色象征马来西亚的组成及其行政区划。盾面上部列有 5 把入鞘的短剑，它们分别代表柔佛州、吉打州、玻璃市州、吉兰丹州和丁加奴州。盾面中间部分绘有红、黑、白、黄 4 条色带，分别代表雪兰莪州、彭亨州、霹雳州和森美兰州。盾面左侧绘有蓝、白波纹的海水和以黄色为地并绘有 3 根蓝色鸵鸟羽毛，这一图案代表槟榔屿。盾面右侧的马六甲树代表马六甲州。盾面下端左边代表沙巴州，图案中绘有强健的褐色双臂，双手紧握沙巴州州旗。盾面下端右边绘有一只红、黑、蓝 3 色飞禽，代表砂拉越州。盾面下部中间的图案为马来西亚的国花——木槿，当地人称"班加拉亚"。盾徽两侧各站着一头红舌马来虎，两虎后肢踩着金色饰带，饰带上书写着格言"团结就是力量"。

图 2-13　马来西亚国旗　　　　　　图 2-14　马来西亚国徽

2. **人口**

马来西亚总人口约 2970 万。其中马来人约占 68%，华人约占 23.7%，印度人约占 7.1%。马来语为国语，通用英语，华语使用较广泛。马来西亚是个以农立国的民族，因此维持着许多原始信仰，特别是各民族浓厚的宗教色彩。其宗教融合了伊斯兰教、印度教、佛教、基督教、拜物教等，其中以印度教影响尤为深远。伊斯兰教为国教，其他宗教有佛教、印度教、基督教、拜物教等。由于多民族的长期共同生活，形成一种多元的文化特色。

3. 教育

马来西亚国民教育实行从学前教育到高等教育的一套完善教育体制，即：学前教育（2~3 年）、小学教育（5~7 年）、初中教育（3 年）、高中教育（2 年）、中学延修班（简称中6）或大学先修班教育（1~2 年）、高等教育有普通大学生课程（3~5 年）和研究生课程（1~5 年）。其中政府提供长达 11 年的义务教育，既小学 6 年及中学 5 年。所有小学、初中、高中和中学延修班均设有全国统考制度。在马来西亚，教育是政府的责任。政府对小学（6 年）和中学（5 年）的 11 年教育实行免费教育，但不是强制性义务教育。从儿童按 7 岁入小学算起，一直到大学毕业取得学士学位时的年龄通常在 22 岁左右。

（四）民俗风情

1. 姓名

马来人没有固定的姓，通常只有本人的名字，儿子以父亲的名字作姓，父亲则以祖父名为姓，所以一家人几代都不同姓。在他们的姓名中，名排在前，姓排在后，男子的姓与名之间用一个"宾"字隔开，女的则用"宾蒂"隔开。例如达图·侯赛因·宾·奥恩。

马来人取名字随着社会发展和宗教信仰的变化而不同。在古代，因为未受到外来文化的影响，所以马来人的名字是根据大自然的现象而取的，如"山"、"水"、"红色"、"暴风雨"等。在印度文化传入后，则以梵文取名，如：汉都亚、敦·特查。伊斯兰教传入后，穆斯林采用伊斯兰教名或阿拉伯名字，如男子叫穆罕默德、马哈茂德、艾哈迈德等；女子叫法蒂玛、卡蒂加等。但是，现代马来人取名又有了新的变化，如有的人把夫妻的名字合起来给子女取名等。

2. 服饰

马来男子的传统套服是上身穿称为"巴汝"的无领长袖衫，"巴汝"的特点是长、宽、松。下身穿长至脚踝的布质纱笼。在正式的社交场合，马来男子现在喜欢穿一种称为"巴迪"的蜡染花布长袖上衣。马来女子的传统套服与男子的相似，受伊斯兰教的影响，她们的头上常常围着一条纱巾，与中东妇女不同的是，她们用的是鲜艳美丽的纯色纱巾。

3. 饮食文化

马来西亚主体民族马来人大多是穆斯林，他们的饮食习惯与伊斯兰教有着密切的联系。他们不吃猪肉和水生贝类动物，不喝酒。马来人餐前餐后都必须洗手，餐间还备有洗手的水，进餐时在地毯上席地围坐，人们必须用右手抓取食物，否则会引起别人的反感。马来人的食物以大米为主，辣椒和咖喱是最常用的佐餐食品。马来最有名的风味食品之一是一种叫"沙爹"的烤肉。

马来西亚可以说是一个美食天堂，多元化的种族造就了马来西亚拥有许多特殊美食。主要有：椰浆饭（Nasi lemak）、马来饭、沙爹、沙律啰惹、咖喱鸡、飞天薄饼（Roti canai）等。

4. 禁忌

在马来西亚，对女士不可先伸手要求握手，不可随便用食指指人，这被认为是不礼貌的行为。马来人忌讳摸头，认为摸头是对人的一种侵犯和侮辱。除了教师和宗教人士之外，任何人不可随意触摸马来人的背部。因为马来人认为如果背部被人触摸过，那将意味着厄运来临。

马来人严禁左手递送东西，特别是食物。他们认为左手是卑贱和不洁净的，使用左手是对人的极大不敬，是令人不能接受的，但右手很受欢迎，他们用右手五指并拢抓饭。

五、菲律宾

菲律宾（Philippines），全称菲律宾共和国（Republic of the Philippines）。菲律宾为发展中国家、新兴工业国家及世界的新兴市场之一。菲律宾还是东南亚国家联盟（东盟）成员国之一。

（一）地理

1. 位置

菲律宾国土面积 29.97 万平方千米，位于亚洲东部，北隔巴士海峡（Bashi Channel）与中国台湾遥遥相对，南和西南隔苏拉威西海（Celebes Sea）、巴拉巴克海峡（Balabac Strait）与印度尼西亚、马来西亚相望，西濒南中国海，东临太平洋。共有大小岛屿 7107 个，其中 2400 个岛有名称，1000 多个岛有居民。其中吕宋岛、棉兰老岛、萨马岛等 11 个主要岛屿占全国总面积的 96%。这些岛屿像一颗颗闪烁的明珠，星罗棋布地镶嵌在西太平洋的万顷碧波之中，菲律宾也因此拥有"西太平洋明珠"的美誉。

2. 地形

菲律宾大部分是由山地、高原和丘陵构成。多火山，全国有 52 座火山，其中活火山 11 座，地震频繁。岛上山峦重叠，2/3 以上岛屿是丘陵、山地及高原。除吕宋岛中西部和东南部外，平原均狭小。菲律宾海岸线曲折，长约 18533 千米，多天然优良港湾。棉兰老岛的阿波火山（Apo Volcano）是菲律宾最高的山峰，吕宋岛的马荣火山（Mayon Volcano）是菲律宾最大的活火山，同时也是世界最小的活火山。主要河流有棉兰老河、卡加延河，贝湖是全国最大湖泊。

3. 气候

菲律宾属季风型热带雨林气候，高温多雨，湿度大，米沙鄢群岛（Visayas）以北夏秋季多雨、多台风。年均气温27℃，年降水量2000～3000毫米。植物资源十分丰富，热带植物多达万种，素有"花园岛国"的美称。森林茂密，占全国土地面积的40%以上。

4. 资源

菲律宾自然资源丰富，主要矿藏有金、银、铁、铬、铜、锰等20余种。铜蕴藏量约48亿吨，镍10.9亿吨，金1.36亿吨。地热资源丰富，预计有20.9亿桶原油标准能源。巴拉望岛西北部海域有石油储量约3.5亿桶。

5. 政区

（1）行政区划

全国划分为吕宋、维萨亚和棉兰老三大部分。共设有首都地区、科迪勒拉行政区和棉兰老穆斯林自治区，以及伊罗戈区、卡加延谷区、中吕宋区、南塔加罗格区、比克尔区、西维萨亚区、中维萨亚区、东维萨亚区、西棉兰老区、北棉兰老区、南棉兰老区、中棉兰老区和卡拉加区等17个地区。下设81个省和117个市。

（2）首都

尼拉湾畔的马尼拉（Manila），早在公元16世纪就是著名的商港，现在仍是全国最大的港口城市。1975年11月，菲律宾政府决定把马尼拉、卡洛奥坎、奎松、帕萨伊4个市和玛卡蒂等13个区组成大马尼拉市。人口约1186万。

（二）经济

1. 工业

工业产值占国内生产总值的31%。从业人口占总从业人口的14.8%。制造业占工业总产值的70.1%，建筑业占14%，矿产业占4.8%，电力占11.1%。菲律宾的工业有食品、采矿、纺织、冶炼、电子、汽车装配和化学等。刺绣工艺著名。大部分的工业集中于马尼拉大都会的市郊。此外，宿雾大都会近来也成为吸引外国及本地投资的另一个地点。菲律宾的矿业有很大的潜力，拥有大量储备的铬铁矿、镍及铜。近来在帕拉湾外岛发现的天然气，也是菲律宾丰富的地热、水力及煤炭等能源储备的一部分。

2. 农林渔业

农林渔业产值占国内生产总值的14.1%，从业人口占总劳力的36.7%。农业主要作物有椰子、甘蔗、蕉麻、烟草、香蕉、菠萝、芒果、稻、玉米等。稻田1/3以上集中在吕宋中央平原。森林面积1585万公顷，覆盖率达53%。

有乌木、檀木等名贵木材。菲律宾水产资源丰富，鱼类品种达 2400 多种，金枪鱼资源居世界前列。已开发的海水、淡水渔场面积 2080 平方千米。

3. 旅游业

菲律宾实行出口导向型经济模式，第三产业在国民经济中地位突出。旅游业是菲律宾外汇收入重要来源之一，主要旅游点有：百胜滩、蓝色港湾、碧瑶市、马荣火山、伊富高省原始梯田等。

4. 交通运输

以公路和海运为主。铁路不发达，集中在吕宋岛。航空运输主要由国家航空公司经营，全国各主要岛屿间都有航班。铁路总长 1200 千米。公路总长约 20 万千米。客运量占全国运输总量的 90%，货运量占全国运输货运量的 65%。水运总长 3219 千米。全国共有大小港口数百个。主要港口为马尼拉、宿务、怡朗、三宝颜等。空运方面，菲律宾有机场 163 个，国内航线遍及 40 多个城市，与 30 多个国家签订了国际航运协定。主要机场有首都马尼拉的尼诺·阿基诺国际机场（Ninoy Aquino International Airport）、宿务市的马克丹国际机场（Mactan International Aiport）等。

5. 对外贸易

与 150 个国家有贸易关系。近年来，菲政府积极发展对外贸易，促进出口商品多样化和外贸市场多元化，进出口商品结构发生显著变化。非传统出口商品如成衣、电子产品、工艺品、家具、化肥等的出口额，已赶超矿产、原材料等传统商品出口额。

主要出口产品为电子产品、服装及相关产品、电解铜等；工业椰干和椰油输出占世界首位，香蕉、芒果、木材、铁、铬等在世界市场上也较重要。进口粮食、石油制品、机器、纺织、金属制品、矿产、交通及工业设备等。主要贸易伙伴有美国、日本和中国等。

6. 中菲关系

中菲两国是近邻，两国人民的友好交往源远流长。早在唐宋时期，中菲两国就有了经济文化交往。1975 年 6 月 9 日，中华人民共和国和菲律宾共和国两国正式建交。近年来，中菲政治互信不断加强，经贸合作日趋广泛，文化交流和民间往来也日益增多。

（三）社会文化

1. 国家象征

（1）国旗

菲律宾国旗呈横长方形，长与宽之比为 2∶1。靠旗杆一侧为白色等边三角形，中间是放射着八束光芒的黄色太阳，三颗黄色的五角星分别在三角形的三个角上。旗面右边是红、蓝两色的直角梯形，两色的上下位置可以调换。平时蓝色在上，战时红色在上。太阳和光芒图案象征自由；八道较长的光束代表最初起义争取民族解放和独立的八个省，其余光芒表示其他省。三颗五角星代表菲律宾的三大地区：吕宋、萨马和棉兰老。蓝色象征忠诚、正直，红色象征勇气，白色象征和平和纯洁。

（2）国徽

菲律宾国徽为盾形。中央是太阳放射光芒图案，三颗五角星在盾面上部，其寓意同国旗。左下方为蓝地黄色的鹰，右下方为红地黄色狮子。狮子和鹰图案分别为在西班牙和美国殖民统治时期菲律宾的标志，象征菲律宾摆脱殖民统治、获得独立的历史进程。盾徽下面的白色绶带上用英文写着"菲律宾共和国"。

图 2 - 15　菲律宾国旗　　　　　　图 2 - 16　菲律宾国徽

2. 人口

菲律宾人口总数 9770 万。菲律宾是一个多民族国家，马来族占全国人口的 85% 以上，包括他加禄人、伊洛戈人、邦班牙人、比萨亚人和比科尔人等；少数民族和外国后裔有华人、印度尼西亚人、阿拉伯人、印度人、西班牙人和美国人，还有为数不多的原住民。菲律宾有 70 多种语言。国语是以他加禄语为基础的菲律宾语，英语为官方语言。国民约 84% 信仰天主教，4.9% 信仰伊斯兰教，少数人信仰独立教和基督教新教，华人多信仰佛教，原住民多信仰原始宗教。

3. 教育

菲律宾《宪法》规定，中小学实行义务教育。政府重视教育，鼓励私人办学，为私立学校提供长期低息贷款，并免征财产税。初、中等教育以政府办学为主。高等教育主要由私人控制。全国共有高等教育机构 1599 所，在校生约 244 万人。著名高等院校有菲律宾大学（University of the Philippines）、德拉萨大学（DeLa Selle University）、雅典耀大学（Ateneo De Manila University）、东方大学（University of the East）、远东大学（Far Eastern University）、圣托玛斯大学（University of Santo Tomas）等。

（四）民俗风情

1. 姓名

菲律宾人的姓名由姓和名组成。取名可分成三个部分，排列顺序先是被授予的名字，然后是中间名（以母亲的姓氏用来作法定中间名），最后才是家族姓氏。子承父姓，妻从夫姓，排列的顺序是名在前，姓在后。例如"约翰·戈麦斯·冈萨雷斯"（John Gomez Gonzales）。在社交场合，一般称呼姓氏，如冈萨雷斯先生，但对亲友、熟人，要叫其名或爱称，而不必叫他的姓。

由于西班牙对菲律宾长达 400 年的殖民统治，菲律宾的取名习俗因循西班牙的取名方式，后来因为美国人的统治，英国人、美国人的增多，菲律宾人取名惯例大多遵循美国惯用的方式，英文名字十分流行。今日只有少数人使用土著语言名字，例如南部的摩洛人，受阿拉伯人风俗习惯的影响，男士大多取阿里、穆斯塔法等阿拉伯名字，这种情况已经相当罕见。

2. 礼仪

菲律宾人在社交场合与客人相见时，无论男女都习惯以握手为礼。在与熟人或亲朋好友相见时，一般都很随便，有的男女之间相逢时，常以拍肩膀示礼。年轻人与长辈相见时，则要吻长辈的手背，以示对老人的敬重；年轻姑娘见长辈时，则要吻长辈的两颊为礼；晚辈遇见长辈时，说话前要把头巾摘下放在肩上，深深鞠躬，并称呼长辈为"博"（意为大爷）。伊斯兰教徒见面时，要施双手握手礼，在户外相见若没戴帽子，则必须用左手捂头。菲律宾的一些原始部落的人与客人相见时，行握手礼的方式很独特：一握过手就转身向后走几步，意思是向对方表明身后没有藏刀。他们认为这才是真诚的、真正的握手。

菲律宾人民热情好客，每当宾客到来，由年轻姑娘向来客献上茉莉花环，客人级别越高，花环越大。茉莉花是菲律宾的国花，人们都视其为纯洁、情操和友谊的象征。这种花色泽洁白，香气四溢，沁人心脾，给人以幸福和美好的印象，它象征着菲律宾人民的纯洁、热情。茉莉花每年 5 月盛开，菲律宾人民用茉莉花环敬献来宾，表示着纯洁的友谊之情。

3. 服饰

西班牙殖民者入侵菲律宾前，菲律宾人穿用棉纱、麻纤维制成的衣服。男人穿的上衣称"康岗"，无领、短袖，下身用一条叫"巴哈"的布裹着腹部，上衣下摆略低于腰。衣服的颜色多为蓝色或黑色，只有尊长着红色的衣服。现在菲律宾人的服装变化很大，西装在中上层人士中广泛流行，而老百姓的衣着则比较简单。男子上身穿衬衣，喜用白色，下身穿西装裤；女子喜欢穿无领连衣裙。大部分青年着西式皮鞋，老年人仍穿用木头、麻或草做成的拖鞋。

菲律宾穆斯林男子着短外衣和宽大的长裤，围一条"沙隆"（一种花围裙）作为腰带。到麦加朝圣过的信徒头上围一条白色头巾或戴一顶白帽子。妇女穿紧身的短袖背心，钉上两层金属纽扣，穿紧脚口的宽大裤子，或穿裙子。妇女像马来人一样结发型，有时裹着颜色鲜艳的头巾，他们戴手镯、项链和耳环。

少数民族的穿戴各不相同。如伊富高人男子往往上身祖露，下身围一条 T 形花布；女子的穿着类似裙子，颜色鲜艳。丁冈人衣服极为简单，男子普遍仅在腹部围一块布，有的也穿前襟分开的上衣；女子穿短上衣，用布缠绕腹部，尼格利陀人（矮黑人）的服装最为原始，男女均用布或树叶围在腰间。

4. 饮食

菲律宾人的主食是大米、玉米。农民在煮饭前才舂米。米饭放在瓦缸或竹筒里煮，用手抓饭进食。菲律宾人最喜欢吃的是椰子汁煮木薯、椰子汁煮饭，然后用香蕉叶包饭。玉米作为食物，晒干磨成粉，然后做成各种食品。城市中上层人士大多吃西餐。

菲律宾的名菜有烤乳猪，即烤小猪（Lechon de Leche）；巴鲁特（Balut），即煮熟的孵化到一半的鸭蛋；阿恰拉（Atchara），即炒番木瓜、洋葱、蔬菜片加胡椒和醋制作成的和泡菜相似的小菜；鲁必亚（Lumpia），将春卷皮包上虾、鸡肉、猪肉和各种蔬菜丝，然后油炸或直接蘸花生酱；阿道包（Adobo），将蘸了醋的鸡肉或猪肉用酱油、糖、姜、葱焖透，使肉又滑又烂，和红烧做法相似；还有烤猪腿（Crispy Pata）、香蕉心加花生酱炖牛肚（Kare – Kare），等等。常用香醋、糖、辣椒等调味。

菲律宾穆斯林人的主食是大米，有时也吃玉米和薯粉，伴以蔬菜和水果等。按照伊斯兰教教规，他们不吃猪肉，不喝烈性酒。他们和其他马来人一样喜欢吃鱼，不喝牛奶。烹调很简单，喜欢使用刺激性的调味品。进食时用手抓。咀嚼槟榔的习惯在菲律宾穆斯林人中非常流行。

5. 婚姻

菲律宾各个民族的传统婚姻习俗差异很大。一般菲律宾人大多是自由恋爱结婚。有抢婚一说，在广大农村则流行男青年弹吉他用歌声向他所倾心的姑娘求爱。在恋爱中，男子多赠女方以化妆品、水果、花束等，花的颜色则以白色和黑色为佳，茶色和红色乃属禁忌之色。结婚仪式均在教堂举行。菲律宾穆斯林的婚姻由父母决定。男方须通过媒人向女方家庭求婚，并交付聘金。婚礼仪式由伊斯兰阿訇主持，并举行盛大宴会款待客人。菲律宾实行早婚制，少女十二三岁便被视为已达结婚年龄。

土著人的婚俗多种多样。居住在北吕宋高山地区的伊戈罗特人的婚姻主要有两种方式，父母主婚或自由试婚。一般来说，较富裕的家庭，为了使自己家庭的财产、地位不致旁落，在儿女幼时即由双方父母做主订婚。到了十四五岁时，便正式成婚，如果婚后一方表示不满意，只要女方尚未受孕，便随时可以分开，男女另找对象。不能生育的，也随时可以分开。由于这些民族认为结婚的最大目的就是生儿育女，因此，在青年男女正式结婚前，接连试婚好几次的现象屡见不鲜。巴交人允许多偶婚，堂兄弟姐妹则禁止通婚，如具有后一种关系的人要结婚，必须作一些"预防"措施和仪式，如将一些贵重物品丢入海中等。尼格利陀人（又称矮黑人）的男子求婚，必须以弓箭射女子在远处安置的竹筒，如果没有射中，说明男子没有能力养活妻子，就难以达到求婚的目的。

6. 禁忌

菲律宾人很忌讳数字"13"。认为"13"是"凶神"，是厄运和灾难的象征，是令人极为厌恶的数字。他们忌讳左手传递东西或食物。认为左手是肮脏、下贱之手，用左手是对人的极大不敬。他们一般都不愿谈论政治、宗教及本国状况和腐化问题。伊斯兰教徒忌讳猪。他们禁食猪肉和使用猪制品；也不喝牛奶和烈性酒。菲律宾人不爱吃生姜；也不喜欢吃兽类内脏和腥味大的东西；对整条鱼也不感兴趣。

六、印度尼西亚

印度尼西亚（Indonesia），全称印度尼西亚共和国（The Republic of Indonesia），简称印尼。印度尼西亚是一个发展中国家，是东南亚国家联盟（东盟）成员国之一。

（一）地理

1. 位置

印度尼西亚位于亚洲东南部，地跨赤道，其70%以上领地位于南半球，因此是亚洲唯一一个南半球国家。东西长度5500千米以上，是除中国之外领土最广泛的亚洲国家。

2. 地形

印度尼西亚由太平洋和印度洋之间17508个大小岛屿组成，其中约6000个有人居住，是全世界最大的群岛国家，疆域横跨亚洲及大洋洲，别称"千岛之国"。火山有400多座，其中活火山有77座。世界上有两大地震带：环太平洋地震带和地中海—喜马拉雅地震带。印度尼西亚处在环太平洋地震带中，是一个多地震的国家。海岸线长3.5万千米。

3. 气候

典型的热带雨林气候，年平均温度25℃~27℃，无四季分别。北部受北半球季风影响，7—9月降水量丰富，南部受南半球季风影响，12月至次年2月降水量丰富。

4. 资源

印度尼西亚是个资源丰富的国家，素有"热带宝岛"之称。

（1）矿产资源

印度尼西亚的石油、天然气和锡的储量在世界上占有重要地位。石油储量约为1200亿桶、主要分布在苏门答腊岛（Sumatera）、爪哇岛（Java）、加里曼丹岛（Kalimantan Island）等地。印度尼西亚还拥有巨大的天然气储量，约有123589兆亿立方米（相当于206亿桶石油），锡的储量为80万吨。煤炭已探明储量为388亿吨，主要分布在加里曼丹岛、苏门答腊岛和苏拉威西地区。煤矿多数为露天矿，开采条件很好，煤炭质量也好，每千克热量在4000～7000大卡，含硫量很低，但水分略高。镰储量约为560多万吨，居世界前列。金刚石储量约为150万克拉，居亚洲前列。此外，铀、镍、铜、铬、铝矾土、锤等储量也很丰富。

（2）生物资源

印度尼西亚是世界上生物资源最丰富的国家之一。据不完全统计，印度尼西亚约有40000多种植物，其中药用植物最为丰富。

（3）森林资源

印度尼西亚全国的森林面积为1.2亿公顷，其中永久林区1.12亿公顷，可转换林区810万公顷。印度尼西亚的森林覆盖率为67.8%。印度尼西亚盛产各种热带名贵的树种，如铁木、檀木、乌木和柚木等均驰名世界。

（4）地热资源

印度尼西亚有120多座活火山，是世界上火山活动最多的国家之一。印度尼西亚地热资源丰富，但火山爆发也导致地震频繁。

5. 政区

（1）行政区划

印度尼西亚的一级行政区共有34个，包括雅加达首都特区、日惹和亚齐达鲁萨兰3个地方特区和30个省，二级行政区（县/市）512个。

（2）首都

印度尼西亚首都雅加达（Jakarta）是东南亚第一大城市，世界著名的海港。位于爪哇岛西北部沿海。人口约959万。

（二）经济

1. 工业

印度尼西亚工业发展方向是加强外向型的制造业。近年来，印度尼西亚制造业增长速度均超过经济增长速度。主要部门有采矿、纺织、轻工等。

2. 农业

全国耕地面积5980万公顷（不包括伊里安查亚）。粮食作物是印度尼西亚种植业的基础部门。稻米是主粮。杂粮有玉米、木薯、豆类等。印度尼西亚是东南亚最大的豆类生产国，但单产较低。印度尼西亚是世界上种植面积仅次于巴西的第二大热带作物生产国。经济作物大多在种植园种植，不但品种多，而且有的作物产量在世界上名列前茅。印度尼西亚的胡椒、金鸡纳霜、木棉和藤的产量居世界首位。天然橡胶、椰子产量居世界第二。产量居世界前列的还有棕榈油、咖啡、香料等。印度尼西亚是水果王国，盛产香蕉、芒果、菠萝、木瓜、榴莲、山竹等各种热带水果。

3. 渔业

印度尼西亚海域广阔，且有一个适合各种鱼类生长的热带气候。印度尼西亚的渔业资源极为丰富，苏门答腊岛东岸的巴干西亚比亚是世界著名的大渔场。可捕捞的品种有金枪鱼、鲤鱼、鱿鱼、贝类和其他鱼类，以及虾、海藻等。

4. 旅游业

旅游业是印度尼西亚非油气行业中的第二大创汇行业，政府长期重视开发旅游景点，兴建饭店，培训人员和简化入境手续。印度尼西亚的游客来源主要来自新加坡、马来西亚、日本、澳大利亚、中国、英国、法国和荷兰。主要旅游点有巴厘岛（Bali）、多巴湖（Lake Toba）、日惹（Yogyakarta，或简称Jogja）等。

5. 中国和印度尼西亚关系

1950年4月13日，印度尼西亚共和国与中华人民共和国正式建交。1967年10月30日中断外交关系。1990年7月，印度尼西亚外长阿拉塔斯访华期间两国发表复交联合公报，决定自8月8日起正式恢复外交关系。

近年来，双方高层互动频繁，两国关系取得实质性进展，在政治、安全、经济、教育、投资以及能源等方面的合作进展迅速。

（三）社会文化

1. 国家象征

（1）国旗

印度尼西亚国旗别称"荣耀红白"。旗面设计很简单，由上红下白两个相等的横长方形构成，长与宽之比为3：2。红色象征勇敢和正义，还象征印度尼西亚独立以后的繁荣昌盛；白色象征自由、公正、纯洁，还表达了印度尼西亚人民反对侵略、爱好和平的美好愿望。

（2）国徽

印度尼西亚国徽由一只金色的鹰、一面盾和鹰爪抓着的一条绶带组成。鹰象征创造力。鹰两翼各有 17 根羽毛，尾羽 8 根，这是为了纪念印度尼西亚的独立日——8 月 17 日。鹰胸前的盾面由五部分组成：黑色小盾和金黄色的五角星代表宗教信仰，也象征"潘查希拉"——印度尼西亚建国的五项基本原则；水牛头象征主权属于人民；榕树象征民族意识；棉桃和稻穗象征富足和公正；金色饰环象征人道主义和世代相传。盾面上的粗黑线代表赤道。鹰爪抓着的绶带上用印度尼西亚文写着"异中有同"。

图 2-17　印度尼西亚国旗

图 2-18　印度尼西亚国徽

2. 人口

印度尼西亚总人口达 2.4 亿人，是继中国、印度和美国之后的世界第四人口大国。

3. 宗教

印度尼西亚无国教，但规定一定要信仰宗教，不然视为共产党（共产主义及其相关活动在印度尼西亚为非法），约 88% 的人口信仰伊斯兰教，是世界上穆斯林人口最多的国家。5% 的人口信仰基督教新教，3% 信仰天主教，其余信仰印度教、佛教和原始拜物教等。

4. 民族

印度尼西亚是一个多民族的国家，拥有 100 多个民族，其中爪哇族（Javanese）占人口的 45%，巽他族（Sundanese）占 14%，马都拉族占 7.5%，马来族（Malays）占 7.5%，华人约占 3%，此外还有米南卡保人（Minangkabaus）、尼亚斯人（Nias）、巴塔克人（Bataks）、巴厘人等 100 多个民族的居民共占 23%。民族语言 200 多种，官方语言为印度尼西亚语。约 87% 的人口信仰伊斯兰教，是世界上穆斯林人口最多的国家。

5. 教育

实行 9 年制义务教育。教育预算开支占 GDP 的 1.5%。学制为小学 6 年，初、高中各3年，大学3~7年。全国共有小学约15万所，中学3万余所，国立大学77所，私立大学1300余所。著名大学有雅加达的印度尼西亚大学、日惹的加查马达大学、泗水的艾尔朗卡大学、万隆的班查查兰大学等。

（四）民俗风情

1. 姓名

印度尼西亚民族众多，宗教信仰各异，因而其姓名的构成也比较复杂。

伊斯兰教徒或受伊斯兰教影响较深的地区（亚齐、加里曼丹、爪哇等），人们常用伊斯兰教名作为自己的名，如阿里（Ali）、穆罕默德（Mohammed）、马哈茂德（Machmud）等。平民姓名各节间往往用"宾"（Bin，意为"某某之子"）或"宾蒂"（Binti，意为"某某之女"）连接。在这些地区，只有贵族的姓才代代相传。平民的姓，每代各异。巴厘岛上的巴厘族信仰印度教，姓名与上述情况相同。

基督教教徒或受基督教影响较深的苏拉威西岛居民，不分贵族和平民，一般都用基督教名，也有固定的姓。如亨利·亚历克西斯·鲁道夫·蒂拉尔（Henry Alexis Rudolf Tilaar），"蒂拉尔"是姓，其余三节都是名。

2. 服饰

印度尼西亚传统服饰称为巴迪克（蜡染），质料有丝质或棉布，色彩鲜艳，图案优美，具民族特色。女子的上衣通常是长而宽敞，对襟长袖，无领，多配以金色大铜扣。公务员则常穿着短袖青年装，重要场合穿着蜡染的服装或西装。印度尼西亚女性平常喜欢赤足穿着木屐，上街的时候穿绣花拖鞋，现在也有很多人穿高跟鞋。在印度尼西亚有些地方"纱笼"很流行，类似于中国的裹裙，男女都可以穿，事实上"纱笼"就是长方形布条。印度尼西亚的女子结婚的时候应穿一种名叫"卡巴雅"的服饰，新郎在腰间佩带小刀，婚礼仪式在女方家举行。印度尼西亚人喜欢新颖独特、富有趣味和想象力的装饰品，如项链、耳环、手镯、别针等，佩戴在简单朴素的服装上，显得十分耀眼美丽。

3. 饮食

印度尼西亚地处热带不产小麦，居民的主食是大米、玉米或薯类，尤其是大米更为普遍。大米除煮熟外，印度尼西亚人喜欢用香蕉叶或棕榈叶把大米或糯米，包成菱形蒸熟而吃，称为"克杜巴"。不过，印度尼西亚人也喜欢吃面食，如吃各种面条、面包等。

由于印度尼西亚人绝大部分信仰伊斯兰教，所以绝大部分居民不吃猪肉，而是吃牛羊肉和鱼虾之类。印度尼西亚是一个盛产香料的国家，印度尼西亚制作菜肴喜欢放各种香料，以及辣椒、葱、姜、蒜等。因此印度尼西亚的特点，一般是辛辣味香。印度尼西亚人喜欢吃"沙爹（Satay）"、"登登"、"咖喱

（Curry）"等。"沙爹"就是南洋风味的牛羊肉串，制作方式讲究，先把鲜嫩的牛羊肉切成小块，然后浸泡在香料等的调料里，再用细竹条串起来，用炭火烤，边烤边用调料汁在串肉上撒滴，使串肉散发出香味，烤熟后蘸辣椒花生酱一起吃，味道鲜美可口。"登登"是牛肉干，制作方式也很考究，先把鲜嫩的牛肉切成薄片，再涂上伴有香料的酱油，略放些糖，然后晒干。吃的时候，用油炸，味道也很美。

印度尼西亚盛产鱼虾，吃鱼虾也很讲究。除了煎、炸之外，将鱼开膛后，在鱼肚里涂上香料和辣酱，然后烤熟吃。吃虾时，把活虾放在玻璃锅内，倒上酒精、点上火，盖锅盖，片刻便把活虾煮熟，然后蘸辣酱吃。

印度尼西亚风味小吃种类很多，主要有煎香蕉、糯米团、鱼肉丸、炒米饭及各种烤制糕点。印度尼西亚人还喜欢吃凉拌什锦菜和什锦黄饭。什锦菜的做法是：先将喜欢吃的蔬菜洗净，切好后用各种佐料拌在一起，佐料以花生酱为主，这是印度尼西亚的大众菜。什锦黄饭的做法是：把姜黄洗净，然后在礤床上搓成末，对水榨出浓汁，加上椰汁、香茅草和小橘叶。将大米洗净，然后放入上述汁叶煮熟，出锅后即成黄米饭。吃时，饭上盖以肉丝、鸡蛋丝、炸黄豆和炸红葱等。印度尼西亚人视黄色为吉祥的象征，故黄米饭成为礼饭，在婚礼和祭祀上必不可少。

印度尼西亚人吃饭不用筷子，而是用勺和叉子，有时也喜欢用手抓饭。抓饭时，先把米饭盛在盘上，然后用右手指将饭捏成小团，送到嘴里一口一口地吃。饭桌边上要放一碗清水，边抓饭，边不时用手沾清水，以免使米饭黏在手指上。喜欢手抓饭的人，觉得这样吃很开胃。

由于印度尼西亚盛产咖啡，所以喝咖啡很普遍。早餐一般是咖啡加面包点心或者油炸香蕉。由于地处热带，印度尼西亚人喜欢喝各种冷饮。除冰淇淋、汽水外，还有品种繁多的冷饮，如用菠萝、椰子、芒果等制作的各种冷饮，伊斯兰教徒不能喝烈性酒，所以印度尼西亚人大多只喝啤酒。

4. 生活习俗

印度尼西亚人喜欢打赤脚，尤其在乡下。喜欢铺席席地而坐，一般男士盘腿、女士跪坐。在非正式场合，喜欢用右手抓饭吃。伊斯兰教徒一般不喝酒，对不太熟悉的人千万别随便敬酒、劝酒，只有当确切知道他不是伊斯兰教徒时方可敬酒。不少印度尼西亚人性格比较幽默，爱开玩笑，如不是出于恶意，即使玩笑过火一点，也不必生气。印度尼西亚人跟其他东方民族一样，对问年龄并不特别介意，但对受过西方教育或有地位的人，最好不要问及。

印度尼西亚人大多数信仰伊斯兰教，所以不可以用左手拿东西给他们。忌讳吃猪肉食品，忌饮烈性酒，不爱吃海参，也不吃带骨带汁的菜和鱼肚等。参观庙宇或清真寺，不能穿短裤、无袖服、背心或裸露的衣服。进入任何神圣的地方，一定要脱鞋。在巴厘，进入寺庙必须在腰间束腰带。

5. 禁忌

印度尼西亚人忌讳别人摸他的头部，除非家人对小孩。他们认为头部是神圣不可侵犯的部位，代表着一个人的尊严。印度尼西亚人忌讳别人用左手给他递东西。这是因为印度尼西亚人习惯便后用左手撩水冲洗，左手被认为是不洁的，如用左手递东西，对方会觉得不尊重他。如你实在腾不开右手而不得不用左手递时，你一定要说声"对不起"，以示歉意。印度尼西亚人在叫人、招呼人时忌讳随便用手，尤其是用食指示意，认为那是对人的不敬。

七、越南

越南（Vietnam），全称越南社会主义共和国（Socialist Republic of Vietnam）。越南属发展中国家，是东南亚国家中，历史上受中国文化影响最深，而且唯一一个接受儒家思想的国家。越南是东南亚国家联盟（东盟）成员国之一。

（一）地理

1. 位置

越南位于中南半岛东部，北与中国（崇左、防城港）接壤，西南与老挝、柬埔寨交界，东面和南面临南海。海岸线长3260多千米。越南全国大约32.9万平方千米。

2. 地形

地形包括有丘陵和茂密的森林，平地面积不超过20%，山地面积占40%，丘陵占40%，森林占75%。越南地形狭长，南北长1600千米，东西最窄处为50千米。越南地势西高东低，境内3/4为山地和高原。北部和西北部为高山和高原。中部长山山脉纵贯南北。东部分割成沿海低地、长山山脉及高地，以及湄公河三角洲。主要河流有北部的红河、南部的湄公河。红河和湄公河三角洲地区为平原。

3. 气候

越南全国地处北回归线以南，属热带季风气候，高温多雨。年平均气温24℃左右。年平均降雨量为1500～2000毫米。北方分春、夏、秋、冬四季。南方雨旱两季分明，大部分地区5—10月为雨季，11月至次年4月为旱季。

4. 资源

越南矿产资源丰富，种类多样。主要有煤、铁、钛、锰、铬、铝、锡、磷等，其中煤、铁、铝储量较大。煤储量为30亿～50亿吨，且集中于广宁、海兴两省；铁矿石储量约10亿吨，著名的铁矿有石溪矿。特别是近几年近海发现了丰富的油气资源，其中较大的油田有白虎油田、大熊油田和青龙油田，储量为15亿~20亿桶。全国森林覆盖面积为1340万公顷，出产柚木、铁木和红木等名贵木材。渔业资源丰富，有6845种海洋生物，其中鱼类2000种，蟹300种，贝类300种，虾类75种，近海有许多渔场。

5. 政区

（1）行政区划

全国划分为59个省和5个直辖市（芹苴、岘港、海防、河内、胡志明市）。

（2）首都及重要城市

①河内

河内（Ha Noi）是越南首都、历史名城，中央直辖市，是越南北部最大城市和全国第二大城市。面积921平方千米，人口400万，位于国境红河三角洲西北部，坐落在红河右岸和红河与墩河的汇流处，从南方到北方，从内地到沿海，均是必经之地，拥有北方最大的河港，有好几条铁路在这里相连接，是北方公路的总枢纽，郊区有内排国际机场和嘉林机场，水、陆、空交通便利。城市地处亚热带，临近海洋，气候宜人，四季如春，降雨丰富，花木繁茂，百花盛开，素有"百花春城"之称。首都河内历史悠久，曾为越南封建王朝的京城，被誉为"千年文物之地"。1945年8月革命胜利后，越南民主共和国定都于此。

②胡志明市

胡志明市（Ho Chi Minh City）旧称柴棍、西贡，是5个中央直辖市之一、越南的经济中心、全国最大的港口和交通枢纽，面积3340平方千米，人口692万。位于湄公河三角洲的东北侧、由同奈河（Dong Nai River）及西贡河（Saigon River）和威古河形成的一个三角洲上，居西贡河右岸，南临南中国海，西、北两面分别同隆安省、西宁省接界，东面是小河、同奈两省。东南距海口80千米。西贡港，年吞吐量可达450万~550万吨。铁路可通往河内及其他大、中城市，公路可通往全国各地，经公路或水路可通往柬埔寨和老挝。有良好的国际航空港，可通往曼谷、雅加达、万象、金边、新加坡、吉隆坡、马尼拉、巴黎、香港、广州、台北、莫斯科等地。

③海防市

海防市（Hai Phong）是越南北部最大港口城市、直辖市、河内的输出港。位于红河三角洲东北端，京泰河下游，东临北部湾。市区面积1519平方千米。人口约200万。原为小渔村。1874年建为海港，海防由此得名。法国占领期间是商港和从中国昆明至河内的铁路运输终点站，后成为工业中心。城市沿京泰河右岸向两头伸展。形势险要，为越南军事要地和海上门户。

④岘港市

岘港市（Da Nang）于1997年单列为中央直辖市，面积1256平方千米，人口 84 万，位于越南中部，濒临南海，是全国重要的工业城市和海港。港阔水深，形势险要。

⑤芹苴市

芹苴市（Can Tho）于 2003 年单列为中央直辖市，在后江省南面，是湄公河三角洲上最大的城市，下辖 4 郡 4 县，面积 1390 平方千米，人口 195 万。离胡志明市约 160 千米。是南部湄公河三角洲农产品集散地和轻工业基地。

⑥下龙市

下龙市（Ha Long），广宁省省会，濒临北部湾，人口 25 万，是全国最大的煤矿基地，原煤产量约占全国总产量的 3/4，著名的风景区下龙湾（Ha Long Bay）就在附近，被联合国列为世界自然文化遗产。

⑦顺化

顺化市（Hue）是承天顺化省省会，人口 36 万，越南古都，市郊有王陵等名胜古迹，以象牙手工业闻名于世。顺化古建筑群被列入"世界文化与自然遗产"。

（二）经济

1. 工业

越南工业产值占国民生产总值的 40%，以轻工、原油、电力、煤炭、水泥所占比重较大。目前相对较发达的有采矿、冶金、机器制造、建材、化工、燃料、纺织和食品等工业部门。越南工业集中分布在河内、胡志明市、海防、下龙等城市。重工业主要集中在北方，北方拥有较丰富的有色金属矿藏、煤矿和水力资源。越南的冶炼工业以钢铁为主，太原钢铁联合企业是越南的钢铁基地。能源主要是煤炭和电力，煤炭生产主要集中在下龙地区，产量占全国的 90% 以上。在出口工业品中，又以原油比重较大，原油出口量达 1222 万吨。

2. 农业

越南是传统农业国，农业是经济的主导部门。农业人口约占总人口的 75%。耕地及林地占总面积的 60%。南部的湄公河三角洲是世界著名稻米产区，连同北部的红河三角洲和沿海狭长平原都是重要农业区。粮食作物包括稻米、玉米、马铃薯、番薯和木薯等，越南是世界主要大米出口国。经济作物主要有咖啡、橡胶、腰果、茶叶、花生、蚕丝等。

3. 旅游业

越南旅游资源丰富，5 处风景名胜被联合国教科文组织列为世界文化和自然遗产。近年来旅游业增长迅速，经济效益显著。主要客源国为中国、日本、美国、韩国、中国台湾、澳大利亚、法国等国。主要旅游城市有：首都河内市、胡志明市、广宁省的下龙湾、古都顺化、芽庄、藩切、头顿等。其中越南美奈（Mui Ne）是大多数风筝冲浪者的旅游天堂。

4. 交通运输

近年来，越南交通运输业经过重组，提高服务质量，取得了较好的经济效益。但交通运输仍为越南经济发展的薄弱环节。

（1）铁路

越南铁路网络包括6条干线和一些支线，总长3220千米，其中干线长2700千米。越南铁路的修建规格有1000毫米米轨、1435毫米标准轨、混合套轨三种。其中，米轨铁路总长为2632千米，占全国铁路里程的84%；标准轨铁路总长为222千米，占全国铁路里程的7%；混合套轨铁路总长292千米，占全国铁路里程的9%。

（2）公路

总长13万多千米（其中1.4万千米国道，1.5万千米省道，其余是连接各县乡的公路）。

（3）水运

水路总长1.1万千米。交通部直接管辖的8大港口为广宁、海防、炉门、归仁、义安、芽庄、岘港和西贡港。

（4）空运

全国共有大小机场90个，其中15个为民用机场。3个国际机场分别为：内排机场（河内市）、岘港机场（岘港市）和新山一机场（胡志明市）。

5. 对外贸易

越南和世界上150多个国家和地区有贸易关系。近年来越对外贸易保持高速增长，对拉动经济发展起到了重要作用。越南主要贸易对象为美国、欧盟、东盟、日本以及中国。主要出口商品有：纺织品、石油、水产品、鞋类、大米、木材及木制品、咖啡、煤炭、橡胶等。主要出口市场为欧盟、美国、日本、中国。主要进口商品有：机械设备及零件、成品油、钢材、纺织原料、皮革、布匹。主要进口市场为中国大陆、中国台湾、新加坡、日本、韩国。

6. 与中国关系

1950年1月18日，越南与中国建交。半个多世纪以来，在两国几代领导人的精心培育下，中越友谊不断巩固和发展。两国彼此信赖、相互支持、全面合作、互利双赢、共谋发展，已成为新世纪新型中越关系的重要特征。

（三）社会文化

1. 国家象征

（1）国旗

越南宪法规定："越南社会主义共和国国旗为长方形，其宽度为长度的

2/3，国旗旗地为红色，旗中心为一枚五角金星。"即通常说的金星红旗。红色象征革命和胜利，五角金星象征越南劳动党对国家的领导，五星的五个角分别代表工人、农民、士兵、知识分子和青年。

（2）国徽

越南国徽呈圆形。红色的圆面上方镶嵌着一颗金黄色的五角星；下端有一个金黄色的齿轮，象征工业；圆面周围对称地环绕着两捆由红色饰带束扎的稻穗，象征农业；金色齿轮下方的饰带上用越文写着"越南社会主义共和国"。国徽图案是 1956 年选定的。

图 2-19　越南国旗　　　　　图 2-20　越南国徽

（3）国歌

越南的国歌是《进军歌》。

2. 人口

越南人口约 8800 万。越南是一个多民族的国家，有 54 个民族。其中，京族人口最多，约占总人口的 86%，其余有岱依、芒、侬、傣、赫蒙（苗）、瑶、占、高棉等民族。通用越南语，华语与英语也被广泛使用。有华人 100 多万。

3. 宗教

（1）佛教

越南最大的宗教。越南佛教最早由印度传入，大约在 1 世纪初，印度商人已经经由海路进入越南了，其中有许多佛教徒。因此，佛教开始传入了越南。东汉末年，大乘佛教从中国传入越南，越南人称为"北宗"。10 世纪后，被尊为国教。小乘佛教从泰国和柬埔寨传入，称之为"南宗"。目前全国佛教徒约 5000 万人。其中又以信大乘佛者居多。

（2）天主教

目前有信徒约 300 多万，南方的同奈省是越南天主教友最多的地区，教堂林立。位于胡志明市中心的哥特式圣母大教堂是该市的重要旅游景点，教堂前的"巴黎公社广场"上竖立手捧地球的巨大圣母像。海滨度假城市头顿市的耶稣山上，矗立着32米高的巨型耶稣像（建于1974年）。

（3）基督新教

1893年传入西贡，但遭法国殖民当局的禁止。直到1920年，宣道会在越南打稳基础。基督新教现有不少信徒，主要分布在河内、海防、河西、承天、广南、岘港、波莱古、平顺等地。

（4）高台教

高台教是1926年吴文昭、黎文忠糅合佛教、基督教、道教、儒教创立的本土宗教。全称为"大道三期普度高台教"。信仰孔子（人道）、姜太公（神道）、耶稣（圣道）、老子（仙道）、释迦（佛道）。越南南部的西宁、迪石等地的京族农民大部分信仰高台教，每日6点、12点、18点、24点要焚香诵经。

（5）和好教

1939年黄富楚创立和好教。该教为佛教的变体，但不建寺庙，用一块红布代替神像，供品为鲜花和清水。流行于越南南部的安江、同塔梅、河仙、东川等地。

4. 教育

目前越南已形成包括幼儿教育、初等教育、中等教育、高等教育、师范教育、职业教育及成人教育在内的教育体系。普通教育学制为12年，分为三个阶段：第一阶段为5年小学，第二阶段为4年初中，第三阶段为3年高中。2000年越南宣布已基本实现普及小学义务教育目标。2001年开始普及9年义务教育。越南著名的高校有河内国家大学、胡志明市国家大学、顺化大学、太原大学、岘港大学等。

5. 文化

越南文化已经发展了几千年，它是随着以农业为基础的土著东山文化而发展起来的。在某种程度上，可以说越南文化是汉字文化圈的一部分，因为它最传统的政治体系和哲学是依据儒家学说和老子学说而逐渐发展的。在越南，尽管佛教是主流文化，但移民文化的影响力一样很显著，比如粤文化、客家文化、闽南文化和海南文化都有迹可循。在近几个世纪里，一些西方文化也颇具影响力，特别是法国文化和美国文化。

越南十分崇拜文化符号，例如源于鳄鱼和蛇的象征的越南龙（the Vietnamese dragon），被描述为神圣的龙的越南国父，被描画为圣神之鸟的越南国母。海龟和狗的影像也在越南备受崇拜。

"仁慈"与"和谐"被视为越南文化的首要特征，越南人非常重视家庭价值和社会价值。虽然现在越南的官方口语和书面语是越南语，一般写作拉丁字母，但是历史学家们却认为，早在中国历代王朝的入侵之前，越南就已经有了一套与众不同的文化，包括独立的音节系统。

在现代社会中，越南的文化深受政府控制。几十年来，外国文化无人问津，重心已放在借鉴共产主义社会的文化上，像是苏联、中国、古巴。但自1990年以来，越南人看到了越来越多媒体曝露下的东南亚文化、欧洲文化和美国文化。

（四）民俗风情

1. 姓名

越南人姓在前，名在后，中间是垫字，一般为三个字（单姓加双字名），中间的垫字，男子多用"文"，女子多用"氏"。少数也有两个字（单姓加单字名），如范雄、黎英。也有用四个字，如黎氏清心、阮氏香梅等。越南最常见的姓氏有阮、潘、范、陈、吴和黎。阮姓为第一大姓。子女用父姓。

2. 服饰

服饰穿着简单，正式场合男士着西装，女士着民族式"长衫"（类似旗袍）和长裤。越南妇女的花色窄袖长袍可以说是越南女子的国服，上身束腰，突出身段，使女子显得婀娜多姿，下摆舒展，开衩至腰际，活动方便。特别讲究的是，越南妇女穿长袍时，还穿一条黑色或白色的宽腿拖地长裤。越南妇女喜戴项链、手镯、戒指，多留披肩长发，或用发夹束于脑后。

3. 饮食

越南人饮食习惯与我国广东、广西和云南一些民族相似。吃饭用筷子，喜吃清淡、冷酸辣食物。常吃的主食为大米、糯米、各种青菜、豆、水果与越南各地区的山珍海味特产。越南食品有米粉、粉丝、面汤、糯米饭、糖水等，也有家常菜中的红烧、汤、炒、凉菜等。越南人承自中国饮食阴阳调和的饮食文化，烹调最重清爽、原味，只放少许香料，鱼露、香花菜和青柠檬等是其中必不可少的佐料，以蒸煮、烧烤、熬焖、凉拌为主，热油锅炒者较少。即使是一些被认为较"上火"的油炸或烧烤菜肴，也多会配上新鲜生菜、薄荷菜、九层塔、小黄瓜等可生吃的菜一同食用，以达到"去油下火"的功效。

4. 重要节日

越南民族传统节日与中国相同，主要有春节、清明、端午、中秋等，其中最重要的民族传统节日是春节，春节期间，越南有合家团圆、放鞭炮、贴春联、拜年的习俗。年初一早晨，家家户户都吃用黄精叶包的糯米粽，一般都有一千克重。春节期间，越南人的家族中还有三样必不可少的节日装饰品：含苞欲放的桃枝、金橘和一个装有五种水果的五色果盘。其他重要节日还有越南共产党成立日：2月3日（1930年）、越南南方解放日：4月30日（1975年）、越南国庆日：9月2日（1945年）、胡志明诞辰日：5月19日（1890年）等。

5. 礼仪与禁忌

越南民风淳朴，人民文明礼貌。见面时习惯打招呼问好，或点头致意，或行握手礼，或按法式礼节相互拥抱，多以兄弟姐妹相称。越南受汉文化影响颇深。

越南人忌讳三人合影，不能用一根火柴或打火机连续给三个人点烟，认为不吉利。不愿让人摸头顶，席地而坐时不能把脚对着人。

6. 祖先崇拜

越南人供奉祖先，普遍信奉城隍、财神。越南人也和其他东方人一样，注重孝道。在每一个家庭中，子女孝敬祖父母和父母是不可缺少的意识。对死去的先人，越南人崇拜甚笃，因而对祖先的崇拜信仰十分重视，一般百姓家里都设有供桌、香案，逢年过节在家中进行祭拜。人们认为，亲人虽然死去，但他的灵魂仍然存在，对后人还起着保护和督促作用，主宰人们的一切活动，人间许多灾害祸福，都要依靠先灵庇佑与解脱。

越南人每家每户都有神龛、神台、神位，是敬奉祖先的祭坛，是敬奉祖先神的圣地，任何人不可触犯，也不能有任何污秽。在城里，由于住处狭窄，祭坛的设法多样。如在墙上钉块板或使用柜顶作为供奉祖先的祭坛。祭坛中央摆放一个香炉，两旁是两根香烛。香炉前摆上用细腰红漆木盘或塑料、玻璃盘盛放的水果，此外还摆上一对花瓶和若干祭拜用的杯碟。在一些家庭的祭坛两边还贴有对联，如"祖宗功德千年盛，子孝孙贤万代昌"、"福生礼仪家堂盛，禄发荣华福贵春"等。

越南人视祭拜供奉祖先为重大之事，用以感激祖先的养育之恩。许多家庭尽管宗教信仰不同，但供奉祖先是不可忽略的。春节来临前，必须重新布置祭坛，插上香烛，摆上供品。春节三天期间，祭坛总是香火缭绕，合家吃团圆饭前，家长和族人都要祷拜。

越南人对祖先的崇拜还表现在忌名上。平时，子孙忌提到祖辈、父辈的名字，如果现实生活中一些名词与祖辈、父辈的名字相重，要回避或用同义词代替。孩子小的时候，父母不让其知道先祖的名字，以防孩子乱喊，对先祖不敬。如果被别人指着先祖的名字奚落或辱骂，被奚落或被辱骂者会认为是受了奇耻大辱，会激起深仇大恨。近年来，忌名在城市已少见，但在农村，这一习俗仍保持。

第三节　南亚客源国概况

一、南亚概述

南亚（South Asia）是指亚洲南部地区。它北部靠喜马拉雅山脉（Himala-ya），南部临印度洋（Indian Ocean），西部是阿拉伯海（Arabian Sea），东部是孟加拉湾（Bay of Bengal），大体在喜马拉雅山脉和印度洋之间。总面积达4480000平方千米。

南亚大部分地区属热带和亚热带季风气候，一年分热季（3—5月）、雨季（6—9月）和冷季（10月至次年2月）。盛产水稻、小麦、甘蔗、黄麻、油菜子、棉花、茶叶等作物。蕴藏煤、铁、锰、云母、金等矿藏。

南亚有三大河流，即印度河（Indus River）、恒河（Ganges River）、布拉马普特拉河（Brahmaputra River）。印度河源出中国（其源头河叫森格藏布），向西南转向南流，注入阿拉伯海。它是巴基斯坦（Pakistan）最重要的灌溉水源。自古以来印度河平原就是南亚灌溉农业发达的地区。恒河源出喜马拉雅山南麓，流经恒河平原。布拉马普特拉河流经三国，其上游在中国境内，称雅鲁藏布江，中游在印度境内，下游在孟加拉国（Bangladesh）与恒河汇合，流入孟加拉湾。恒河、布拉马普特拉河这两条河流在入海口地区，冲积成面积很大的恒河三角洲，世界上最大的优质黄麻产地就分布在这里。

南亚地区人口约有15.64亿。由于拥有超过世界总人口1/5的人口数，南亚地区是世界上人口最多和最密集的地域，但同时也是继非洲撒哈拉地区后全球最贫穷的地区之一。

南亚裔族群是一个由2000多个不同种族构成的多元族群。南亚裔人口的组成主要有来自巴基斯坦、印度、马尔代夫、不丹、孟加拉、尼泊尔和斯里兰卡地区。这2000多个种族包括有小至数十人的部落，又或多至上亿人的庞大族裔。南亚地区最早的民族都属于达罗毗荼人（Dravidian），之后受到雅利安人和伊朗人的入侵，并与当地的土著民族混合成为多个新的混血族群，继承了各自的传统及信仰。

南亚共有8个国家，其中阿富汗（Afghanistan）、尼泊尔（Nepal）、不丹（Bhutan）为内陆国，印度（India）、巴基斯坦（Pakistan）、孟加拉国（Bangladesh）为临海国，斯里兰卡（Sri Lanka）、马尔代夫（Maldives）为岛国。从经济发展水平看，印度、巴基斯坦和斯里兰卡属于中等收入国家，其余五国都属于最不发达国家。长期以来，南亚经济增长受到基础设施落后、贫困问题严重等因素的制约，因此，经济增长不确定性因素大大增加。南亚经济总量比较小，约占全球国内生产总值的2.5%。近年来，南亚经济在国内消费需求大幅上升、外部资本大量涌入和良好的外部环境推动下不断增长，南亚地区成为全球经济增长最快的地区之一和世界重要的新兴市场。南亚地区经济年均增幅6%，贫困率不断下降，但是贫困问题仍然严重。

由于政治及宗教上的分别，当地的政局都不太稳定。印度和巴基斯坦两个亦因为这些理由而多次开战，孟加拉、尼泊尔和斯里兰卡境内也因宗教冲突和政治斗争而不平静，整体来说该区域只有不丹和马尔代夫政局比较稳固，两国的民主演变也比其他南亚国家成功。

南亚区域合作联盟（South Asian Association for Regional Cooperation, SAARC）是一个旨在加强经济、社会、文化和科学技术领域内的相互合作，推动南亚人民间友谊、信任与理解的平台。1985 年 12 月 8 日，孟加拉国、不丹、印度、马尔代夫、尼泊尔、巴基斯坦和斯里兰卡 7 国领导人在孟加拉国首都达卡（Dhaka）举行第一届首脑会议。会议发表了《达卡宣言》，制定了《南亚区域合作联盟宪章》，并宣布南亚区域合作联盟正式成立。2005 年 11 月 13 日，接受阿富汗为成员。中国、日本、韩国、欧盟、美国和伊朗成为观察员。

图 2-21　南亚区域合作联盟标志

南亚区域合作联盟鼓励成员国开展次区域合作。1997 年 4 月，印度、孟加拉、尼泊尔和不丹四国宣布成立次区域合作组织，定名为"南亚增长四角"（The South Asian Growth Quadrngle）。该组织旨在加强四国在经济领域中的合作，如自然资源的开发和利用，运输、通信、能源等特定项目，以推动本地区经济全面发展。

二、印度

印度（India），全称印度共和国（The Republic of India）。古印度人创造了光辉灿烂的文明，作为最悠久的文明古国之一，印度具有绚丽的多样性文化遗产和丰富的旅游资源。印度也是世界三大宗教之一——佛教的发源地。印度是世界上发展最快的国家之一，但也是个社会财富分配极度不平衡的发展中国家。印度已经成为软件业出口的霸主。印度也是当今金砖国家（BRICS）之一。

（一）地理

1. 位置
印度位于亚洲南部，是南亚次大陆最大的国家，与孟加拉国、缅甸、中国、不丹、尼泊尔和巴基斯坦等国家接壤，濒临孟加拉湾和阿拉伯海，海岸线长 5560 千米。印度全境分为德干高原和中央高原、平原及喜马拉雅山区等三个自然地理区。印度实际控制面积约 316 万平方千米（包括中印边境印占区和克什米尔印度实际控制区等）。印度政府宣称其领土为 328.78 万平方千米。印度面积居世界第七位。

2. 地形
从喜马拉雅山向南，一直伸入印度洋，北部是山岳地区，中部是印度河——恒河平原，南部是德干高原及其东西两侧的海岸平原。平原约占总面积的 2/5，山地占 1/4，高原占 1/3，这些山地、高原大部分海拔不超过 1000 米。低矮平缓的地形在全国占有绝对优势，不仅交通方便，而且在热带季风气候及适宜农业生产的冲积土和热带黑土等肥沃土壤条件的配合下，大部分土地可供农业利用，农作物一年四季均可生长，有着得天独厚的自然条件。

3. 气候

印度属典型的热带季风气候，年平均降水量各地差异很大，大致 2000 ~ 4000 毫米不等。气温因海拔高度不同而异，最冷的 1 月，北方平均气温为 15℃，其中喜马拉雅山区年均气温 12℃ ~ 14℃，南部平均气温则高达 27℃，气候干燥。夏季从 3 月开始，雨水较少，天气干燥闷热，大部分地区气温可高达 40℃ 以上，西南沿海平原在 29℃ ~ 32℃。一年分为凉季（10 月至翌年 3 月）、暑季（4—6 月）和雨季（7—9 月）三季。降雨量忽多忽少，分配不均。乞拉朋齐（Cherrapunji）被称为"雨极"。

4. 资源

印度矿产资源丰富，主要有铁、锰、云母、铁矾土、钛、铬铁、天然气、石油、钻石、石灰石、石膏及钍、铀等近 100 种。其中云母出口量占世界出口量的 60%，位居世界第一，重晶石居世界第三，铝土储量和煤产量均占世界第五位。此外，印度还有森林 67.83 万平方千米，覆盖率约为 21.9%。

5. 政区

（1）行政区划

除德里国家首都辖区外，全国分为 28 个邦和 6 个联合属地。

（2）首都

印度首都新德里（New Delhi），位于该国西北部，坐落在恒河支流朱木拿河（Jumna）西岸。新德里和德里中间隔着一座德里门（The India Gate），并以著名的拉姆利拉广场为界，广场以南为新德里，广场以北为老德里。如今德里是印度的政治、经济、文化中心，也是重要的交通枢纽。

（二）经济

1. 工业

印度工业形成较为完整的体系，主要工业包括纺织、食品加工、化工、制药、钢铁、水泥、石油和机械等。汽车、电子产品制造、航空和空间等新兴工业近年来发展迅速。印度谋求成为"技术制造业中心"。

2. 农业

印度是一个农业大国，农村人口占总人口的 72%。印度是世界上最大的粮食生产国之一，拥有世界十分之一的可耕地，面积约 1.6 亿公顷。印度独立后，农业由严重缺粮到基本自给。据欧盟报告：印度已成为农产品净出口国。

3. 对外贸易

目前，印度已成为全球软件、金融等服务业重要出口国。其他主要出口商品为：制成品主要包括纺织品、珠宝、机械产品、化工产品、皮革、手工艺品等；初级产品主要包括农产品和矿产品；石油类产品主要包括成品油、原油等。主要进口商品为：石油产品、电子产品、金银、机械、化工产品。美国是第一大贸易伙伴。中国居第二位。其他主要贸易伙伴包括德国、阿联酋、沙特、新加坡、英国、瑞士、法国、伊朗、日本、中国香港等。

4. 旅游业

印度的旅游业和服务业也比较发达，在国民经济中占有相当的比例。旅游业是印度政府重点发展产业，也是重要就业部门，提供 2000 多万个岗位。入境旅游人数近年来逐年递增，旅游收入不断增加。主要旅游点有阿格拉、德里、斋浦尔、昌迪加尔、那烂陀、迈索尔、果阿、海德拉巴、特里凡特琅等。

5. 交通运输

（1）铁路

铁路是印度最大的国营部门，亦为主要运输手段，总长度居亚洲第一位，世界第四位。

（2）公路

近年来，公路运输发展较快，已承担了全国 85% 的客运量和 70% 的货运量，全国日平均客运量逾 6000 万人次，为世界最大的公路网之一。

（3）水运

水运方面，主要港口有 12 个，包括孟买、加尔各答、钦奈（原名马德拉斯）、科钦、果阿等。孟买为最大港口，1/5 海运和 1/2 集装箱运输经此港。内陆可航行河道总长 1.4 万千米，但实际使用不足 30%。海运能力居世界第 18 位。

（4）航空

航空方面，航空公司主要有印度国际航空公司、印度航空公司等。航线通达各大洲主要城市。国际机场 5 个，分别位于德里、孟买、加尔各答、钦奈和特里凡特琅。

6. 中印关系

1950 年 4 月 1 日，印度共和国与中华人民共和国建交。印度是非社会主义国家中第一个同我国建交的国家。1959 年中国中央政府平定西藏上层反动集团叛乱后，中印关系恶化。1962 年，中印双方发生大规模边境冲突。1976 年双方恢复互派大使，中印关系逐步改善。2012 年为"中印友好合作年"，两国以此为契机把中印战略合作伙伴关系提高到了一个新的水平。近几年来，中印经贸关系发展迅速。印度已成为中国第九大贸易伙伴。中国已经取代美国成为印度最大的贸易合作伙伴。

（三）社会文化

1. 国家象征

（1）国旗

印度国旗呈长方形，长与宽之比为3∶2。自上而下由橙、白、绿三个相等的横长方形组成，白色长方形中心绘有24根轴条的蓝色法轮。橙色象征勇敢和自我牺牲精神，也是教士法衣的颜色，舍身为国的英雄们的颜色；白色象征纯洁的真理；绿色表示信心，代表人类生命所依存的生产力。法轮是印度孔雀王朝阿育王时代佛教圣地石柱柱头的狮首图案之一，对于印度人而言，它是神圣之轮、真理之轮、向着进步转动之轮、永远轮回苍穹之轮。

（2）国徽

印度国徽图案来源于孔雀王朝阿育王石柱顶端的石刻。圆形台基上站立着四只金色的狮子，象征信心、勇气和力量。台基四周有四个守卫四方的守兽：东方是象、南方是马、西方是牛、北方是狮。守兽之间雕有法轮。图案下面有句用梵文书写的、出自古代印度圣书的格言"唯有真理得胜"。

图2-22　印度国旗

图2-23　印度国徽

2. 人口

印度人口12.1亿，居世界第二位。印度是一个多民族国家，有10个大民族和几十个小民族，其中印度斯坦族约占46.3%，其他民族有泰卢固族、孟加拉族、马拉地族、泰米尔族等。约有80.5%的居民信仰印度教。英语和印地语（Hindi Language）同为官方语言。

3. 教育

实行12年一贯制中小学教育。高等教育共8年，包括3年学士课程、2年硕士课程和 3 年博士课程。此外还有各类职业技术教育、成人教育等非正规教育。

2010 年 4 月 1 日，印度《儿童免费义务教育权利法》正式生效。印度所有6～14 岁的儿童将接受免费义务教育，各个邦政府和地方机构在法律上有义务确保每个适龄儿童在所在地区学校接受免费义务教育。

全国现有 350 多所综合性大学，著名的有德里大学（Delhi University）、尼赫鲁大学（Jawaharlal Nehru University）、加尔各答大学（University of Calcutta）等。

（四）民俗风情

1. 姓名

印度人的姓名是名在前、姓在后。如桑贾伊·甘地（Sanjay Gandhi），"桑贾伊"是名，"甘地"是姓。女人结婚后改用丈夫的姓。例如，拉米希瓦尼·维萨嫁给特里帕蒂·辛格，她的姓名就改为拉米希瓦尼·辛格。人们通常称她为拉米希瓦尼·辛格夫人。

由于地方不同，印度人姓名的构成也有不同。印度西部地方、孟加拉、泰米尔等地人的姓，各有不同。在过去，姓名的构成包括个人名、父名、出生地、祖先居住地名、祖先的阶级、职业、宗教上的特征等。情况极为复杂。

在印度，除非是亲朋好友，否则不能以名字相称，通常只称姓，如"某先生"、"某夫人"、"某小姐"。

2. 服饰

在印度，可以由不同的服饰和装扮，判断出当地人的宗教信仰、种族、阶级、区域等。

（1）男性包头巾

印度男性多半包有头巾，这种头巾称为包头巾（Turban）。头巾有各式各样的包裹方法，其中锡克教男性头巾具有特定样式。

根据传统，锡克人从小到大都必须蓄头发、留胡须，并且包着头巾。小孩头巾样式比较简单，只用黑布绑成发髻的形状。成年人的头巾样式比较复杂，首先必须用黑色松紧带将长束成发髻，然后再以一条长约 3 米的布，裹成头巾，样式为两边对称成规则状。锡克人头巾色彩繁多，有的甚至搭配衣服颜色。

印度男性多半穿着一袭宽松的立领长衫（Tunic），搭配窄脚的长裤（Dhoti），拉贾斯坦地区男性，裤子是以一条白色布块裹成的，头上的布巾，花样变化极多，色泽鲜明。

（2）女性穿纱丽

印度妇女传统服饰是纱丽（Sari）。纱丽是一块长 6 米、宽约 2 米的布料，不需剪裁，穿着时以披裹的方式缠绕在身上。印度妇女擅长利用扎、围、绑、裹、缠、披等技巧，使得纱丽在身上产生不同的变化。

印度纱丽的穿着方式变化繁多，不同的种族、区域、信仰，会有许多不同的色彩、质感和穿裹方式。印度妇女穿着纱丽时，上衣是一件短袖、露出肚脐的紧身衣（Choli），下身是一条及地的直筒衬裙（Ghagra）。

另外，印度人喜爱佩戴饰物，从头部、耳朵到胸部，都佩有金银饰物。

3. 饮食

印度人的日常饮食，南北方有很大差别。北方人以小麦、玉米、豆类等为主食，尤其喜欢吃一种叫作"恰巴提"的薄面饼。南方和东部沿海地区的人们以大米为主食，爱吃炒饭。而中部德干高原则以小米和杂粮为主。印度人喜欢吃带有辣味的、伴有咖喱的食物。在饮水和饮料方面，印度人和西方人一样，没有喝热水的习惯，一般喜欢喝凉水或者饮用红茶、牛奶和咖啡。

4. 风俗

印度教盛行"万物有灵"的自然崇拜。虔诚的印度教徒一生有三大夙愿：到圣城朝拜湿婆神，到恒河洗圣浴、饮圣水，死后葬于恒河。以黄牛为神，对它顶礼膜拜。

（1）恒河沐浴

印度北方邦城市瓦拉纳西是印度最负盛名的印度教圣城之一。这座已有3000多年历史的古城寺庙林立，每天都吸引着成千上万的印度教教徒前来朝拜。他们最大的愿望是到有"圣河"之称的恒河中浸泡沐浴，洗去"罪孽"，求神赐福；死后能在瓦拉纳西火化，并将骨灰撒入恒河。

（2）青蛙婚礼

为青蛙举行婚礼是当地习俗，以求风调雨顺、五谷丰登。

5. 礼仪

印度人有4大传统仪式，分别是出生、葬礼、婚礼和普迦仪式。

（1）生礼

印度传统十分重男轻女，因为女儿结婚时，父母必须准备一笔丰富的嫁妆，如果没有嫁妆，女儿是嫁不出去的。印度人庆祝孩子出生与平安成长的方式，就是到寺庙进行"普迦仪式"、唱颂祈祷文，然后和亲朋好友举行餐宴。

印度小孩出生后，父母都会找人为他们占卜，孩子的名字多半取自英雄或神祇。孩子的生辰八字尤其受到重视，因为这可以决定孩子未来的结婚对象。

（2）葬礼

印度教教徒死亡时，都会在河坛举行火葬仪式。印度教教徒去世后，家人会以黄色或白色绢布包裹尸体，然后放在两根竹制担架上，以游行方式抬到河坛火葬地点。

传统上，将死者抬送到火葬场的任务，应该由家属担任，但是现在大部分的人都交给专人处理。在印度，专门处理丧葬事宜的人，都是被视为种姓地位最低的贱民。

一般送葬的仪式都非常简单，但是比较富有的人家，可能会请乐师在前面演奏，浩浩荡荡地游行。

（3）婚礼

印度人的婚礼是社会地位的代表，也是一生中重大的仪式。印度青年到了适婚年龄，都会由父母代为寻找社会阶级、语言相同，星相可以配合的对象。

印度婚礼仪式相当烦琐，结婚之前，双方家长会透过充当媒人的祭司讨论嫁妆事宜，女方必须答应男方提出的嫁妆数量后，双方才选定黄道吉日、开始筹备婚礼。婚礼前一天，新娘必须根据传统化妆方式，开始抹油、沐浴、更衣、梳头、画眼线、抹唇砂，并且在脚上涂以红色、在额头点红色蒂卡、在下巴点黑痣，接着还要用植物染料在手脚上绘饰汉那图案，然后洒香水、佩戴首饰和发饰，最后是把牙齿染黑、嚼槟榔、擦口红，才算大功告成。

婚礼当天，新郎官骑着一匹白马，在迎亲队伍的簇拥下浩浩荡荡地来到新娘家。这时女方家里已经架起火坛，双方亲友在祭司念诵的吉祥真言中，绕行火坛祝祷。之后，新娘在女伴的簇拥下走到火坛前面，由祭司将新娘的纱丽和新郎的围巾系在一起，代表婚姻长长久久。

印度婚礼的晚宴是在新娘家里进行，一对新人坐在婚宴中接受亲友的祝福。婚礼当天晚上新郎是在新娘家过夜，翌日才将新娘迎娶回家。

（4）普迦仪式

普迦是印度教中向神祇膜拜的仪式，普迦仪式必须由祭司担任。仪式中信徒会将神像装饰后抬出寺庙游行庆祝，并且奉献鲜花、椰子、蒂卡粉等供品。最后再由祭司手持油灯，在神像前面进行"阿拉提（Arati）"。

"阿拉提"的过程中，信徒用手轻轻覆盖祭司手中的灯火，然后在自己的眼睛上碰触一下，代表接受神祇赐予的力量。

通常在普迦仪式结束后，信徒可以分到一些祭祀过的鲜花、蒂卡粉或水，称为"波拉沙达（Prasada）"。所以在印度，只要看到印度人从寺庙膜拜出来，额头上几乎都涂有红色或白色的粉末。

第四节　中亚客源国概况

一、中亚概述

中亚（Central Asia）即亚洲中部地区，包括乌兹别克斯坦（Uzbekistan）、吉尔吉斯斯坦（kyrgyzstan）、土库曼斯坦（Turkmenistan）、哈萨克斯坦（Kazakhstan）和塔吉克斯坦（Tajikistan）五国。中亚地区的居民多为突厥语族，所以中亚也被称为突厥斯坦（Turkestan）。

中亚地区绵亘着温带最壮观的山地，冰川超过4000条，总面积达11000平方千米，其中最大的费德钦科冰川长71千米，它包括33条支流，面积达900平方千米，山脚下却是一片一望无际的干旱炎热的荒漠，荒漠的天际线在弥漫如烟的粉尘黄土中渐趋消失。

中亚的大部分区域都异常干燥，难以种植作物，大部分中亚地区的居民以放牧为生，工业则集中在该地区的城市之中。

伊斯兰教是中亚地区最主要的宗教。中亚的大部分穆斯林都属于逊尼派（Sunnite），但在阿富汗和塔吉克斯坦也居住着相当一部什叶派（Shi'ites）穆斯林。

琐罗亚斯德教（Zoroastrianism）在伊斯兰化之前是中亚最主要的宗教。大约在公元前6世纪中期，琐罗亚斯德（Zarathustra，又译查拉图斯特拉）在伊朗高原西北隅开始了其先知的传道，至今在中亚仍有重要影响。例如中亚五国都会庆祝的纳吾肉孜节（突厥人的传统节日，就像中国人的春节一样重要）最初即是琐罗亚斯德教的节日。

在伊斯兰化之前，佛教在中亚地区也有很大影响，正是横穿中亚的丝绸之路把佛教带到了中国。此外，儒家思想也随着汉族的迁徙而传播。

景教是基督教进入中亚后形成的一个新的教派，其教义是如今的俄罗斯正教会的主要来源，在哈萨克斯坦信徒众多。在乌兹别克斯坦和塔吉克斯坦曾经居住着相当数量的布哈拉犹太人，但随着苏联解体几乎已经全部移居国外了。

中亚五国共同的特点是拥有丰富的土地资源、矿产资源和水利资源，具有一定的物质、技术基础，是苏联重要的能源、动力、冶金和农牧业基础，许多矿物和农业产品产量在苏联名列前茅。在苏联的产业分工中，以有色冶金、煤炭、石油、钢铁、化工、粮食种植和畜牧业等专业化方向发展为主，而重工业尤其是采矿业强大，加工业较为薄弱。长期作为矿产、农畜产品以及其他原料的生产者和供应者。其轻工业、电子业相对落后，所需日用消费品大部分依赖进口。中亚五国的经济贸易特点归纳起来有5个共同点：①对外来经济依赖性很强；②对进出口贸易持宽松、鼓励态度；③均为原料型出口国；④经济私有化进程较快；⑤人口增长，市场潜力很大。

二、哈萨克斯坦

哈萨克斯坦共和国（The Republic of Kazakhstan）国名取自其最大民族哈萨克族，原为苏联加盟共和国之一，1991年苏联解体后独立。独立后的20年来，哈萨克斯坦已经成为中亚地区最具投资价值和较高生活水准的国家，拥有丰富的自然资源和较雄厚的工业基础，已成为全球发展中的新兴经济体之一，亦是全球发展最快的国家之一。

（一）地理

1. 位置

哈萨克斯坦是地处欧亚的一个大国家，国土包括中亚北部和东欧乌拉尔西南部。地理位置非常有利。它处于过境运输线的中部，是过境运输线的交叉点，西面、西北面和北面与俄罗斯接壤，南面和西南面与吉尔吉斯斯坦、乌兹别克斯坦和土库曼斯坦三国交界，西临里海（Caspian Sea）并与伊朗（Iran）、阿塞拜疆（Azerbaijan）隔里海相望；东南面和东面与中国的新疆为邻。很早以前，神奇的丝绸之路就从哈萨克斯坦南部穿过，通过丝绸之路，欧洲和亚洲的国家进行着繁荣兴旺的贸易活动。被称为"当代丝绸之路"的"欧亚大陆桥"横贯哈萨克斯坦全境。

哈萨克斯坦的面积为 272.49 万平方千米，约占地球表面积的 2%，相当于整个西欧国家面积之和，排名世界第九，是世界上面积最大的内陆国。哈萨克斯坦的领土从西部的伏尔加河（Volga River）下游到东部的阿尔泰山（Altai Mountains）长 3000 千米，从北部的西西伯利亚平原到南部的天山山脉宽 1700 千米。哈萨克斯坦通过里海可以到达阿塞拜疆和伊朗，通过伏尔加河—顿河运河（Volga – Don Ship Canal）可以到达亚速海（Sea of Azov）和黑海（Black Sea）。

2. 地形

哈萨克斯坦地形复杂，特点是东南高、西北低，大部分领土为平原和低地。西部和西南部地势最低。里海沿岸低地向南朝里海方向逐渐下降，沿里海地带低于海平面达 28 米；最低点卡拉基耶盆地低于海平面 132 米。向南又逐渐升高，形成海拔 200～300 米的于斯蒂尔特高原和曼格斯拉克半岛上的卡拉套山、阿克套山（海拔约为 555 米）。该国东北部有土兰低地，它从哈萨克斯坦东北部经中部逐渐向哈萨克丘陵过渡，再向东南部的天山山脉延伸。在北部，哈萨克丘陵与西西伯利亚平原南缘连接在一起。哈萨克斯坦有辽阔的草原，草原约占国土面积的 1/3；荒漠与半荒漠在哈萨克斯坦也分布较广，从里海延伸到阿尔泰山的半荒漠，仅占国土面积的 15%，而北部广布针叶林带和人造林带。

哈萨克斯坦的东部和东南部是有着崇山峻岭和山间盆地的山地，这里矗立着阿尔泰山、塔尔巴哈台山、准噶尔阿拉套山、外伊犁阿拉套山、天山等。阿尔泰山系在哈萨克斯坦境内分为南阿尔泰山和北阿尔泰山，高度在海拔 2300～2600 米，其最高峰别卢哈峰海拔 4506 米。准噶尔阿拉套山脉总长 450 千米，宽 100～350 千米，被科克苏河和博拉塔尔河分割成北准噶尔阿拉套山和南准噶尔阿拉套山。其最高峰别斯巴坎峰海拔 4464 米。天山山系位于哈萨克斯坦的东南端，为中国、哈萨克斯坦、吉尔吉斯斯坦三国界山，其雄奇险峻的山峰长年被积雪和冰川所覆盖。最高峰汗腾格里峰（Khan Tengri）海拔 6995 米，也是哈萨克斯坦境内的最高峰。从天山山系向西北延伸着山势不高的楚－伊犁山脉。该国东北部也有一些低矮的山脉，如巴彦阿乌尔山、耶尔缅套山。中部有卡尔卡拉林山脉、成吉斯套山等。

3. 气候

哈萨克斯坦属严重干旱的大陆性气候，夏季炎热干燥，冬季寒冷少雪。1 月平均气温 -19℃ ~ -4℃，7 月平均气温 19℃ ~ 26℃。绝对最高和最低气温分别为 45℃ 和 -45℃，沙漠中最高气温可高达 70℃。哈萨克斯坦北部的自然条件与俄罗斯中部及英国南部相似，南部的自然条件与外高加索及南欧的地中海（Mediterranean Sea）沿岸国家相似。这里既有低于海平面几十米的低地，又有巍峨的高山山脉，山顶的积雪和冰川常年不化。年降水量荒漠地带不足 100 毫米，北部 300 ~ 500 毫米，山区 1000 ~ 2000 毫米。西南部属图兰低地和里海沿岸低地。中、东部属哈萨克丘陵，东缘多山地。温带大陆性气候。平原地区年降水量为 300 ~ 500 毫米。

4. 水文

哈萨克斯坦共有大小河流 8.5 万多条，国内湖泊众多，多达 4.8 万多个，拥有冰川约 2700 余座，主要的水体包括巴尔喀什湖、斋桑泊等。与乌兹别克斯坦共分咸海，西临里海，多数湖泊为咸水湖。境内的河流多数为内流河，主要有额尔齐斯河、锡尔河、乌拉尔河等。哈萨克斯坦的半荒漠和荒漠大多都在西南部，北部自然环境类似俄罗斯，较为湿润，北部和里海地区均可接受来自海洋的水汽。有温带大陆性气候，高山气候类型。冬天寒冷，夏天炎热，但山区高峰终年积雪，年降水量可达 1000 毫米。气候各个地区相差很大，首都阿斯塔纳，冬天最低温度可达 -40℃ 以下，常有 4 ~ 5 级大风，原首都阿拉木图气温最低达 -20℃ 左右，极少有风。

哈萨克斯坦是一个自然灾害多发的国家。如里海的水平面升高，地震，以及在水文气象方面发生的自然灾害。从 1978 年开始，里海的水平面以年均 0.14 米的速度升高，现在已经升高了近 3 米。

5. 资源

哈萨克的资源非常丰富，已探明的矿藏有 90 多种。铀、铜、铅、锌、铬的储量丰富，此外煤、铁、石油、天然气、铝土矿、磷灰石等也十分丰富。其中铀（Uranium）——用于核燃料和制造核武器——的产量位居世界第一，被称为"铀库"。钨储量占世界第一位，铬和磷矿石占第二位。铜、铅、锌、钼和磷的储量占亚洲第一位。已探明的石油储量达 40 亿吨，煤储量为 39.4 亿吨，天然气储量为 3 万亿立方米。森林和营造林 2170 万公顷。地表水资源 530 亿立方米。湖泊和水库 4.8 万多个。

6. 政区

（1）行政区划

全国共分为 2 个直辖市和 14 个州。

2 个直辖市是阿拉木图（Alma‑ata）市和阿斯塔纳（Astana）市。

（2）首都

阿斯塔纳位于哈萨克斯坦中心位置而略偏北，处于俄罗斯裔居民密集的北部地区和哈萨克人为主的南部地区的分界线上，距原首都阿拉木图约 1300 多千米，人口约 80 万。阿斯塔纳在哈语中意为"首都"，在成为新首都之前，原名阿克莫拉（Akmola），1997 年 12 月 10 日正式取代阿拉木图成为首都，1998 年 5 月 6 日改为现名。

（二）经济

1. 工业

经济沿袭苏联传统模式以重型工业为主，重工业较为发达，轻工业较为落后，大部分日用消费品依靠进口。

哈萨克斯坦纺织工业基础薄弱，发展缓慢，本国加工能力仅占其棉产量的 15% 左右。哈萨克斯坦独立后一直坚持减少原料性产品出口、扩大深加工、提高其附加值、增加就业作为一项基本国策，而轻纺业是哈发展的重点领域。

近年来哈萨克工业突飞猛进，随着哈国家出台的工业化路线图的顺利实施，现今哈萨克能自主生产许多高科技工业产品，尤其是电子信息类更为突出，如国产平板电脑、国产智能手机、国产平板液晶电视等。

哈萨克斯坦拥有发达的化学工业，其企业能完成与生产武器有关的各部门的订货。例如，隶属于中型机械制造部（生产核武器）并作为核反应堆燃料粒主要生产者的乌尔巴冶金联合体还是核工业和火箭—航天工业常用的金属铍、氧化铍、钽的主要供应者。

哈萨克斯坦的航天技术较为发达，拜科努尔发射场（Baikonur Cosmodrome）是世界上最大的航天基地之一，它是亚洲第一个把人送上宇宙的国家，并协助俄罗斯和美国将航天员送上太空。

2. 农业

哈萨克斯坦是农业发达的国家，自然气候条件较好，耕地面积辽阔。苏联时期，哈萨克斯坦农业基本实现了规模化、机械化经营，为种植业和养殖业的发展奠定了较为坚实的基础。哈萨克斯坦独立后，推行以私有化为先导的农村改革，农民个人取得了土地的使用权和其他生产资料的所有权，原有的生产关系发生了很大变化。

哈萨克斯坦是世界主要粮食出口国之一。目前哈萨克斯坦可耕地约 2120 万公顷，大部分种植以春小麦为主的粮食作物。哈萨克斯坦也是世界产棉大国，棉花种植面积就约占 1/3，达 600 余万公顷，年产籽棉 400 万吨。棉花产量占世界第 4 位，出口占第 2 位，棉花是哈萨克斯坦主要出口创汇产品之一，约占出口收汇的 34%。棉花种植区域遍布全国各州，但主要集中在东部地区，西部沙漠多。此外还产水稻、甜菜、烟草等。农业生产最大极限可养活 10 亿人。

3. 畜牧业

哈萨克斯坦畜牧业极为发达。牧场占农业用地的 3/4。畜牧业由养羊、养牛、养马、养驼、养猪、养禽等部门组成。养羊业分布在全国各地，在南部、西部和东部特别发达，羊只总头数和羊毛产量在经济中均占重要地位。在东哈萨克斯坦、阿克莫拉州和南哈萨克斯坦州产细毛羊和卡拉库尔羊。养牛业在北部，养驼业在南部，在鲁德内阿尔泰山区有养鹿业。

4. 旅游业

旅游业尚不发达。旅游名胜集中在阿拉木图，主要有"麦迪奥"山、奇姆布拉克高山滑雪基地、科克托别电视塔、独立纪念碑、潘菲洛夫—28 勇士公园等。

5. 与中国关系

哈萨克斯坦共和国与中华人民共和国于 1992 年 1 月建交，双边关系一直稳步发展。中哈两国有着 1700 多千米的共同边界，历史遗留的边界问题已在 1999 年彻底解决。2011 年 6 月，中哈建立全面战略伙伴关系。建交 20 年来，中哈关系取得长足进展，两国政治上高度信任，高层交往频繁，互利合作成果丰硕，双方签署了《中哈睦邻友好合作条约》等一系列重要文件，为两国关系奠定坚实基础。

2012 年 3 月 31 日，温家宝总理与马西莫夫总理在北京举行了中哈总理第一次定期会晤。双方发表联合公报。中哈总理定期会晤机制是双方为推进中哈全面战略伙伴关系采取的一项重要举措，有利于加强对双方各领域交流与合作的统筹协调，推动解决重大问题，开拓新的合作领域。

（三）社会文化

1. 国家象征

（1）国旗

哈萨克斯坦国旗呈横长方形，长与宽之比为 2∶1。旗底为浅蓝色，旗面中间是一轮金色的太阳，其下有一只展翅飞翔的雄鹰。靠旗杆一侧有一垂直竖条，为哈萨克传统的金色花纹图案，常在哈萨克民族的地毯、服饰中见到，它显示出哈萨克人民的聪明和智慧。浅蓝色是哈萨克人民喜爱的传统颜色。金色太阳象征光明和温暖，雄鹰象征勇敢。哈萨克斯坦于 1991 年 12 月独立后采用此国旗。

（2）国徽

哈萨克斯坦国徽呈圆形。圆面中间是哈萨克人的毛毡帐篷圆顶图案，两侧为骏马，上端是一颗五角星，下端的饰带上用哈萨克文写着"哈萨克斯坦"。

图 2 - 24　哈萨克斯坦国旗　　　　图 2 - 25　哈萨克斯坦国徽

2. 人口

人口为 1716 万，由哈萨克、俄罗斯、乌克兰、乌兹别克、白俄罗斯、日耳曼、鞑靼、维吾尔、朝鲜等 140 个民族组成，其中哈萨克族占总人口的 64%，俄罗斯族占 23.7%。哈萨克语为国语，俄语在国家机关和地方自治机关与哈萨克语同为正式使用的官方语言。多数居民信仰伊斯兰教（逊尼派），此外还有东正教、基督教和佛教等。

3. 教育

哈萨克斯坦教育基础较好，全国基本无文盲。近年来，哈萨克斯坦教育改革力度加大，除中小学义务教育外，国立高校采取奖学金制和收费制两种方式。哈萨克斯坦目前中等教育为 11 年制，中小学哈萨克斯坦语学习时间 1 ~ 11 年级达到 57 学时/周，其中 33 所中小学使用哈、俄、英三语授课。哈萨克斯坦主要大学有：欧亚国家大学、哈萨克斯坦阿里法拉比国家大学、哈萨克斯坦阿拜国家师范大学、哈萨克斯坦国家技术大学、哈萨克斯坦国家农业大学、哈萨克斯坦国家医科大学。

（四）民俗风情

1. 姓名

哈萨克人的名字由两部分组成，前面一部分是本名，后面一部分是父亲的名字,如努尔苏丹·纳扎尔巴耶夫、萨特·托克帕克巴耶夫等。一般称呼时叫本名就可以了,在特殊场合或正式场合下必须用全称。他们没有姓,只有名,起名字有几种情形,一种是小孩刚出生时,父母亲用第一眼看到的东西为其命名;另一种是以小孩的出生地为其命名;更多的一种是用《古兰经》里的人物、本民族或本部落的祖先、英雄的名字为其命名。而女孩子的名字多以花草、金银宝石、明星月亮、《古兰经》里的女性名为其命名。当然,现在的年轻人很多用现代新名词命名。

2. 服饰

由于哈萨克斯坦地处高寒地带,冬天时间较长,气温较低,所以,牧民们冬天都要穿皮衣,有的皮衣是用羊皮制成,有的皮衣是用狐皮制成。男人服饰一般有两种,一种有外罩,一种没有外罩。有外罩的皮上衣叫依什克,没有外罩的皮上衣叫托恩。外罩多用黑色的条绒布制作,托恩又宽又大又长,晚上可以当被子盖在身上。裤子用羊皮缝制,肥大,便于骑马。头上戴的帽子叫图马克,用狐皮或羊羔皮制成,两面有两个耳朵,后面还有个长尾巴,有四个棱角。脚穿长筒靴和毡袜,有时也穿包头低跟靴,便于狩猎。夏天,牧民们剃光头,穿布衣。内衣领高,绣花边,外套坎肩,有的还穿裌袢,即长襟大衣。裤子肥大,裤角有绣花纹。脚穿"皮窝子",即生牛皮简易制作的。现在多为薄底鞋,并用裹脚布。腰里经常束一条带花纺的牛皮腰带。

哈萨克女性的服饰种类多、式样多。未出嫁的女子常戴硬壳帽,帽子有上下沿,下大上小,帽顶绣花,插几根羽毛,这种叫塔合亚的帽子很特别,很流行。还有一种叫标尔克的帽子,是用绸缎或布或皮制作的圆形帽子,顶处有绣花,还有彩珠、玛瑙、羽毛作装饰物。女性多穿连衣裙,袖子上绣有花纹,下摆褶多,外穿裌袢,是坎肩式截袖。脚穿皮靴。

现在的年轻人外出时穿西服、中山装的逐渐多了起来。年轻妇女也多穿西服上衣和裙子,衣料质地都较高。

3. 饮食

哈萨克人的主要食物是牛羊肉、奶、面食、蔬菜等,习性和欧洲基本相同。最常喝的饮料是奶茶和马奶。

哈萨克人的传统食品是羊肉、羊奶及其制品,最流行的菜肴是手抓羊肉。哈萨克语把手抓羊肉叫"别什巴尔马克",意思是"五指",即用手来抓着吃,这也是特色美食。

在哈萨克,最诱人的还是马肠肉了,在严冬时节,许多住在北方严寒地区的人们都以食马肉抗寒。

4. 婚丧喜庆礼仪

过去,哈萨克人的婚事由父母决定。现在,很多年轻人自由恋爱结婚。当男女双方决定了终身大事以后，按照他们的习惯，男方要向女方送订婚礼，女方要举行订婚仪式，仪式很隆重，要宰杀羊来待客，宰杀的羊不能是纯白色，最好选取红毛白头或黄毛白头的羊。之后要选择吉祥日子，女婿要亲自把聘礼送往女方家。这样男女双方就可以公开往来走动了。

结婚仪式很特别，新郎在亲友陪同下去迎娶亲娘时，要牵一头牲畜交给新娘的父母，他们再将这头牲畜转交给另一家人，由这家人来款待客人。仪式进行中，要对唱、嬉闹一番，末了唱《劝嫁歌》，当新娘听到此歌后，就大声哭泣。新娘要离开时，先唱《告别歌》。迎亲队伍要把新娘先送到事先准备好的邻居家或哥嫂家。典礼开始后，新娘在伴娘的陪同下，到公婆毡房里举行拜火仪式，并由主持人祝词。在这个过程中，有一个拿嫩枝的男人，即拿着彩色布条做成的马鞭，唱着《揭面纱歌》；新娘的婆婆把糖果、奶疙瘩、包尔萨克等食品混合而成的叫"沙修"的东西撒向来宾，新娘向亲戚、客人一一行礼。最后把新娘的面纱揭开，全场起舞、歌唱，仪式达到高潮。

5. **禁忌**

哈萨克人最早信仰萨满教，后来又改信伊斯兰教，但因他们是游牧民族，人口分散，居住不定，经常随草场和季节迁徙，所以伊斯兰教对其影响并不太大，故有许多禁忌是属于萨满教的遗留。如对火表示敬意，不准用脚踩或打或吐唾沫；对树木、青草也特别爱护，不准砍拔；严禁射杀天鹅等鸟类。走路时遇到羊群要绕过，不准穿过羊群；不准当着主人的面数牲畜，不准跨过拴牲畜的绳子，牲畜的头部不能打，骑马到毡房时必须慢步走到。在毡房里不坐床，只能穿着鞋子盘腿坐在地毯上。不能当着老人的面喝酒，更不能插话。不能当着父母的面称小孩胖、好看等。吃饭时要一小块一小块地送到口里，不准乱扔食物，餐布上有食物的地方都不准跨过。当有人作"乃玛孜"（伊斯兰教的一种宗教仪式）时，不能在其面前走动，也不要高声说笑。新婚媳妇不准见公公或年龄比丈夫大些的男性亲戚，如碰到时，立刻转身掩面。

第五节　大洋洲客源国概况

一、大洋洲概述

大洋洲（Oceania）位于太平洋西南部和南部、赤道南北的广大海域中。在亚洲和南极洲之间，西邻印度洋，东临太平洋，并与南北美洲遥遥相对。大洋洲一般包括澳大利亚大陆、塔斯马尼亚岛、新西兰南北二岛、新几内亚岛，以及波利尼西亚、中部的密克罗尼西亚和西部的美拉尼西亚三大群岛。共有10000多个岛屿。在地理上划分为澳大利亚、新西兰、新几内亚、美拉尼西亚、密克罗尼西亚和波利尼西亚六区。

大洋洲是亚非之间与南、北美洲之间船舶、飞机往来所需淡水、燃料和食物供应站，又是海底电缆的交汇处，在交通和战略上具有重要地位。大洋洲陆地总面积约 897 万平方千米。大洋洲有 14 个独立国家：澳大利亚联邦（The Commonwealth of Australia）、巴布亚新几内亚独立国（Papua New Guinea）、斐济群岛共和国（The Republic of Fiji）、基里巴斯共和国（The Republic of Kiribati）、马绍尔群岛共和国（The Republic of the Marshall Islands）、密克罗尼西亚联邦、瑙鲁共和国（The Republic of Nauru）、帕劳共和国（The Republic of Palau）、萨摩亚独立国（The Independent State of Samoa）、所罗门群岛（The Solomon Islands）、汤加王国（The Kingdom of Tonga）、图瓦卢（Tuvalu）、瓦努阿图共和国（The Republic of Vanuatu）、新西兰（New Zealand）。其余十几个地区尚在美、英、法等国的管辖之下。

大洋洲人口有 2900 万，约占世界人口的 0.5%，是除南极洲之外，世界人口最少的一个洲。全洲 65% 的人口分布在澳大利亚大陆。各岛国人口密度差异显著。巴布亚人、澳大利亚人、塔斯马尼亚人、毛利人、美拉尼西亚人、密克罗尼西亚人和波利尼西亚人等当地居民约占总人口的 20%，欧洲人后裔约占 70% 以上，此外还有混血种人、印度人、华人和日本人等。土著居民为黄种人和黑种人。由于大洋洲人口数量比较少，经济总量不大。

大洋洲绝大部分居民使用英语，三大群岛上的当地居民分别使用美拉尼西亚语、密克罗尼西亚语和波利尼西亚语。

大洋洲居民绝大部分信奉基督教，少数信奉天主教，印度人多信仰印度教。

二、澳大利亚

澳大利亚（Australia），全称澳大利亚联邦（The Commonwealth of Australia），是南半球经济最发达的国家。澳大利亚是一个移民国家，奉行多元文化。澳大利亚也是一个体育强国，是全球多项体育盛事的常年举办国。澳大利亚有多个城市曾被评为世界上最适宜居住的地方之一。

（一）地理

1. 位置

澳大利亚位于南半球，面积居世界第六，仅次于俄罗斯、加拿大、中国、美国和巴西。它东临太平洋，西临印度洋，由澳大利亚大陆和塔斯马尼亚（Tasmania）等岛屿组成。澳大利亚四面临海，东南隔塔斯曼海（Tasman Sea）与新西兰为邻，北部隔帝汶海（Timor Sea）和托雷斯海峡（Torres Strait）与东帝汶、印度尼西亚和巴布亚新几内亚相望。面积 769.2 万平方千米，占大洋洲的绝大部——海岸线长 36735 千米。虽四面环水，可沙漠和半沙漠却占全国面积的 70%。在东部沿海有全世界最大的珊瑚礁群——大堡礁（Great Barrier Reef）。

2. 地形

澳大利亚的地形很有特色。西部和中部有崎岖的多石地带、浩瀚的沙漠和葱郁的平顶山峦，东部有连绵的高原，全国最高峰科修斯科山（Kosciusko）海拔 2230 米，在靠海处是狭窄的海滩缓坡，缓斜向西，渐成平原。沿海地区到处是宽阔的沙滩和葱翠的草木，那里的地形千姿百态：在悉尼市西面有蓝山山脉（Blue Mountains）的悬崖峭壁，在布里斯班（Brisbane）北面有葛拉思豪斯山脉高大、优美而历经侵蚀的火山颈，而在阿德莱德市（Adelaide）西面的南海岸则是一片平坦的原野。

澳大利亚的大部分国土，约 70% 属于干旱或半干旱地带，中部大部分地区不适合居住。澳大利亚有 11 个大沙漠，它们约占整个大陆面积的 20%。由于降雨量很小，大陆 1/3 以上的面积被沙漠覆盖。澳大利亚是世界上最平坦、最干燥的大陆，中部洼地及西部高原均为气候干燥的沙漠，中部的艾尔湖（Eyre Lake）是澳大利亚的最低点，湖面低于海平面 15 米。能作畜牧及耕种的土地只有 26 万平方千米。沿海地带，特别是东南沿海地带，适于居住与耕种。这里丘陵起伏，水源丰富，土地肥沃。除南海岸外，整个沿海地带形成一条环绕大陆的"绿带"，正是这条绿带养育了这个国家。

3. 气候

澳大利亚地处南半球，12 月至次年 2 月为夏季，3—5 月为秋季，6—8 月为冬季，9—11 月为春季。澳大利亚大陆跨 2 个气候带，北部属于热带气候，每年 4—11 月是雨季，11 月到第二年的 4 月是旱季，由于靠近赤道，1—2 月是台风期。澳大利亚南部属于温带气候，四季分明。澳洲内陆是荒无人烟的沙漠，干旱少雨，气温高，温差大；相反在沿海地区，雨量充沛，气候湿润，呈明显的海洋性。

4. 水文

墨累河（Murray River）和达令河（Darling River）是澳大利亚最长的两条河流。这两个河流系统形成墨累—达令盆地（Murray – Darling Basin），面积约 100 多万平方千米，相当于大陆总面积的 14%。艾尔湖（Eyre Lake）是靠近大陆中心一个极大的盐湖，面积超过 9000 平方千米，但长期呈干涸状态。

澳大利亚是全球最干燥的大陆，饮用水主要是自然降水，并依赖大坝蓄水供水。政府严禁使用地下水，因为地下水资源一旦开采，很难恢复。

5. 资源

澳大利亚的矿产资源、石油和天然气都很丰富，矿产资源至少有 70 余种。

其中，铝土矿储量居世界首位，占世界总储量 35%。澳大利亚是世界上最大的铝土、氧化铝、钻石、铅、钽生产国，黄金、铁矿石、煤、锂、锰矿石、镍、银、铀、锌等的产量也居世界前列。同时，澳大利亚还是世界上最大的烟煤、铝土、铅、钻石、锌及精矿出口国，第二大氧化铝、铁矿石、铀矿出口国，第三大铝和黄金出口国。已探明的有经济开采价值的矿产蕴藏量：铝矾土约 31 亿吨，铁矿砂 153 亿吨，烟煤 5110 亿吨，褐煤 4110 亿吨，铅 1720 万吨，镍 900万吨，银 40600 吨，钽 18000 吨，锌 3400 万吨，铀 61 万吨，黄金 4404 吨。澳大利亚原油储量 2400 亿公升，天然气储量 13600 亿立方米，液化石油气储量1740 亿公升。森林覆盖面积占国土面积的 20%，天然森林面积约 1.55 亿公顷（2/3 为桉树），用材林面积 122 万公顷。

6. 政区

（1）行政区划

澳大利亚全国分为 6 个州（State）和 2 个领地（Territorry）。6 个州分别是1901 年之前曾各自独立的英国殖民区，其他没有被当时的殖民区管辖的地方，在 1901 年之后就成为联邦政府直接管辖的领地。6 个州是：新南威尔士（New South Wales）、维多利亚（Victoria）、昆士兰（Queensland）、南澳大利亚（South Australia）、西澳大利亚（Western Australia）、塔斯马尼亚；2 个领地是：北部地方（Northern Territory）、首都直辖区（Capital Territory）。

（2）首都

澳大利亚首都堪培拉（Canberra），人口约 31 万。堪培拉位于悉尼（Sydney）和墨尔本（Melbourne）之间。

（二）经济

1. 工业

澳大利亚以制造业、建筑业和矿业为主。制造业产值为 1108 亿澳元，占GDP 的 8.7%。建筑业和矿业产值分别为 900 亿澳元和 1210 亿澳元，分别占国内生产总值 7.2% 和 9.5%。

2. 农牧业

澳大利亚农牧业发达，羊只数量占全世界总数的 1/6，羊毛产量世界第一，素有"骑在羊背上的国家"之称。澳大利亚工业的现代化造就了现代化的大牧场；农牧业产品的生产和出口在国民经济中占有重要位置，是世界上最大的羊毛和牛肉出口国。农牧业用地 4.4 亿公顷，占全国土地面积的 57%。主要农作物有小麦、大麦、油菜子、棉花、蔗糖和水果。

3. 渔业

澳大利亚的渔业资源丰富，捕鱼区面积比国土面积还多 16%，是世界上第三大捕鱼区,有 3000 多种海水和淡水鱼以及 3000 多种甲壳及软体类水产品,其中已进行商业性捕捞的约 600 种。最主要的水产品有对虾、龙虾、鲍鱼、金枪鱼、扇贝、蚝、牡蛎等。

4. 服务业

服务业是澳大利亚经济最重要和发展最快的部门。经过 30 年的经济结构调整,已成为国民经济支柱产业,占国内生产总值 80% 以上。产值最高的行业是房地产及商务服务业、金融保险业。

5. 对外贸易

澳大利亚对国际贸易依赖较大。澳大利亚与 130 多个国家和地区有贸易关系。目前,澳大利亚主要贸易伙伴依次为中国、日本、美国、韩国、印度、新加坡、英国、新西兰、泰国、德国等。

6. 交通运输

澳大利亚交通十分便捷,飞机、火车和汽车是主要的交通工具。国际水、空运输业发达。悉尼是南太平洋主要交通枢纽。

（1）航空

澳大利亚有 261 个机场,其中 12 个属于国际机场,为国际航空公司的班机提供服务。主要的国际机场分布在悉尼、墨尔本、布里斯班、珀斯（Perth）、霍巴特（Hobart）、阿德莱德、凯恩斯（Cairns）和达尔文（Darwin）。澳大利亚航空业务主要由昆达士航空公司（Qantas Airways）和维珍蓝航空公司（Virgin Blue）主导。

（2）铁路

澳大利亚铁路运营网总长约 4.4 万千米,连接着各主要城市,其中电气化铁路 5290 千米。铁路年客运量为 6.29 亿人次,货运量 5.08 亿吨。货运的主要货品是铁矿石、煤炭和农牧业产品。

（3）公路

澳大利亚有发达的公路网。各州首府之间有高速公路相通,绝大多数的高速公路是免费的。

7. 旅游业

旅游业是澳大利亚发展最快的行业之一。近年来,海外游客来澳大利亚人数总体呈上升趋势,但仍以国内游客为主。新西兰是澳大利亚最大的海外游客来源国,其次是英国、美国和中国。

澳大利亚旅游资源丰富,著名的旅游城市有悉尼、墨尔本、布里斯班、阿德莱德、珀斯、大堡礁、黄金海岸（Australia Gold Coast）和达尔文等。主要的名胜古迹有红色巨岩——艾尔斯岩石（Ayers Rock）、世界海洋遗产——大堡礁、维多利亚大洋路（Great Ocean Road）、中部沙漠的波浪岩（Wave Rock）、昆士兰热带雨林（Rainforest in Queensland）、蓝山国家公园（Blue Mountains National Park）、悉尼歌剧院（Sydney Opera House）、菲利普岛自然公园（Philip Island Nature Park）等。

8. 中澳关系

1972 年 12 月 21 日，澳大利亚联邦与中华人民共和国建交。建交以来，中澳关系稳步发展，两国高层互访不断，经贸关系持续、稳定发展，也保持着良好的发展势头。中国已是澳大利亚第一大贸易伙伴、第一大进口来源地和第一大出口市场，澳大利亚是中国第八大贸易伙伴。

（三）社会文化

1. 国家象征

（1）国旗

澳大利亚国旗呈横长方形，长与宽之比为 2∶1。旗底为深蓝色，左上方是红、白"米"字，"米"字下面为 1 颗较大的白色七角星。旗地右边为 5 颗白色的星，其中 1 颗小星为五角，其余均为七角。澳大利亚为英联邦成员国，英国女王为澳大利亚的国家元首。国旗的左上角为英国国旗图案，表明澳大利亚与英国的传统关系。一颗最大的七角星象征组成澳大利亚联邦的 6 个州和联邦区（北部地区和首都直辖区）。5 颗小星代表南十字星座（是南天小星座之一，星座虽小，但明亮的星很多），为"南方大陆"之意，表明该国处于南半球。

图 2 - 26　澳大利亚国旗

图 2 - 27　澳大利亚国徽

（2）国徽

澳大利亚国徽左边是一袋鼠，右边是一只鸸鹋，这两种动物均为澳大利亚所特有，是国家的标志，民族的象征，中间是一个盾，盾面上有 6 组图案分别象征这个国家的 6 个州。红色的圣乔治十字形（十字上有一只狮子、四颗星），象征新南威尔士州；王冠下的南十字形星座代表维多利亚州；蓝色的马耳他十字形代表昆士兰州；伯劳鸟代表南澳大利亚州；黑天鹅象征西澳大利亚州；红色狮子象征塔斯马尼亚州。盾形上方为 1 枚象征英联邦国家的七角星。周围饰以澳大利亚国花金合欢，底部的绶带上写着国名澳大利亚（Australia）。

2. 人口

澳大利亚人口总数约 2327 万，其中英国及爱尔兰后裔约占 74%，亚裔约占 5%，土著居民约占 2.7%，其他民族约占 18.3%，英语为官方语言。澳大利亚是一个宗教自由的国家，各种宗教信仰，包括基督教、天主教、印度教、犹太教、伊斯兰教和佛教等在这个国家并存。大多数信仰基督教。

澳大利亚是典型的移民国家，被社会学家喻为"民族的拼盘"。自英国移民踏上这片美丽的土地之日起，已先后有来自世界 120 个国家、140 个民族的移民到澳大利亚谋生和发展。多民族形成的多元文化是澳大利亚社会一个显著特征。

3. 教育

澳大利亚教育主要由州政府负责。中小学和技术教育学院由各州或领地的教育部负责管理。联邦政府只负责给全澳大学和高等教育学院提供经费、制定和协调教育政策。学校分公立、私立两种。凡澳大利亚的公民和永久居民，均享受免费的中小学教育。澳大利亚广泛进行职业培训教育，重视师资队伍建设，科技教育发展迅速。

澳大利亚教育体系包括：①学龄前教育；②中小学；③由技术与继续教育学院（TAFE）构成的职业教育与培训系统；④为海外学生提供英语课程的英语补习学校（ELICOS）；⑤开设商业、饭店管理、航空驾驶等职业课程的私立学校；⑥大学。

著名大学有澳大利亚国立大学、堪培拉大学、墨尔本皇家理工学院、格里菲斯大学、墨尔本大学、悉尼大学、新南威尔士大学、莫那什大学、默多克大学、麦夸里大学、新州理工学院等。

4. 体育

澳大利亚是体育运动大国，体育在全国相当普及。国际运动竞技场上，澳大利亚的板球、曲棍球、篮网球、橄榄球和联盟式橄榄球具有一流水平；自行车、赛艇、游泳也名列世界前茅。国内其他流行运动还有澳式足球、足球、赛马、赛车、网球、篮球、高尔夫球和田径。

澳大利亚本土举办过两次奥运会，1956 年墨尔本奥运会和 2000 年悉尼奥运会。澳大利亚在奥运会的奖牌数量长期高居世界前 5 名，游泳和田径项目通常带来许多奖牌。此外，澳大利亚是全球网球运动的圣地之一，四大满贯之一的澳大利亚网球公开赛每年一月在墨尔本公园（Melbourne Park）举行。墨尔本的阿尔伯特公园赛道则是一级方程式赛车（Formula One，F1）每年的第一个比赛分站。

澳式足球为澳大利亚特有，澳大利亚澳式足球联盟（AFL）举行的比赛极受欢迎。近年来英式足球（soccer）亦迅速普及，建立了 A - League 英式足球联赛。澳大利亚国家足球队近年来成为澳大利亚最受欢迎的集体运动队伍之一。

澳大利亚是网球大国，有多位得过大满贯赛事的网坛巨星，如柏·卡殊、罗德·拉沃、帕特里克·拉夫特、莱顿·休伊特、艾丽西亚·莫利克、萨曼莎·斯托瑟、玛格丽特·考特、约翰·纽康姆等。伊恩·詹姆斯·索普是澳大利亚游泳巨星，曾获得 5 枚奥运金牌，是澳大利亚迄今的最高纪录。著名的游泳运动员还有格兰特·哈克特、乔迪·亨利、莉比·伦顿、艾丽斯·米尔斯、彼得利亚·托马斯等。

澳大利亚的体育俱乐部分散于全国各地，一些高中和大学的运动俱乐部为国家培养了大多数的运动精英。

（四）民俗风情

1. 姓名

澳大利亚居民主要为英国移民的后裔，因此大多数澳大利亚人的姓名与英国人相同，都是名在前。如澳大利亚小说家帕特里克·维克托·马丁代尔·怀特（Patrick Victor Martindale White，1912—1990），"帕特里克"（Patrick）是教名，"维克托"（Victor）和"马丁代尔"（Martindale）是自选名，"怀特"（White）是姓氏。

澳大利亚有三大姓氏：史密斯（Smith）、琼斯（Jones）、威廉姆斯（Williams）。妇女结婚后应当改姓夫姓，如加雷思·约翰·埃文斯（Gareth John Evans）的夫人梅朗·埃文斯（Merran Evans）。

2. 服饰

澳大利亚人的服饰与西欧人一样，均为西装革履。有的原住民佩戴臂环、项圈、前额箍和骨制鼻针。节日时，他们还在身上涂上各种颜色。

3. 饮食

澳大利亚人一般喜欢吃牛肉、羊肉、鸡、鸭、蛋、野味等。菜要清淡，讲究花样，不吃辣，对中国菜颇感兴趣。爱吃各种煎蛋、炒蛋、冷盘、火腿、虾、鱼、西红柿等。西餐喜欢吃奶油烤鱼、炸大虾、什锦拼盘、烤西红柿等。

4. 礼仪和禁忌

澳大利亚人很讲究礼貌，在公共场合不大声喧哗。在银行、邮局、公共汽车站等公共场所，都是耐心等待，秩序井然。握手是一种相互打招呼的方式，拥抱亲吻的情况罕见。澳大利亚同英国一样有"妇女优先"（Lady First）的习惯；他们非常注重公共场所的仪表，男子大多数不留胡须，出席正式场合时西装革履，女性是西服上衣西服裙。澳大利亚人的时间观念很强，约会必须事先联系并准时赴约，最合适的礼物是给女主人带上一束鲜花，也可以给送男主人一瓶葡萄酒。澳大利亚人待人接物都很随和。

澳大利亚人对兔子特别忌讳，认为兔子是一种不吉利的动物，人们看到它都会感到倒霉。与他们交谈时，可谈旅行、体育运动及到澳大利亚的见闻。

5. 特产

澳大利亚特产包括澳宝（澳大利亚特产宝石）、羊皮、牛皮、绵羊油、葡萄酒、红酒、白酒、动物玩具、原住民艺术作品、艺术画作等。

澳大利亚毛线和毛衣种类繁多，色彩各异，价钱适中。特别是羊皮做的皮袄或皮夹克，柔软舒服，轻松暖和。羊毛毯，羊毛也十分受来自较冷国家游客的喜爱。

用澳大利亚特有动物袋鼠、鳄鱼的皮制成手袋、提包、皮鞋、手套、皮带等特色用品可以在任何城市的购物中心买到，它们大都用料上乘，做工精细，但款式较传统，价格不菲。

西澳阿基勒出产的澳宝，色彩繁多，有黄白、褐色、绿、蓝、红、紫多种色彩。阿基勒的粉红色宝石驰名世界，价格不菲。

澳大利亚的手工艺十分发达，手工艺品主要有艺术陶瓷、编织制品、玻璃艺术品、皮革制品、珠宝饰物等。

澳大利亚土著工艺品集中表现了土著人在澳大利亚数万年的历史和文化。这些工艺品包括飞去来器、树皮画、布画、木雕、木吹乐器等。

三、新西兰

新西兰（New Zealand），又译纽西兰，属于发达国家。过去 20 年，新西兰经济成功地从农业为主，转型为具有国际竞争力的工业化自由市场经济。鹿茸、羊肉、奶制品和粗羊毛的出口值皆为世界第一。新西兰气候宜人，环境清新，风景优美，旅游胜地遍布，森林资源丰富，地表景观富变化，生活水平也相当高。

（一）地理

1. 位置

有"长白云之乡"（The Land of the Long White Cloud）美誉的新西兰属于大洋洲（Oceania），位于太平洋西南部，是个岛屿国家，由北岛、南岛、斯图尔特岛（Stewart Island）及其附近一些小岛组成。新西兰两大岛屿以库克海峡（Cook Strait）分隔，南邻南极洲（Antarctica），北与斐济（FiJi）及汤加（Tonga）相望，西隔塔斯曼海与澳大利亚相望。面积 26.8 万平方千米。专属经济区 120 万平方千米，水域面积占 2.1%，国土长 1600 千米，东西最宽处宽 450 千米。海岸线长 6900 千米。

2. 地形

新西兰境内多山，山地和丘陵占其总面积 75% 以上。北岛多火山和温泉，南岛多冰河与湖泊。北岛第一峰鲁阿佩胡火山（Mount Ruapehu）高 2797 米，火山上有新西兰最大的湖泊陶波湖（Lake Taupo），面积 616 平方千米。南岛横跨南纬 40°~47°，岛上有全国第一峰库克山（Mount Cook）。南阿尔卑斯山中的弗朗茨·约瑟夫冰川和福克斯冰川，是世界上海拔最低的冰川。山外有一系列冰川湖，其中蒂阿瑙湖（Lake Te Anau）面积 342 平方千米，是新西兰第二大湖。苏瑟兰瀑布，落差 580 米，居世界前列。岛的西南端有世界第四大公园的米佛峡湾国家公园（Milford Sound National Park），公园内奇峰突兀。

3. 气候

新西兰属温带海洋性气候，四季温差不大，季节与北半球相反。新西兰的 12 月至次年 2 月为夏天，6—8 月为冬天。夏季平均气温 25℃，冬季 10℃，全年温差一般不超过 15℃。各地年平均降雨量为 400~1200 毫米。

4. 资源

矿藏主要有煤、金、铁矿、天然气，还有银、锰、钨、磷酸盐、石油等，但储量不大。石油储量 3000 万吨，天然气储量为 1700 亿立方米。森林资源丰富，森林面积 810 万公顷，占全国土地面积的 30%，其中 630 万公顷为天然林，180 万公顷为人造林，主要产品有原木、圆木、木浆、纸及木板等。

5. 政区

（1）行政区划

全国共分为 11 个大区，5 个单一辖区设有 67 个地区行政机构，其中包括 13 个市政厅、53 个区议会和查塔姆群岛（Czatham Islands）议会。

（2）首都及重要城市

①惠灵顿

惠灵顿（Wellington）是地球上最靠南的首都。城市面积 266.25 平方千米，人口约 50 万，市区人口约 20 万。平均气温夏季 16℃左右，冬季 8℃左右。

②奥克兰

奥克兰（Auckland）位于新西兰北岛，依海而建，景色优美，是新西兰第一大城市，人口约 110 万。奥克兰四周被海洋和火山环抱，有美丽的港湾和壮观的大桥，这里吸引了世界各国的帆船爱好者，每年 1 月的帆船竞赛场面十分壮观。奥克兰是全世界拥有私人船只比例最高的城市，有"帆船之都"的美誉。

③皇后镇

皇后镇（Queenstown）依瓦卡蒂普湖（Lake Wakatipu），紧靠南阿尔卑斯山

（Southern Alps），曾以淘金闻名于世，现在是新西兰旅游观光胜地。旅游设施完备，交通方便，是钓鱼、滑水、泛舟的好地方；有各式商店、销售地道的工艺品、首饰精品；有许多中国餐馆，深受游客的青睐。皇后镇的特有旅游项目是蹦极、漂流、滑雪、喷射快艇、骑马等。市内旅游咨询中心林立，景点却集中在郊外。

④基督城

基督城（Christchurch，音译名称"克莱斯特彻奇"）是南岛第一大城市，新西兰第三大城市，世界第一流的"花园城市"，以"英国之外，最像英国的城市"著称，它同时也是进入南极的门户。基督城被特殊的地形所环绕，东边的半岛地形，其海岸线由高耸的球形火山所形成，在西边可以看到在坎特伯雷平原上的南阿尔卑斯山。

（二）经济

1. 工业

以农林牧产品加工为主，主要有奶制品、毛毯、食品、酿酒、皮革、烟草、造纸和木材加工等轻工业，产品主要供出口。近年来，新西兰的食物加工技术、电讯、塑料、纺织、林木制品、电子、登山用品与服饰等方面的竞争力也越来越强。

2. 农业

农业高度机械化。主要农作物有小麦、大麦、燕麦、水果等。粮食不能自给，需从澳大利亚进口。

3. 畜牧业

畜牧业发达，是新西兰经济的基础，乳制品与肉类是新最重要的出口产品。新西兰还是世界上最大的鹿茸生产国和出口国，生产量占世界总产量的30%。畜牧业用地为1352万公顷，占国土面积的一半。羊肉、奶制品、粗羊毛的出口量均居世界第一位。

4. 渔业

新西兰渔产丰富，是世界第四大专属经济区，200海里专属经济区内捕鱼潜力每年约50万吨。专属经济区海域每年商业性捕捞和养殖鱼、贝类60万～65万吨，其中超过半数供出口。

5. 林业

森林面积810万公顷，其中自然林630万公顷，人造林180万公顷。主要出口产品有原木、木浆、纸及木板等，主要出口市场为澳大利亚、日本、中国、韩国、美国、印度尼西亚、中国台湾等。

6. 旅游业

新西兰环境清新、气候宜人、风景优美、旅游胜地遍布全国。新西兰的地表景观富于变化,北岛多火山和温泉,南岛多冰河和湖泊。其中,北岛的鲁阿佩胡火山和周围14座火山的独特地貌形成了世界罕见的火山地热异常带。这里分布着1000多处高温地热喷泉。这些千姿百态的沸泉、喷气孔、沸泥塘和间歇泉形成了新西兰的一大奇景。旅游业收入约占新西兰国内生产总值的10%,是仅次于乳制品业的第二大创汇产业。

1901年2月1日,新西兰政府成立全球第一个致力于旅游业的政府部门——新西兰旅游局。成立之初只有5000名国外观光客,如今每年有230多万名来自海外的游客拜访新西兰,旅游业也成为新西兰最大的外汇来源之一。旅游业每年为新西兰带来超过66亿纽币的收入,这个数字仍在快速成长中。澳大利亚是新西兰旅游的最大市场,每年约有87.5万游客来自澳大利亚。新西兰还有一项更明智的投资——"新西兰旅游奖"(New Zealand Tourism Awards)。"新西兰旅游奖"表明该奖项的获得者可以提供最独特、高品质的旅游体验。看到旅游奖的银蕨(koru)标志,意味着您可以得到新西兰最好的旅游产品、体验和服务。

新西兰的风景名胜主要有14个国家公园、伊甸山(Mount Eden)、毛利文化村(Maori village)、天空塔(Sky Tower)、海港大桥、库克山(Mt. Cook)等。

7. 中新关系

1972年12月22日,新西兰与中华人民共和国建交。此后两国友好合作关系不断发展。近年来,双边经贸关系发展迅速。中国目前是新西兰最重要的贸易伙伴之一。新西兰是第一个承认中国市场经济地位的发达国家,也是第一个与中国开展双边自由贸易协定谈判的发达国家。

(三)社会文化

1. 国家象征

(1)国旗

新西兰国旗呈横长方形,长与宽之比为2:1。旗底为深蓝色,左上方为英国国旗红、白色的"米"字图案,右边有四颗镶白边的红色五角星,四颗星排列均不对称。新西兰是英联邦成员国,红、白"米"字图案表明同英国的传统关系;四颗星表示南十字星座,表明该国位于南半球,同时还象征独立和希望。

(2)国徽

新西兰国徽中心图案为盾徽。盾面上有五组图案;四颗五角星代表南十字星座,象征新西兰;麦捆代表农业;羊代表该国发达的畜牧业;交叉的斧头象征该国的工业和矿业;三只扬帆的船表示该国海上贸易的重要性。盾徽右侧为手持武器的毛利人，左侧是持有国旗的欧洲移民妇女；上方有一顶英国伊丽莎白女王二世加冕典礼时用的王冠，象征英国女王是新西兰的国家元首；下方为新西兰蕨类植物，绶带上用英文写着"新西兰"。

图 2-28　新西兰国旗

图 2-29　新西兰国徽

2. 人口

全国人口约 435 万人。其中，欧洲移民后裔约占 67.6%，毛利人约占 14.6%，亚裔约占 9.2%，太平洋岛国裔约占 6.9%。新西兰约 70% 的居民信仰基督教新教和天主教。官方语言为英语（English）和毛利语（Maori）。

3. 教育

新西兰的教育体制被视为世界上最好的教育体制之一，他们通过学校、大学、技工学院和其他教育机构提供高质量教育，新西兰的教育体系源于英国的传统教育体制，全国实行统一的教育体系，教育经费开支占政府开支第三位。

国立中小学实行免费教育，入学年龄为 5 岁；对 6~15 岁青少年进行义务教育。上完中学的学生可以继续接受高等教育和培训，这可以在理工学院、教育学院、大学和私立培训机构进行，学生需要为他们的高等教育缴纳学费。

著名学府有奥克兰大学（University of Auckland）、奥克兰理工大学（Auckland University of Technology）、惠灵顿维多利亚大学（Victoria University of Wellington）、梅西大学（Massey University）、坎特伯雷大学（University of Canterbury）、林肯大学（Lincoln University）、奥塔哥大学（University of Otago）、怀卡托大学（The University of Waikato）。

4. 文化

（1）哈卡

毛利人有一种独特的舞蹈，被称为"哈卡"（Haka），这种舞蹈来源于古毛利土著武士的战舞，男女舞蹈的具体方式有所不同。新西兰国家橄榄球队在每次开场比赛前，总是集体表演这种舞蹈，用以鼓舞士气。

（2）文学

有许多新西兰作家将毛利文化与传说写进英文文学作品中。凯莉·胡姆

（Keli Hulme）以极具创意的小说《骨人》（The Bone People）而获得权威的布克文学奖的肯定。也有作家结合了两种文化，创造出别具特色的新西兰文学，其中包括派翠西亚·葛雷丝（Patlicia Grace）、维提·伊希玛埃拉（Witi Ihimaela）和洪内·图华雷（Hone Tuwhale）。

5. 体育

（1）橄榄球

橄榄球（Rugby）是新西兰最受欢迎、影响最大的体育运动，新西兰国家橄榄球队因其一身全黑色的标志性队服而被称为"全黑队"（All Blacks）。新西兰国家队曾经夺取过橄榄球世界杯冠军，并且长期名列世界前茅。2011 年的橄榄球世界杯赛在新西兰举行。

（2）极限探险运动

新西兰的极限运动（X - Game）与探险旅行非常有名。早在 1988 年，南岛的皇后镇便建立了全球第一座商业化的高空弹跳场。登山也是颇为流行的运动，最有名的登山家是埃德蒙·珀西瓦尔·希拉里爵士（Sir Edmund Percival Hillary，1919. 7. 20—2008. 1. 11），他是全球第一位成功攀登珠穆朗玛峰（Mount Qomolangma）峰顶的人。

（四）民俗风情

1. 姓名

新西兰人的姓名结构与其他英语国家一样，名在前，姓在后。如果有中间名，就放中间。比如 John Key，John 是名，Key 是姓。从内政部公布信息来看，新西兰最受欢迎的男性名字是"Liam"（利亚姆），女性名字是"Sophie"（索菲）。

2. 饮食

新西兰人的饮食习惯大体上与英国人相同，饮食以西餐为主。新西兰人用欧洲大陆式的用餐方式，那就是始终左手握叉，右手拿刀。新西兰人喜欢喝啤酒，人均年啤酒消费量达 110 升。国家对烈性酒严加限制，有的餐馆只出售葡萄酒，专卖烈性酒的餐馆对每份正餐只配一杯烈性酒。饮茶也是新西兰人的嗜好，一天至少七次，即早茶、早餐茶、午餐茶、午后茶、下午茶、晚餐茶和晚茶。茶馆遍布各地，许多单位都有专门的用茶时间。

3. 礼仪

新西兰人见面和告别一般惯用握手礼。握手方式是紧紧握手，目光直接接触，男士应等候女士先伸出手来。也有施鞠躬礼的，不过鞠躬方式独具一格，有抬头挺胸地鞠躬。鞠躬和昂首也是他们的通用礼节。初次见面，身份相同的人互相称呼姓氏，并加上"先生"、"夫人"、"小姐"等，但新西兰人往往在见面一两次之后，互相直呼对方名字。

4. 婚姻习俗

新西兰的法定结婚年龄是 16 周岁，但是 18 周岁之前结婚需要父母同意并监护。结婚邀请函通常由女方寄出，会附上敬请赐复之日期——也就是客人最晚这一天要回复，借此可知道有多少人将参加此婚宴，多少人需要被款待。客人通常会买一些家电用品以协助新娘成立新家庭，也可以问新娘新郎有无特别需要的东西。

2004 年 12 月 9 日，新西兰国会以过半数票通过同性恋者（Gay）及同居人士的公民结合可以享有与合法夫妇等同的法律地位。相关法律于 2005 年 4 月 26 日正式生效。

复习题

一、名词解释

1. 茶道

2. 敖包

3. 新西兰旅游奖

二、简答题

1. 简述日本人的姓名结构、姓及名的含义。

2. 简述印度尼西亚人的姓名构成。

3. 简述娘惹文化。

4. 简述新西兰的外交政策及其与中国的关系。

实际操作训练

一、实训名称

接待亚洲及太平洋地区客源国游客。

二、实训内容

培养学生对客源国民风民情的理解和掌握，锻炼学生的表现能力和创新能力。

三、实训步骤

1. 以 5~8 人为一小组，小组分工合作完成以下工作：

（1）小组自行选择拟接待的某一亚洲客源国游客，并深入考察与调查拟接待客源国的民俗风情；

（2）分析与研究拟接待游客的基本情况；

（3）确定接待的基本方案。

2. 分小组在课堂上进行模拟接待。要求根据客源国游客的姓名、礼仪、饮食、禁忌等民俗风情开展入境旅游接待服务的不同角色演示。

四、实训评价

教师和学生代表根据模拟接待的礼仪规范等方面进行评价打分，纳入学生实训课考核之中。

第三章　欧洲客源国概况

学习目标

1. 掌握欧洲主要客源国的地理概况；

2. 掌握欧洲主要客源国的经济概况；

3. 掌握欧洲主要客源国的社会文化与民俗风情，并能据此开展旅游接待工作。

第一节　西欧客源国概况

一、西欧概述

西欧（Western Europe）是指欧洲西部濒临大西洋的地区和附近岛屿，包括英国（England）、爱尔兰（Ireland）、法国（France）、荷兰（Holland）、比利时（Belgium）、卢森堡（Luxembourg）和摩纳哥（Monaco）。这里是欧洲大陆最富饶的地区之一，也是全世界经济最发达的地区之一。西欧在推动世界历史进程中发挥过重要作用，这里是资本主义最先发展起来的地方，也是工业革命的发源地，英国、法国、荷兰等发达国家都位于这个地区。悠久的历史，发达的经济，经典的文化，西欧地区一直就是人们心目中整个欧洲最完美、最精致的缩影。

西欧地区地处自然条件优越的平原地区，面积93万平方千米。地形以平原为主，次为高原；山地面积较小，主要分布于英国西北和法国东南。

有世界最繁忙的海运通道英吉利海峡（English Channel）和多佛尔海峡（Strait of Dover），以及莱茵河（Rhine River）、塞纳河（Seine River）、卢瓦尔河（Loire River）、泰晤士（Thames River）等河流。大部分地区属温带海洋性气候，地处西风带内，气候温和湿润，降水丰沛且均匀。

西欧是近代科学技术发展最早的地区，这里有发达的工业、农业和对外贸易。有煤、石油、天然气、铁、钾盐等矿产。重要海港有伦敦、利物浦（英），马赛（法），布鲁塞尔（比），鹿特丹、阿姆斯特丹（荷）等。有伦敦、巴黎、鹿特丹、布鲁塞尔、马赛等著名城市。除摩纳哥外，其余6国都是欧洲联盟成员国。温和的海洋性气候滋润了这里的土地。

欧洲联盟（European Union，EU）简称"欧盟"，是根据1992年签署的《马斯特里赫特条约》（也称《欧洲联盟条约》）所建立的国际组织，现拥有28个成员国，正式官方语言有24种。欧盟旗帜如图3-1所示，在天蓝色底上面，有12颗金黄色的星，是圣母玛利亚的象征。制作旗帜的目的是表示要建立一个统一的欧洲，增强人们对欧洲联盟和欧洲统一性的印象。

图3-1 欧盟旗帜

欧盟的宗旨是通过建立无内部边界的空间，加强经济社会的协调发展，建立最终实行统一货币的经济货币联盟，促进成员国经济社会的均衡发展。欧盟总部设在比利时首都布鲁塞尔（Brussels）。欧元（Euro）是欧洲联盟的官方货币，目前已经由28个成员国中的18个采纳为流通货币。欧盟经济实力大体与美国相当，在国际上发挥着重要作用。2012年10月12日，欧洲联盟获得诺贝尔和平奖。

二、英国

英国（England），全称大不列颠及北爱尔兰联合王国（The United Kingdom of Great Britain and Northern Ireland），由英格兰（England）、苏格兰（Scotland）、威尔士（Wales）和北爱尔兰（Northern Ireland）组成联合王国，统于一个中央政府和国家元首。大不列颠及北爱尔兰联合王国主体是英格兰，所以习惯上称英国。英国是世界上第一个工业化国家，为一个有多元文化和开放思想的社会。它在19世纪和20世纪早期是世界上最强大的国家，但经过两次世界大战和20世纪下半叶大英帝国崩溃，已失去昔日荣光。不过，英国仍是一个在世界范围内拥有巨大影响力的举足轻重的世界强国，经济、金融仍居世界前列。

（一）地理

1. 位置

英国是一个位于欧洲西部的岛国。本土位于欧洲大陆西北面的不列颠群岛（British Isles），由不列颠岛（包括英格兰、苏格兰、威尔士）以及爱尔兰岛东北部的北爱尔兰和周围 5500 个小岛（海外领地）组成。被北海（North Sea）、英吉利海峡、凯尔特海（Celtic Sea）、爱尔兰海（Irish Sea）和大西洋包围。面积 24.41 万平方千米（包括内陆水域），其中英格兰地区 13.04 万平方千米，苏格兰 7.88 万平方千米，威尔士 2.08 万平方千米，北爱尔兰 1.41 万平方千米。隔北海、多佛尔海峡、英吉利海峡与欧洲大陆相望。它的陆界与爱尔兰共和国（Republic of Ireland）接壤。海岸线总长 11450 千米。全境分为四部分：英格兰东南部平原、中西部山区、苏格兰山区、北爱尔兰高原和山区。通常所说的"英伦三岛"是指英格兰、苏格兰和威尔士，由于北爱尔兰位于爱尔兰岛，其余众多岛屿面积过小，所以不包括在内。

2. 水文

主要河流有塞文河（Severn River）和泰晤士河。塞文河是英国最长的河流，河长 354 千米，发源于威尔士中部，河道呈半圆形，流经英格兰中西部，注入布里斯托海峡（Bristol Channel）。泰晤士河是英国的第二大河，也是英国最重要的河流，全长 346 千米。北爱尔兰的内伊湖（Lough Neagh），面积 396 平方千米，是英国最大的湖泊。在整个西欧，内伊湖的面积排第三位，仅次于日内瓦湖（Lake Geneva）和康斯坦茨湖（Lake Constance）。

3. 气候

英国属温带海洋性气候。英国受盛行西风控制，全年温和湿润，四季寒暑变化不大。通常最高气温不超过 32℃，最低气温不低于 −10℃，平均气温 1 月 4℃~7℃，7 月 13℃~17℃。年平均降水量约 1000 毫米。北部和西部山区的年降水量超过 2000 毫米，中部和东部则少于 800 毫米。每年 2—3 月最为干燥，10 月至来年 1 月最为湿润。

4. 资源

英国主要的矿产资源有煤、铁、石油和天然气。硬煤总储量 1700 亿吨。铁的蕴藏量约为 38 亿吨。西南部康沃尔半岛（Cornwall Peninsula）有锡矿。在柴郡（Cheshire）和达腊姆蕴藏着大量石盐。斯塔福德郡（Staffordshire）有优质黏土。康沃尔半岛出产白黏土。本宁山脉（Pennines）东坡可开采白云石。兰开夏郡（Lancashire）西南部施尔德利丘陵附近蕴藏着石英矿。在英国北海大陆架石油蕴藏量在 10 亿~40 亿吨。天然气蕴藏量在 8600 亿~25850 亿立方米。英国森林覆盖面积 281 万公顷，占本土面积 12% 左右。主要工业原料依赖进口。

5. 政区

（1）行政区划

英国全国划分为英格兰、威尔士、苏格兰和北爱尔兰 4 部分。各自再分为若干郡（或区）和市。英格兰划分为 43 个郡，苏格兰下设 29 个区和 3 个特别管辖区，北爱尔兰下设 26 个区，威尔士下设 22 个区。苏格兰、威尔士议会及其行政机构全面负责地方事务，外交、国防、总体经济和货币政策、就业政策以及社会保障等仍由中央政府控制。此外还有一些英属海外领地。

（2）首都

英国首都伦敦（London），也称"大伦敦"（Greater London），是欧洲最大和最具国际特色的城市。下设独立的 32 个城区（London boroughs）和 1 个"金融城"（City of London）。各区议会负责各区主要事务，但与大伦敦市长及议会协同处理涉及整个伦敦的事务。

（二）经济

1. 工业

英国工业在国民经济中占有重要地位，是欧洲最大的军火、石油产品、电脑、电视和手机的制造地。英国主要工业有：采矿、冶金、化工、机械、电子、电子仪器、汽车、航空、食品、烟草、纺织、造纸、印刷、建筑等。生物制药、航空和国防是英国工业研发的重点，也是英国最具创新力和竞争力的行业。同许多发达国家一样，随着服务业的不断发展，英制造业自 20 世纪 80 年代开始萎缩，80 年代和 90 年代初两次经济衰退加剧了这一态势。英制造业中纺织业最不景气，但电子和光学设备、人造纤维和化工产品，特别是制药行业仍保持雄厚实力。

2. 农牧渔业

英国农牧渔业主要包括畜牧、粮食、园艺、渔业，可满足国内食品需求总量的近 2/3。目前，英农业占国内生产总值的比重不到 1%，从业人数约 45 万，不到总就业人数的 2%，低于欧盟国家 5% 的平均水平，低于其他主要工业国家。农用土地占国土面积的 77%，其中多数为草场和牧场，仅 1/4 用于耕种。农业人口人均拥有 70 公顷土地，是欧盟平均水平的 4 倍。近年来除由于农产品价格下降及英镑坚挺导致英国农业收入减少外，疯牛病、口蹄疫和农药引发的食品安全问题也使农业发展受到严重影响。英国是欧盟国家中最大捕鱼国之一，捕鱼量占欧盟的 20%，满足国内 2/3 的需求量。

3. 旅游业

英国旅游业收入占世界第 5 位，仅次于美国、西班牙、法国和意大利，旅游业是英国最重要的经济部门之一，产值占国内生产总值的 5%，从业人员约 210 万。美国游客居海外游客之首，占 11%，其他依次为法国、德国、爱尔兰、西班牙、荷兰、意大利和波兰。伦敦是外国游客必到之处。

4. 服务业

服务业包括金融保险、零售、旅游和商业服务等，是英国经济的支柱产业。伦敦是世界著名金融中心，拥有现代化金融服务体系，从事跨国银行借贷、国际债券发行、基金投资等业务，同时也是世界最大外汇交易市场、最大保险市场、最大黄金现货交易市场、最大衍生品交易市场、重要船贷市场和非贵重金属交易中心，并拥有数量最多的外国银行分支机构或办事处。

5. 对外贸易

英国基础设施完善，政府配套服务措施到位，鼓励自由贸易，重视引进新技术、新产品和新的管理方法，以增加出口，提高就业。英国与世界 80 多个国家和地区有贸易关系，主要贸易对象是欧盟、美国和日本。主要进口产品有：食品、燃料、原材料、服装、鞋业、电子机械设备、汽车等。主要出口产品有：机械、汽车、航空设备、电器和电子产品、石油及相关产品、化工产品（包括医药制品）、烟草、饮料、机械设备等。欧盟是英国最大的贸易伙伴。

6. 交通运输

英国交通基础设施较齐全。陆路、铁路、水路、航空运输均较发达。

（1）铁路

英国是铁路运输业的发源地。英国的铁路系统非常完善，营业里程 1.6 万千米（20 世纪初曾达到 3.2 万千米），从业人员 10 万人。伦敦有十分发达的地铁网。1994 年英法海底隧道贯通，将英国与欧洲大陆的铁路系统连接起来。

（2）水运

英国内河航运共 3200 千米，其中 620 千米用于货运。泰晤士河是最繁忙的内陆水运河。海运承担了 95% 的对外贸易运输。英国大小港口众多，其中有 52 个港口年吞吐量在 100 万吨以上。吞吐量超过 1000 万吨的港口有格里姆斯比 – 因明翰、伦敦、蒂斯 – 哈特浦尔、福斯、米尔福德 – 黑文、南安普顿、利物浦、萨仑沃、菲利克斯托、多佛等。通过发展航运金融和海事服务，英国保持了全球航运定价中心和管理中心地位。伦敦是国际海事组织（International Maritime Organization，IMO）、国际海运联合会（International Shipping Federation，ISF）等国际航运机构总部所在地。

（3）航空

英国所有的航空公司和大多数机场均为私营企业。英国航空公司（British Airways）是世界最大航空公司之一，其航线覆盖 90 多个国家和地区约 220 座城市。英国共有 449 家机场，其中 35 个机场年客流量在 10 万人次以上。英国最大的机场是伦敦希思罗机场（London Heathrow Airport），也是世界最大最繁忙的机场之一。

7. 中英关系

1950 年 1 月，英国政府宣布承认中华人民共和国。1954 年 6 月 17 日，中英达成互派代办的协议。1972 年 3 月 13 日，两国签订了升格为大使级外交关系的联合公报。1997 年 7 月 1 日，中英顺利完成香港回归的政权交接。目前，英国是中国在欧盟内第三大贸易伙伴，是中国主要外商直接投资来源地，也是中国海外投资主要目的国。中国是英国在欧盟外的第二大贸易伙伴。

（三）社会文化

1. 国家象征

（1）国旗

英国国旗呈横长方形，长与宽之比为 2∶1。为"米"字旗，由深蓝底色和红、白色"米"字组成。旗中带白边的红色正十字代表英格兰守护神圣乔治，白色交叉十字代表苏格兰守护神圣安德鲁，红色交叉十字代表爱尔兰守护神圣帕特里克。此旗产生于 1801 年，是由原英格兰的白地红色正十旗、苏格兰的蓝地白色交叉十字旗和爱尔兰的白地红色交叉十字旗重叠而成。

图 3-2　英国国旗　　　　　　　　图 3-3　英国国徽

（2）国徽

英国国徽即英王徽。中心图案为一枚盾徽，盾面上左上角和右下角为红地上三只金狮，象征英格兰；右上角为金地上半站立的红狮，象征苏格兰；左下角为蓝地上金黄色竖琴，象征爱尔兰。盾徽两侧各由一只头戴王冠、代表英格兰的狮子和一只代表苏格兰的独角兽支扶着。盾徽周围用法文写着一句格言，意为"恶有恶报"；下端悬挂着嘉德勋章，饰带上写着"天有上帝，我有权利"。盾徽上端为镶有珠宝的金银色头盔、帝国王冠和头戴王冠的狮子。

（3）国歌

《上帝保佑女王》英文为《God Save the Queen》，如在位的是男性君主，国歌改为《God Save the King》。

2. 人口

英国人口约 6235 万。官方和通用语均为英语。威尔士北部还使用威尔士语，苏格兰西北高地及北爱尔兰部分地区仍使用盖尔语。居民多信仰基督教新教，主要分英格兰教会（亦称英国国教圣公会，其成员约占英成人的 60%）和苏格兰教会（亦称长老会，有成年教徒 66 万）。另有天主教会和佛教、印度教、犹太教及伊斯兰教等较大的宗教社团。

3. 教育

英格兰、威尔士和苏格兰实行 5～16 岁义务教育制度，北爱尔兰地区实行 4～16 岁义务教育制度。义务教育归地方政府主管，高等教育则由中央政府负责。

英国重视教育和科研水平的提高，目前正进行教育改革，允许高校增收学费，同时继续加大教育投资，教育经费约占 GDP 的 5.5%。中小学公立学校学生免交学费，约占学生总数的 93%。私立学校师资条件与教学设备都较好，但收费高，学生多为富家子弟，约占学生总数的 7%。

约 40% 的中学毕业生能够接受高等教育。著名的高等院校有牛津大学（University of Oxford）、剑桥大学（University of Cambridge）、帝国理工学院（Imperial College）、伦敦政治经济学院（The London School of Economics and Political Science）、华威大学（University of Warwick）、曼彻斯特大学（University of Manchester）、爱丁堡大学（University of Edinburgh）等。

4. 科技与文化

英国是世界高科技、高附加值产业的重要研发基地之一，其科研几乎涉及所有科学领域。以世界 1% 的人口，从事世界 5% 的科研工作，所发表学术论文占 9%，引用量达 12%，仅次于美国。获国际大奖人数约占世界的 10%，迄今已涌现出 78 位诺贝尔奖（Nobel Prize）得主，居世界第二。在生物技术、航空和国防方面具有较强的竞争力。

英国是世界文化大国之一，文化产业发达。当今世界 80% 的信息是以英语传播。全国约有 2500 家博物馆和展览馆对外开放，其中大英博物馆、国家美术馆等闻名于世。英国皇家芭蕾舞团、伦敦交响乐团等艺术团体具有世界一流水准。每年举行约 500 多个专业艺术节，其中爱丁堡国际艺术节（Edinburgh International Festival）是世界上最盛大的艺术节之一。

5. 体育

英国人热爱体育，现代形式的体育运动几乎全是英国人的发明，如拳击、橄榄球、曲棍球和网球等。主要的体育活动有：

（1）足球

英国是现代足球的发源地。1848 年，现代足球运动的第一个文字形式的规则《剑桥规则》诞生了。1863 年 12 月 1 日，一帮剑桥大学的贵族投票最终促成了现代足球规则的诞生，现代足球随即发源于剑桥大学的草坪上。足球在英国英语里称为 football（美式英语为 soccer），为两队各 11 人在长方形的赛场上比赛。目前英国众多的俱乐部都有上百年历史，也是英国人平时最喜欢的娱乐活动之一。

（2）板球

板球（Cricket），又名木球，被称为"绅士的游戏"（Gentleman's Game），是一项崇尚体育精神（Sportsmanship）和"公平比赛"（Fair Play）的运动。其现代形成形式起源于英国，是由两队各 11 人交替攻击和守备的一项团体运动，盛行于英国、澳大利亚、新西兰、印度、孟加拉、尼泊尔等国。板球的赛季主要在春季与夏季，刚好跟秋季、冬季的足球比赛互补。

板球的由来可以追溯至 13 世纪初，18 世纪开始有了最早的比赛规则，并逐渐成为男子的主要运动。比赛时间很长，板球测试赛一场比赛每天 6 小时或以上，并长达 5 天，中间还有午餐和饮茶的休息时间。板球术语繁多且比赛规则又很复杂，使板球门外汉深受困扰，但对球迷来说，这项运动富有激情，充满趣味。

（3）网球

其由来和发展可以用一句话概括：孕育在法国，诞生在英国，开始普及和形成高潮在美国，现在盛行全世界。网球的起源可以追溯至 12～13 世纪流传在法国的一种"掌球游戏"。这是两人隔着一条绳子，用手掌将一种布包着头发等制成的球打来打去的游戏，这种游戏后来渐渐演变成选手站在球网两边，互相以球拍打球的运动。1873 年，英国海军上校温菲尔德将网球运动由室内大厅改到室外草地举行，并对草地网球做了几条规则，从而开始了近代网球运动。1877 年，英国伦敦举行了首场温布尔登网球锦标赛（Wimbledon Championships），为现代网球史上最早的比赛。英国温布尔登网球公开赛、美国网球公开赛、澳大利亚网球公开赛和法国网球公开赛是四项级别最高的网球比赛，俗称"四大公开赛"，任何一名选手或一组双打选手能在同一个赛季中赢得这四大赛事的冠军，便获得"大满贯"优胜者的荣誉。

（四）民俗风情

1. 姓名

英国人的姓名分为姓和名两部分。姓叫作 Family Name 或 Surname，名叫作 Christian Name 或 Given Name，姓名合称为 Full Name（全名）。一个人的姓一般只有一个，由祖上代代相传，名却可起两三个或更多，如 William Jafferson Clinton、Kelvin Anderson Green。英国人习惯上将名（Christian Name or Given Name）

全部缩写，如 M. H. Thatcher。姓名之前有时还要冠以人际称谓，如有姓氏前或姓名前加上 Dr. 、Prof. 、Pres. 等职务军衔。

2. 服饰

英国一向注意着装的得体与美观。男要肩平，女要束腰，衣服平整，裤线笔挺，既要突出健美的线条，还要掩盖身体的缺陷。

某些特定的正式场合，英国人还保留不少传统服装。法院正式开庭时，法官头戴假发，身穿黑袍。教堂做礼拜时，牧师要穿上长袍。每届国会开幕，女王前往致词时，更是头戴珠光闪烁的王冠，随行的王宫女侍都身着白色的长裙礼服；王宫卫士身穿鲜红的短外衣、黄扣黄束腰，头戴高筒黑皮帽。伦敦塔楼的卫士黑帽、黑衣、上绣红色王冠及红色边线。近卫骑兵是黑衣、白马裤、黑长靴、白手套，头戴银盔，上面飘着高高的红穗。

另外，苏格兰男人还有穿裙子的传统习俗。苏格兰男人穿的是一种用花呢布制作的方格图案短裤，且短裙前面还带有一小块椭圆形垂巾和较宽的腰带。

3. 饮食

英国人一般较喜爱的烹饪方式有烩、烧烤、煎和油炸等。对肉类、海鲜、野味的烹调均有独到的方式；然而，他们对牛肉有特别的偏好，如烧烤牛肉（Roasted Beef），在食用时不仅附上时令的蔬菜、烤土豆，还会在牛排上加上少许的芥末酱；在佐料的使用上则喜好奶油及酒类；在香料上则喜好肉蔻、肉桂等新鲜香料。

英国人对早餐非常讲究，英国餐馆中所供应的餐点种类繁多，有果汁、水果、蛋类、肉类、麦粥类、面包、果酱及咖啡等。时下所流行的下午茶（High Tea）也是来自于英国，其较知名的有维多利亚式（Victolian Style），内容可说是包罗万象，包括各式小点、松糕、水果挞及三明治等。晚餐（Dinner）对英国人来说也是日常生活中最重要的一部分，他们选择的用餐时间通常较晚，而且都是边吃边喝边聊，以促进用餐人之间的情谊，一顿晚餐对他们来说可能要花上好几个钟头。

英国人在饮酒上的花费比较多。英国街头巷尾到处都有酒吧，喝啤酒已成为他们的传统习惯之一。

4. 民俗礼仪

（1）生活习性

英国人给人的印象是极保守又富有幽默感。英国人倾向于接受熟悉的事物，对于新奇或者外来的东西总是持怀疑的态度。英国人比较谦虚，自夸是没有教养的表现。英国人非常看重一个人的幽默感。英国式幽默的出发点是自我贬低，以自负为大敌，其最终目的是能够自嘲，嘲笑自己的缺点、失败、窘境乃至自己的理想。他们不相信华丽的辞藻和自夸之词。

（2）女士优先

在英国，女士优先（Lady First）是人人皆知的行为准则。进房间和进餐馆时大多是女子在前，男士要替女士开门。在街上行走或过马路时，男子要走在女士身旁靠来车方向的一侧。宴会上，女士进客厅时，厅中的男子要站起来以示敬意，女士则不必起身为礼。作介绍时，通常把男士介绍给女士，年轻的介绍给年长的。在客厅里就座的宴会，男士们应为女士们拉开椅子，帮女士入座。

（3）社交礼仪

被邀请到英国人家做客，如果是社交聚会，早到是不礼貌的，因为女主人正在做准备，还没完全准备好客人就到了，会使她感到非常尴尬。晚到10分钟最佳，晚到半小时就显得太迟了，须向主人道歉。在主人家坐得太晚也是很不礼貌的。最好在10~11点离开或者餐后1小时告别。如被邀请留下来住几天或度周末，可在离开前送束花给女主人。

（4）餐饮礼仪

英国人吃饭的规矩复杂，最主要的是坐直，吃饭时不准不停地交谈。汤匙应放在汤盆的托碟上，咖啡匙要放在茶托上。不能把自己使用的匙子留在汤盆和咖啡杯上。吃东西时不要弄出声响，否则，就会被认为是不懂规矩。喝汤时用匙的一侧从里往外舀，不能用匙头，更不能端着汤盆把盆里剩的汤全喝光。每餐一般只有一道主菜、沙拉和甜食。不能在餐桌上抽烟和打饱嗝。

5. 禁忌

英国人有排队的习惯，加塞是一种令人不齿的行为。英国人非常不喜欢谈论男人的工资和女人的年龄，英国女士认为年龄是自己的秘密。在英国购物，最忌讳的是砍价。英国人不喜欢讨价还价，认为这是很丢面子的事情。英国人上厕所时不会直截了当地说"去上厕所"，一般说"请原谅几分钟"或"我想洗手"等。小孩子们一般说"我要去那个地方"。

英国大型舞会一般在晚间10时左右开始。主人邀请客人应事先寄送请柬，邀请的客人男女数目要大致相当。被邀请的人一定要看清请柬上是否设有晚饭。参加舞会的客人服装要整齐，跳舞是男宾要轮流请女宾，其中有一次必须与女主人跳舞。参加舞会的人可随来随走，走时不跟主人打招呼不算失礼。

6. 特产

（1）苏格兰威士忌

英国苏格兰威士忌（Whisky）历史悠久，在世界上最负盛名。苏格兰高地的特殊水质和极为严格的酿造工艺，使那里出产的威士忌被誉为"液体黄金"。

（2）银器

英国的银器非常华丽，造工精良而复杂，广受各国游客的欢迎，特别是银制的圣诞餐具，不仅美观，品种还很多，从蜡烛台到刀叉再到碟子应有尽有，这一类银器的制作也是英国传统的手工艺。

（3）皮革制品

英国的皮革制品由来已久，从资本主义萌芽时期的小手工作坊到现在的机械化大生产，经过历代的精化和改良形成今天的风格。英国的皮革制品总是想表现稳重、脱俗的绅士气质。

（4）泰迪熊

泰迪熊（Teddy Bear）有着浑圆丰满的身材和四肢，蓬松温厚的安哥拉羊毛，简素的材料和绣线，憨厚的表情，以及百分之百的手工缝制和填塞作业。恰巧英国国王爱德华七世（Edward VII）小名也叫泰迪，很快泰迪熊就成为英国家喻户晓的宠物。如今的泰迪熊就像芭比娃娃（Barbie）一样，已经不再是一般玩具了，更多的，它们被赋予了各种特殊的纪念意义，担负起了传承某种文化的作用。

三、法国

法国（France），全称为法兰西共和国（The Republic of France）。法国国名源于中世纪前期的法兰克王国（Frankish Kingdom）。法兰克王国分裂后，西部法兰克王国沿用其名称并演变为法兰西。"法兰西"（France）这一称呼最早出现于 11 世纪的《罗兰之歌》（The Song of Roland）中。法国是联合国安理会常任理事国，对安理会议案拥有否决权，在国际上有较强的影响力。法国亦是欧盟（EU）和北约（NATO）创始会员国之一，八国集团（G8）之一和欧洲四大经济体之一，亦是《申根公约》（Schengen Agreement）的成员国。

（一）地理

1. 位置

法国位于欧洲西部，与比利时、卢森堡、德国、瑞士、意大利、摩纳哥、安道尔和西班牙接壤，南临地中海，西濒大西洋，西北隔英吉利海峡（English Channel）与英国隔海相望。法国领土面积为 63.3 万平方千米，呈对称的六边形，三边临海，三边靠岸，高高耸立的阿尔卑斯山和比利牛斯山脉分别是法国与意大利、西班牙天然的地理分界线。法国的大部分领土都处于平原和丘陵之上，美丽的塞纳河（Seine River）从心脏地带流过，滋润了巴黎盆地广阔的土地。地中海上的科西嘉岛（Corsica）是法国最大岛屿。

2. 地势

东南高西北低，向大西洋敞开。东部是阿尔卑斯山地和侏罗山地；中南部为中央高原；西南边境有比利牛斯山脉；中央高原和比利牛斯山地间的西南地区为阿基坦盆地；北部是巴黎盆地；西北部为阿莫里坎丘陵。平原占总面积的

2/3。

主要山脉有阿尔卑斯山脉、比利牛斯山脉、汝拉山脉等。法意边境的勃朗峰（Mont Blanc）海拔4810米，为西欧最高峰。

3. 水文

主要河流有卢瓦尔河（1010千米）、罗讷河（812千米）、塞纳河（776千米）。边境线总长度为5695千米，其中海岸线为2700千米，陆地线为2800千米，内河线为195千米。法国蓝色海岸是著名的海岸风光观光地带。

4. 气候

法国西部属温带海洋性气候，南部属亚热带地中海气候，东北部属温带大陆性气候。平均降水量从西北往东南由600毫米递增至1000毫米以上，山区达1500毫米以上。月平均气温：1月西部及南部4℃~7℃，东部及北部1℃~3℃；7月北部及西部16℃~18℃，南部及东部21℃~24℃。

5. 资源

法国铁矿蕴藏量约为70亿吨，但品位低、开采成本高，所需的铁矿石大部分依赖进口。煤储量约为210亿吨（其中褐煤100亿吨），有开采价值的约为14.7亿吨。铝土矿储量约9000万吨。有色金属储量很少，几乎全部依赖进口。石油储量只有3000多万吨。天然气储量2500亿立方米，所需石油的99%、天然气的75%依赖进口。水力资源约为1000万千瓦，核能，水力资源和地热的开发利用比较充分。森林面积约15000万公顷，占欧盟森林总面积的25%，人均拥有绿化面积0.28公顷，森林覆盖率为26.7%。西部的布列塔尼地区富含铀矿，但基本开采殆尽。

6. 政区

（1）行政区划

法国的行政区划分为大区、省和市镇。省下设专区和县，但不是行政区域。县是司法和选举单位。法国本土共划为21个大区和科西嘉地方行政区，其下又分为96个省，36767个市镇。法国海外拥有5个具有与欧洲本土同等地位的海外大区，同时又是5个海外省（即1个海外大区辖有1个海外省）。

（2）首都及重要城市

①巴黎

法国首都巴黎（Paris），人口约为220万人，是法国政治、经济、文化和交通中心，位于北部盆地中央，美丽的塞纳河穿城而过。卢浮宫博物馆和巴黎圣母院誉满全球，香榭丽舍被誉为世界上最美丽的大街，其地上与地下交通四通八达、非常方便，每天客流量达1300万人。巴黎的标志建筑——埃菲尔铁塔（Eiffel Tower）像一个钢铁巨人高高地耸立在恬静的塞纳河畔。

②马赛

马赛（Marseille）是法国第二大城市和第三大都会区（Metroplitan Area）。它位于地中海沿岸，原属于普罗旺斯省（Provence）。它是法国最大的商业港口，也是地中海最大的商业港口。马赛三面被石灰岩山丘所环抱，景色秀丽，气候宜人。马赛东南濒地中海，水深港阔，无急流险滩，万吨级轮可畅通无阻；西部有罗纳河及平坦河谷与北欧联系，地理位置得天独厚。

（二）经济

1. 工业

主要工业部门有矿业、冶金、汽车制造、造船、机械制造、纺织、化学、电器、动力、日常消费品、食品加工和建筑业等。核能、石油化工、海洋开发、航空和宇航等新兴工业部门近年来发展较快，在工业产值中所占比重不断提高。核电设备能力、石油和石油加工技术居世界第二位，仅次于美国；航空和宇航工业仅次于美国和俄罗斯，居世界第三位。钢铁工业、纺织业占世界第六位。但工业中占主导地位的仍是传统的工业部门，其中钢铁、汽车、建筑为三大支柱。

2. 商业

法国商业十分发达，创收最多的是食品销售，在种类繁多的商店中，超级市场和连锁店最具活力，几乎占全部商业活动的一半。电子商务在法国异军突起。巴黎是世界性的消费中心，大量的高档时装、香水、化妆品及波尔多红酒吸引着世界各地的消费者前来购物消费。

3. 农业

法国农业极度发达，是欧盟最大的农业生产国，也是世界主要农副产品和农业食品出口国。法国中北部盛产各类谷物、蔬菜和油料，地中海沿岸和西南部是包括葡萄在内的水果主产区。法国已基本实现了农业机械化，农业生产率很高。农业食品加工业是法国对外贸易的支柱产业之一。欧洲前100家农业食品工业集团有24家在法国，世界前100家农业食品工业集团有7家在法国，法国的农副产品出口居世界第一，占世界市场的11%。

4. 旅游业

法国平均每年接待外国游客7000多万人次，超过该国人口，是世界第一旅游大国。首都巴黎、地中海和大西洋沿岸的风景区及阿尔卑斯山区都是举世闻名旅游胜地，此外还有一些历史名城、卢瓦尔河畔的古堡群、布列塔尼和诺曼底的渔村、科西嘉岛等。法国一些著名的博物馆收藏着世界文化的宝贵遗产。目前，旅游业已成为法国营业额最高、收益最好、创造就业机会最多的行业之一。

法国著名的旅游景点有巴黎凯旋门（Arc de Triomphe）、埃菲尔铁塔（Eiffel Tower）、卢浮宫（Palais du Louvre）、巴黎圣母院（Notre‑Dame de Paris）、先贤祠（le Panthéon）、协和广场（Place de la Concorde）、香榭丽舍大街（Avenue des Champs Élysées）、凡尔赛宫（Palace of Versailles）等。

5. 对外贸易

法国是世界贸易大国，外贸进出口总额排名世界第五；其中出口总额位列世界第六，进口总额位居世界第四。法国对外贸易有两个特点：一是进口大于出口，造成贸易逆差，进口商品主要有能源和工业原料等，出口商品主要有机械、汽车、化工产品、钢铁、农产品、食品、服装、化妆品和军火等。

法国葡萄酒享誉全球，葡萄酒产量居世界首位。酒类出口占世界出口的一半。法国时装、法国大餐、法国香水都在世界上闻名遐迩；另外，非产品化的技术出口增长较快，纯技术出口在整个出口贸易中的地位日益显要。

6. 中法关系

法国是在西方大国中第一个与中华人民共和国建立大使级外交关系的国家，1964年1月27日，中法建交。建交以来，中法两国在经济、科技、文化等各个领域的合作不断取得进展。两国经贸合作在互利的基础上持续快速发展，法国已经成为中国在欧盟的第四大贸易伙伴，中国也成为法国在亚洲最大的贸易伙伴。

（三）社会文化

1. 国家象征

（1）国旗

法国国旗呈长方形，长与宽之比为3:2。旗面由三个平行且相等的竖长方形构成，从左至右分别为蓝、白、红三色。法国国旗的来历有多种，其中最具代表性的是：1789年法国资产阶级革命时期，巴黎国民自卫队就以蓝、白、红三色旗为队旗。白色居中，代表国王，象征国王的神圣地位；红、蓝两色分列两边，代表巴黎市民；同时这三色又象征法国王室和巴黎资产阶级联盟。三色旗曾是法国大革命的象征，据说三色分别代表自由、平等、博爱。

（2）国徽

法国没有正式国徽，但传统上采用大革命时期的纹章作为国家的标志。纹章为椭圆形，上面绘有大革命时期流行的标志之一——束棒，这是古罗马高级执法官用的权标，是权威的象征。束棒两侧饰有橄榄枝和橡树枝叶，其间缠绕的饰带上用法文写着"自由、平等、博爱"。整个图案由带有古罗马军团勋章的绶带环饰。

图 3-4 法国国旗

图 3-5 法国国徽

2. 人口

法国人口超过 6582 万，是欧洲第二人口大国。移民人口达到 490 万，占全国总人口的 8.1%。边境有阿尔萨斯人、布列塔尼人、科西嘉人、巴斯克人、佛拉芒人等。通用法语。居民中绝大多数人信仰天主教，少部分人信仰伊斯兰教、新教、犹太教、佛教等宗教，还有部分人自称无宗教信仰。

3. 教育

法国教育历史悠久，早在 19 世纪末的第三共和国时期，就确立了"免费、义务、世俗"教育三项原则。1959 年基本确立现代基础教育体系，实施 10 年义务教育。法国教育体制主要由初等教育、中等教育和高等教育三个阶段构成。初等教育由学前教育和小学教育构成。学前教育属非强制性免费教育，年满 6 岁的法国籍和外籍儿童，自小学起享受 10 年义务教育。法国中等教育划分为初中和高中两个阶段。高中教育又包括普通教育、技术教育和职业教育三类。初中教育学制为 4 年，普通和技术高中为 3 年，职业高中为 2~4 年。法国高等教育机构主要分为综合大学、大学校和短期高等教育机构三大类。比较有名的大学有巴黎大学、里昂大学等。

4. 文化

（1）文学

17 世纪开始，法国的古典文学迎来了辉煌时期，相继出现了莫里哀、司汤达、巴尔扎克、大仲马、雨果、福楼拜、小仲马、左拉、莫泊桑、罗曼·罗兰等文学巨匠。他们的许多作品成为世界文学的瑰宝。其中的《巴黎圣母院》《红与黑》《高老头》《基度山伯爵》《悲惨世界》和《约翰·克利斯朵夫》等，已被翻译成世界文学作品，在全世界广为流传。

（2）艺术

近现代，法国的艺术在继承传统的基础上颇有创新，不但出现了罗丹这样的雕塑艺术大师，也出现了像莫奈和马蒂斯等印象派、野兽派的代表人物。从

17世纪开始,法国在工业设计、艺术设计领域的世界领先地位就有目共睹。有关实用美术、建筑、时装设计、工业设计专业的学校也早已凭借其"法国制造"的商业硕果而闻名海外。

（3）体育

法国人喜爱体育运动,比较流行的体育运动项目有足球、网球、橄榄球、地滚球、帆船、游泳、滑雪和自行车环形赛等。而且,著名的世界极限运动之一——跑酷就起源于法国。

（4）电影

戛纳国际电影节（Festival de Cannes）是世界五大电影节之一,每年5月在法国东南部海滨小城戛纳举行,它是世界上最早、最大的国际电影节之一,也是全球电影业的盛会,为期两周左右。1956年最高奖为"金鸭奖",1957年起改为"金棕榈奖"。金棕榈奖被公认为电影界最高荣誉之一。

（四）民俗风情

1. 姓名

法国人姓名是名在前姓在后,一般由二节或三节组成。前一二节为个人名,最后一节为姓。有时姓名可达四五节,多是教名和由长辈起的名字。在法国称呼别人有时用姓,有时用名。熟悉的人之间都是直接称呼名字,当法国人称呼工作上司或者政界人士时则会用姓,比如萨科齐总统。

法国人结婚,女方必须随夫姓。如雅克琳·布尔热瓦（Jacqueline Bourgeois）小姐与名弗朗索瓦·马丹先生结为夫妇,她的名字则改为雅克琳·马丹（Jacqueiline Martin）。

法国商人经常把自己的姓或者姓名注册为商标,通过商业运作推销自己的创意和产品。世界级品牌卡地亚、克里斯汀·迪奥、路易·威登等都是法国人姓名商业化成功的例子。

2. 服饰

法国时装在世界上享有盛誉,选料丰富、优异,设计大胆,制作技术高超,使法国时装一直引导世界时装潮流。在巴黎有2000家时装店,老板们的口号是:"时装不卖第二件"。而在大街上,几乎看不到两个妇女穿着一模一样的服装。目前高级时装最有名的有:"吉莱热"、"巴朗夏卡"、"吉旺熙"、"夏奈尔"、"狄奥尔"、"卡丹"和"圣洛朗"。近年来,特别引人注目的是巴黎女郎的裙子,其式样之多,款式之新,在别国很难见到。法国人一般很注意服装方面的鉴赏力,也接受比较便宜的而不十分讲究的仿制品。

3. 饮食

法国人会吃,也讲究吃。法国菜风靡世界。法国人喜欢吃蜗牛和青蛙腿,最名贵的菜是鹅肝。法国菜的特点是鲜嫩、原味。法国菜选料广泛，主要偏好牛肉、禽类、海鲜、蔬菜等，特别是蜗牛、松露菌、蘑菇、龙虾、鹅肝、鱼子酱；在配料上，酒、橄榄油、鲜奶油以及各式香料是他们的最爱。

法国大餐的盛名远扬海外。一顿标准式法国式大餐的上菜顺序主要为冷盘菜、汤类、主菜和甜品。第一道菜是冷盘菜，一般是沙丁鱼、火腿、奶酪、鹅肝酱和沙拉等，用于开胃。第二道菜是汤类，汤大致分为清汤、蔬菜汤、肉汤、海鲜汤，一般要配面包一起食用。第三道是主菜，一般先上鱼类再上肉类，鱼类包括淡海水鱼、贝类以及软体动物类。肉类有牛羊肉、家禽等，其中牛排是主菜的主打，常用的烹调方式有烤、煎、铁扒等。用完主菜后，便到甜品了。法国人爱好甜食是出了名的，蛋糕、冰激凌、馅饼、酥饼、布丁等，种类口味多样。

法国人喜欢喝酒。葡萄酒是不可缺少的。吃开胃菜有开胃酒；用餐中也要有酒。

4. 习俗

注重服饰的华丽和式样的更新。女性视化妆和美容为生活之必需。时间观念强，工作计划性强，奉行"女士第一"（Lady First）的原则。习惯行握手礼，有一定社会身份的人施吻手礼。少女常施屈膝礼。男女之间，女子之间及男子之间，还有亲吻面颊的习惯。社交中不愿他人过问个人私事。反感向妇女赠送香水及初次见面就送礼。

5. 礼仪

法国是一个讲文明礼貌的国家。对女性谦恭礼貌是法国人引以自豪的传统。法国人见面打招呼，最常见的方式莫过于握手。不过握手时一是握的时间不应过长，二是没有必要握住人家的手使劲晃动。一般是女子向男子先伸手，年长者向年幼者先伸手，上级向下级先伸手。

法国是第一个公认以吻表示感情的国家。法国人的吻有严格的界限：他们在见到久别重逢的亲友、同事时，是贴脸或颊，长辈对小辈则是亲额头，只有在爱人和情侣之间，才亲嘴或接吻。

6. 婚俗

结婚前先订婚，仪式简单，一般由女方的家长宴请男方的家长及兄弟姐妹，也可同时邀请其他亲戚甚至一两名好友出席。婚礼也已逐渐简化，但仍不失为最隆重的家庭节日，带有庄严神圣的色彩。婚礼由市长或他的一名副手主持，习惯上是在周二、周四、周五、周六早9时至下午5时。婚后大宴宾客。法国农村有的地方在婚前要签订财产婚约并办理公证。婚约中要写明未婚夫妇的全部财产、未婚妻的嫁妆和未婚夫的产业。婚龄纪念在民间已成为一种喜庆的风俗。女子守寡300天后，或宣布与丈夫分居300天后可以再嫁，男子则无时间上的限制。

7. 禁忌

法国人大多信仰天主教，所忌讳的数字是"13"与"星期五"。法国人大多喜爱蓝色、白色与红色，他们所忌讳的色彩主要是黄色与墨绿色。忌孔雀和仙鹤。视菊花、杜鹃花与核桃等为不祥之物。

四、荷兰

荷兰（Holland），全称尼德兰王国（The Kingdom of Netherlands），以海堤、风车和宽容的社会风气而闻名，素有"风车之国"、"牧场之国"、"郁金香王国"的美誉。荷兰关于毒品、性交易和堕胎的法律在世界范围内都是最宽松的。荷兰是全球第一个同性婚姻与安乐死合法化的国家。荷兰也是协商民主政体的典型样本。荷兰有着繁荣和开放的经济，农业实现了高度机械化，畜牧业也是世界闻名，还拥有世界级的能源巨头荷兰皇家壳牌集团（Royal Dutch Shell Group of Companies）。

（一）地理

1. 位置

荷兰国土总面积为 41528 平方千米，位于欧洲西北部，东面与德国为邻，南接比利时。西、北濒临北海，地处莱茵河、马斯河和斯凯尔特河三角洲，海岸线长 1075 千米。

2. 地形

低平是荷兰地形最突出的特点。除南部和东部有一些丘陵外，绝大部分地势都很低。南部由莱茵河、马斯河、斯海尔德河的三角洲连接而成。"荷兰"在日耳曼语中叫尼德兰，意为"低地之国"，因其国土有一半以上低于或几乎水平于海平面而得名，部分地区甚至是由围海造地形成的，比如弗莱沃兰省的大部分地区。这些低地都修建了海堤来保护。

3. 水文

荷兰全境为低地，1/4 的土地海拔不到 1 米，1/4 的土地低于海面，沿海有1800 多千米长的海坝和岸堤。荷兰靠近北海，地势低洼，沼泽湖众多，境内河流纵横，主要有莱茵河、马斯河。西北濒海处有艾瑟尔湖。

13 世纪以来，荷兰共围垦约 7100 多平方千米的土地，相当于全国陆地面积的 1/5。

4. 气候

荷兰的气候属温带海洋性气候，冬温夏凉，月平均气温：1 月 2℃ ~ 3℃；7

月 18℃～19℃。由于地低土潮，年降水量 650～700 毫米。有天然气、石油和煤等蕴藏。

荷兰坐落在地球的西风带，一年四季盛吹西风。同时它濒临大西洋，又是典型的海洋性气候国家，海陆风长年不息。这就给缺乏水力、动力资源的荷兰，提供了利用风力的优厚补偿。

5. **资源**

荷兰自然资源相对贫乏，但天然气储量丰富，自给有余，还能出口。

6. **政区**

（1）行政区划

荷兰全国划分为 12 个行政区域，称为省（Provinces），省下一级设市（Gemeenten），共 408 个。另外还有 3 个海外特别行政区和 3 个自治国。

（2）首都

荷兰首都阿姆斯特丹（Amsterdam），有人口约 73.5 万。但是，中央政府、贝娅特丽克丝女王居住办公地、所有的政府机关与外国使馆、最高法院和许多组织都在海牙（Hague），海牙人口约 45.8 万。

（二）经济

1. **工业**

荷兰是发达的资本主义国家，西方十大经济体之一。荷兰工业发达，主要工业部门有食品加工、石油化工、冶金、机械制造、电子、钢铁、造船、印刷、钻石加工等，近 20 年来荷兰政府积极鼓励发展新兴工业，特别重视发展空间、微电子、生物工程等高技术产业。主要工业部门有食品加工、石油化工、冶金、机械制造、电子、钢铁、造船、印刷、钻石加工等。传统工业为造船、冶金等。鹿特丹（Rotterdam）是欧洲最大的炼油中心。荷兰是世界主要造船国家之一。

2. **农业**

荷兰的农业高度集约化，农业产值约占国内生产总值 2%，是世界第三大农产品出口国。农业从业人员 27.3 万。农业的构成中，畜牧业占 50%，园艺业占 38%，农田作物占 12%。荷兰人利用不适于耕种的土地因地制宜发展畜牧业，现已达人均一头牛、一头猪，跻身于世界畜牧业最发达国家的行列，乳、肉产品供应国内有余，是世界主要蛋、乳出口国之一。荷兰人在沙质地上种植马铃薯，并发展薯类加工，世界种薯贸易量的一半以上从这里输出。花卉是荷兰的支柱性产业。全国共有 1.1 亿平方米的温室用于种植鲜花和蔬菜，因而享有"欧洲花园"的美称。荷兰把美丽送到世界各个角落，花卉出口占国际花卉市场的 40%~50%。

3. 交通运输

荷兰陆、海、空运输均十分发达。境内河流纵横，水路四通八达。素有"北方威尼斯"之称的荷兰首都阿姆斯特丹有大小水道 160 多条，桥梁 1000 多座。位于莱茵河与马斯河出海口的鹿特丹港是世界第一大港。阿姆斯特丹机场是荷兰和欧洲主要航空港之一，曾多次获世界最佳机场称号。荷兰人充分利用这一得天独厚的地理条件发展交通运输业，其陆海空各类运输占欧盟交通市场总额的 30%。

4. 对外贸易

经济属于外向型，80% 的原料靠进口，60% 以上的产品供出口。对外贸易的 80% 在欧盟内实现。商品与服务的出口约占国民生产总值的 55%。

5. 旅游业

荷兰旅游业发达。海岸外小岛、古城、运河风光和花卉种植业吸引国外旅游者。每年旅游者达 260 余万。主要旅游景观有考斯特钻石厂（Coster Diamonds）、水坝广场（Dam Square）、郁金香公园（Tulip Park）等。

6. 中荷关系

1972 年 5 月 18 日，荷兰王国与中华人民共和国建交。随着中国改革开放的深化和投资环境的日益改善，中荷经贸关系有了较大发展。双方政府先后签订了包括海运、航空、经济、技术、文化在内的多种双边协定和协议。荷兰也是最早承认中华人民共和国的西方国家之一。

近年来两国友好交往增加，经贸关系也有较大发展，双方政府先后签订了包括海运、航空、经济、技术、文化在内的一系列双边协定和协议。

（三）社会文化

1. 国家象征

（1）国旗

荷兰国旗呈长方形，长与宽之比为 3∶2。自上而下由红、白、蓝三个平行相等的横长方形相连而成。蓝色表示国家面临海洋，象征人民的幸福；白色象征自由、平等、民主，还代表人民纯朴的性格特征；红色代表革命胜利。

（2）国徽

荷兰国徽即奥伦治·拿骚王室的王徽。为斗篷式。顶端带王冠的斗篷中有一盾徽，蓝色盾面上有一只头戴三叶状王冠的狮子，一爪握着银色罗马剑，一爪抓着一捆箭，象征团结就是力量。盾徽上面有一顶王冠，两侧各有一只狮子，下边的蓝色饰带上写着威廉大公的一句格言"坚持不懈"。

图 3 - 6　荷兰国旗

图 3 - 7　荷兰国徽

2. 人口

在荷兰居住着多个种族的人群。全国人口约 1682.7 万，80% 以上为荷兰族，此外还有弗里斯族。荷兰是世界上人口密度最高的国家之一，它的人口密度超过 400 人/平方千米。官方语言为荷兰语，弗里斯兰省讲弗里斯语。荷兰的主要宗教包括天主教和新教。天主教主要在南部地区，而新教（主要是荷兰革新教会）则在北方较为普遍。

3. 教育

实行 12 年（5～16 岁）全日制义务教育制。中小学校分为公立和私立两类。荷兰高等教育分为大学、开放大学和高等职业教育。荷兰现有 11 所重点大学，其中 9 所为综合性大学、1 所为理工大学、1 所为农业大学。著名高等院校有莱顿大学（Leiden University）、乌得勒支大学（Utrecht University）、格罗宁根大学（University of Groningen）、鹿特丹伊拉斯谟大学（Erasmus University Rotterdam）等。

（四）民俗风情

1. 姓名

荷兰人的名字，一般以名开头，后接姓，有的人只有一个姓，而有的人有两个甚至三个姓。荷兰的姓氏可归纳为职业、居住地、本人特征、父名等类别，如 Bakker（面包工）、Van Weert（来自 Weert）、Groot（大块头）、Petersen（以父名 Peter 为姓）、Schaap 等。就名字而言，2011 年荷兰最受欢迎的男孩名和女孩名分别是丹恩（Daan）和艾玛（Emma）。紧随丹恩之后的是森姆（Sem）和米兰（Milan）；紧随艾玛之后的是茱莉亚（Julia）和苏菲（Sophie）。

2. 服饰

荷兰没有全国性的传统服饰，但各个地区都有自己特色的传统服饰。除了菲洛威的东北角以及沃仑丹（Volendam）和马肯（Marken）之外，大部分的人现在已经很少穿着传统服饰。但在特别的节庆日子里，如女皇诞辰、复活节、五旬节等，人们仍然喜欢穿着传统服饰庆祝。

在所有的传统服饰中，马肯和斯达豪（Staphorst）的服饰最多彩多姿，呈现错综复杂的刺绣图案和鲜艳的纹理。斯达豪这个地方的裙子是短至膝盖的，其他地方的裙子都长得多。西兰（Zeeuws）的服装特色，就是有蕾丝边大白帽，以及金黄色的胸针。

3. 饮食

荷兰人在饮食上习惯吃西餐，但对中餐也颇有兴致。在荷兰，据说中国菜之多居欧洲之首位。每逢假日，荷兰人常爱全家到中国餐馆吃中餐，品尝中国的菜肴。

牛奶是荷兰人日常生活中必不可少的饮料。荷兰人把胡萝卜、土豆和洋葱混合烹调而成的菜叫"国菜"，每年的10月3日，家家户户都要吃这种"国菜"，他们很爱吃柑橘类水果，其他水果则吃得不多。荷兰人的早餐多为冷餐，一般是面包奶油或奶酪。荷兰人不太喜欢茶。

荷兰人吃鲱鱼的方式相当特殊，不是用煎或烘培，而是直接搭配碎洋葱或者涂点蛋黄沙拉酱生吃。在各地的旅游景点以及闹市的摊贩都有销售。在荷兰的鱼摊前，可以随时看到衣冠楚楚的当地人就用拇指和食指捏住鱼尾巴，把鱼倒提了起来，蘸了蘸洋葱粒，抬起头，鱼头的方向冲着嘴，然后张大嘴巴，"啊唔"一口，就把那条生鱼吞进嘴里大嚼起来，整套动作一气呵成，很是享受。

4. 礼仪

（1）仪态礼仪

荷兰人在交谈时，不喜欢交叉式谈话，女子入座时，双腿要并拢；男子就座时也不宜抖腿。他们不在众人面前用牙签剔牙。

（2）相见礼仪

在官方场合，荷兰人与客人会面时，通常行握手礼。而在日常生活中，朋友相见时，大多施拥抱礼。与亲密的好友相见时，也有施吻礼的，他们不喜欢交叉着握手，认为这是不吉利的行为。

（3）商务礼仪

荷兰人具有很强的时间观念，所以在商务活动中，对约会都很守时。荷兰人很喜欢听恭维话，所以在商务活动中，对他们的室内摆设等夸奖几句，他们的心情会格外高兴。

（4）旅游礼仪

在荷兰旅游，最好学习一些荷兰语的日常会话，这对于行路坐车都有很大帮助；如果你的英语很熟练，也可以使用，因为荷兰人大都懂一些英语。荷兰流行"女士优先"（Lady First）的礼仪，所以不管在什么场合，男士都要处处为女士提供方便。

5. 荷兰四宝

风车、郁金香、奶酪、木鞋号称荷兰四宝。

（1）风车

由于地势低洼，荷兰常常受到海潮的侵蚀。于是，人们建筑围堤，与海争地，发明了世界上第一座为人类提供动力的抽水风车，并很快得到了普及。欧洲流传一句话："上帝创造了人类，荷兰风车创造了陆地。"如果没有这些高高耸立的抽水风车，荷兰人就无法从大海中争得近乎领土面积的 1/3 的土地，也就没有当地奶酪的盛名和郁金香的芬芳。

人们常把荷兰称为"风车之国"。目前，荷兰大约有 2000 多架各式各样的风车。荷兰人很喜爱他们的风车，在民歌和谚语中常常赞美风车。风车的建筑物，总是尽量打扮得漂漂亮亮的。每逢盛大节日，风车上围上花环，悬挂着国旗和硬纸板做的太阳和星星。

（2）郁金香

郁金香（Tulip）为何可以闻名于世？其中非常大的因素就是因为荷兰。郁金香是荷兰的国花，荷兰人也非常爱郁金香，在他们的生活中郁金香已经是必不可少的东西，每逢集市、花展，花总是主角。

（3）奶酪

假如有人问起荷兰有什么好吃的，十有八九人们都会认为是奶酪（Cheese）。微微的酸与甜完美地结合在一起，味道很醇美。荷兰人有各种各样的奶酪，也像红酒一样分等级。

（4）木鞋

木鞋的地位位于荷兰四宝之首。木鞋成为荷兰的特产，和光照期短、地势低洼有关。全年晴好天气不足 70 天，这使荷兰人的爱阳光一如所爱他们的画家凡高（Van Gogh）笔下的"向日葵"，也使他们不得不穿上敦实的木鞋对付潮湿的地面，木鞋最能防潮湿，而且经久不烂，因而成了荷兰人的最爱。下地干活、庭院劳作乃至室内打扫都穿不同样式的白杨木鞋。如今，木鞋也已成为特色产品和旅游纪念物。

第二节　南欧客源国概况

一、南欧概述

南欧（Southern Europe）地理优越，东濒黑海，南临地中海，西滨大西洋。西南以直布罗陀海峡（Strait of Gibraltar）、东南以达达尼尔海峡（Dardannelles

Strait)、马尔马拉海（Sea of Marmara）和伊斯坦布尔海峡（strait of Istanbul）与非洲、亚洲分隔。范围包括阿尔卑斯山脉以南的巴尔干半岛、亚平宁半岛、伊比利亚半岛和附近岛屿。

南欧共 17 个国家，包括巴尔干半岛上的罗马尼亚（Romania）、保加利亚（Bulgaria）、塞尔维亚（Serbia）、黑山（Montenegro）、克罗地亚（Croatia）、斯洛文尼亚（Slovenia）、波斯尼亚和黑塞哥维那（Bosnia and Herzegovina）、马其顿（Macedonia）、阿尔巴尼亚（Albania）和希腊（Greece）；亚平宁半岛上的意大利（Italy）、圣马力诺（San Marino）和梵蒂冈（Vatican）；伊比利亚半岛上的西班牙（Spain）、葡萄牙（Portugal）、安道尔（Andorra）；除以上国家和地区外，还包括马耳他（Malta）和土耳其（Turkey）的西北角。因为大多南欧国家靠近地中海，也称为地中海欧洲。

南欧隔着地中海与亚、非两洲相望。因特殊的地理位置，成为欧洲联系外界的交通中心。自古以来与西亚及北非往来密切，同是重要的古文明起源地；对西方世界而言，南欧更孕育了古希腊、古罗马文化，确立了早期的基督教社会，为西方的思想及知识体系奠定了基础。

南欧资源较少，矿产主要以重金属和非金属矿物为主。欧洲重要的经济作物产地，盛产柑橘、橄榄等。经济发展较好，大多数国家为发达国家。南欧面积约为 166 万多平方千米，总人口超过 1.8 亿，平均密度为 150 人/平方千米，属于较高的人口密度，但是分布不均。

南欧三大半岛的构造和地形比较复杂，山地高原占优势，平原面积狭小。巴尔干半岛上有迪纳拉山脉（Dinaric Alps）和品都斯山脉（Pindus Mountains），直达地中海岸，半岛中部有喀尔巴阡山系（Carpathian Mountains），横贯在罗马尼亚、保加利亚，北部为多瑙河中下游平原。亚平宁半岛主轴为亚平宁山脉，多火山地震，半岛北部为波河平原，意大利北部交界有阿尔卑斯山脉，伊比利亚半岛中部为梅塞塔高原，北部有坎塔布连山脉、比利牛斯山脉等。

南欧最重要的河流是多瑙河，这条欧洲第一大外流河，流经南欧的克罗地亚、塞尔维亚、罗马尼亚、保加利亚，并在罗马尼亚和乌克兰交界注入黑海，沿岸是南欧农业发展较好的地区，三角洲地区为南欧最大的湿地。波河是意大利第一大河，它注入了威尼斯湾。

南欧大部分地区气候属于典型的地中海气候，冬季温和多雨，夏季炎热干燥，在欧洲最为炎热。阿尔卑斯山脉地区是全区气温最低的地区，冬季下雪较多月份平均气温为 −12℃ ~1℃，7 月为 4℃ ~20℃。阿尔卑斯山区的气候有明显垂直分布的特点，随着地势的增加，气温逐渐下降。

旅游业是南欧多国的经济支柱，所占收入比重大，一些国家完全或基本依赖于旅游，如梵蒂冈、马耳他等，而意大利、西班牙和希腊是世界五大旅游国。

南欧的旅游项目以人文为主，古迹遍布，本区拥有超过 120 项世界遗产，这是南欧"揽客"的重要条件。有著名的旅游城市罗马、那不勒斯、威尼斯、佛罗伦萨、雅典、巴塞罗那和马德里等。著名景点有意大利的古罗马竞技场、比萨斜塔、庞贝古城、维苏威火山等，希腊的雅典卫城、克里特岛、奥林匹亚等，西班牙的圣家族大教堂、塞维利亚大教堂、巴利阿里群岛、阿尔卡拉门等，以及斯洛文尼亚、波斯尼亚和黑塞哥维那的溶洞景观。

二、意大利

意大利（Italy），全称意大利共和国（The Republic of Italy），是一个高度发达的民主共和国。意大利是欧洲民族及文化的摇篮，服务业、旅游业及对外贸易尤为突出，同时也是北约（NATO）和欧盟（EU）的创始会员国之一。意大利在艺术、科学和技术上拥有悠久的传统，拥有 47 项世界遗产并位居世界第一。

（一）地理

1. 位置

意大利位于欧洲南部，包括靴子型的亚平宁半岛及位于地中海中的西西里岛和萨丁岛等岛屿。意大利在北方以阿尔卑斯山（Alps）为屏障，西与法国、北与瑞士、奥地利，东与斯洛文尼亚接壤，东西南三面临亚得里亚海、爱奥尼亚海和第勒尼安海（都是地中海的子海），并且与突尼斯、马耳他和阿尔及利亚隔海相望。海岸线长约 7200 多千米。80% 国界线为海界。

2. 地形

国土面积 301338 平方千米。全境 4/5 为山丘地带。北部有阿尔卑斯山脉，中部有亚平宁山脉（Apennines）。意大利和法国边境的勃朗峰（Mont Blanc）海拔 4810 米，居欧洲第二；多火山和地震，亚平宁半岛西侧有著名的维苏威火山（Vesuvio），西西里岛上的埃特纳火山（Etna）是欧洲最大的活火山。

3. 水文

最大河流是波河（Po），发源于阿尔卑斯山南坡，水能蕴藏丰富。较大湖泊有加尔达湖（Garda）、特拉西梅诺湖（Trasimeno）、马焦雷湖（Maggiore）、科摩湖（Como）等。

4. 气候

大部分地区属亚热带地中海气候。年平均气温 1 月 2℃ ~ 10℃，7 月 23℃ ~ 26℃。年平均降水量 500 ~ 1000 毫米。

5. 资源

意大利资源贫乏，矿产资源仅有水力、地热、天然气、大理石、汞、硫黄以及少量铅、铝、锌和铝矾土等。石油和天然气产量只能满足一小部分国内市场需求。意大利传统重要可再生能源为地热和水力，地热发电量为世界第二，仅次美国，水力发电为世界第九。近年来意大利一直重视发展太阳能，2011年意大利是世界第一光伏装机容量国（占世界份额1/4），现在意大利国内可再生能源供给比例已经达到能源总需求25%。农业可耕地面积约占国土总面积的10%。

6. 政区

（1）行政区划

全国划分为20个一级行政区——大区（Regione），共110个省，8088个市（镇）。20个行政区中有5个实施特殊法律，它们是：瓦莱·达奥斯塔大区、特伦蒂诺—上阿迪杰大区、弗留利—威尼斯·朱利亚大区、西西里岛大区和撒丁岛大区。

（2）首都及重要城市

①罗马

意大利首都罗马（Rome）是有着辉煌历史的欧洲文明古城，天主教中心，罗马教廷所在地，前罗马帝国首都，是古罗马帝国的发源地。由于它建在7座山丘之上并有悠久的历史，故被称为"七丘城"和"永恒之城"。罗马位于亚平宁半岛中部的台伯河（Tiber River）畔，总面积为1507.6平方千米，其中市区面积208平方千米。罗马市现由55个居民区组成，人口约264万，其都会区人口540万，罗马是意大利最大的城市，现为全国政治、文化和交通中心。

②米兰

米兰（Milan）是一座现代化的国际大都市，意大利北部伦巴第大区首府，米兰省省会，前西罗马帝国首都。位于波河平原北岸，是意大利的经济引擎、最大的工商业城市、经济首都。

③都灵

都灵（Torino）是意大利第三大城市，最大工业区，皮埃蒙特区首府。位于波河上游谷地，海拔243米。人口约103.5万。冬温夏热，年降水量1000毫米左右，冬春降水较多，且多山谷风。都灵在第二次世界大战后工业发展迅速，尤以汽车制造业闻名于世。现为意大利最大的工业中心之一，多大型的现代化企业。欧洲的电力炼钢和电子加工中心之一。在阿尔卑斯山脉廉价水电基础上，重点发展技术密集型产业，有发动机、机床、电子、电器、化学、轴承、飞机、精密仪器、仪表以及军火工业等。

（二）经济

1. 工业

意大利是发达工业国家。私有经济为主体，占国内生产总值的80%以上。

工业主要以加工工业为主，所需能源和原料依赖外国进口，工业产品的1/3以上供出口。历史上，意大利的国家参与制企业比较发达。伊利、埃尼和埃菲姆曾是三大国营财团，在全国工业产值中约占1/3，经营范围涉及钢铁、造船、机械、石油、化工、军火等部门。

意大利的原油加工能力居世界第六位，年加工能力为1亿吨左右，有"欧洲炼油厂"之称，意大利国有控股能源公司埃尼集团目前是世界第七大能源集团。此外意大利莫拉蒂石油公司在撒丁岛拥有欧洲最大的单个炼油厂。意大利历来是欧洲乃至世界重要的钢铁生产国，钢产量居欧洲第二；塑料工业、拖拉机制造业、电力工业等也位居世界前列。

20世纪90年代以来，政府加快了国有企业私有化进程。中小企业在意大利经济中占有重要地位，近70%的国内生产总值由这些企业创造，因此被世人称为"中小企业王国"。在制革、制鞋、服装、纺织、家具、厨房设备、瓷砖、丝绸、首饰、酿酒、机械、大理石开采及机械工业等领域有较大优势，具有专业化程度高、适应能力强、劳动力安排富于伸缩性和产品出口比例大等特点。以家庭式微型企业为主的"地下经济"十分繁荣，产值约占国内生产总值的15%。

2. 农林渔业

农、林、渔业占国内生产总值约2.4%。由于境内多山和缺乏肥沃土壤，农业可耕地面积仅占全国总面积的10%，意大利农业出口产品主要由葡萄酒、橄榄油、硬小麦加工的面和面粉及蔬菜肉类加工制成品四大部分组成。意大利是继法国之后世界第二大葡萄酒生产国。除水果和蔬菜之外，意大利是食品和农产品的纯进口国。

3. 旅游业

旅游业发达，旅游收入成为意大利国民经济的支柱。意大利旅游资源丰富，气候湿润，风景秀丽，文物古迹很多。丰厚的文化艺术遗产是意大利发展旅游业取之不尽，用之不竭的源泉。得天独厚的地理位置和气候条件、四通八达的海陆空交通网、与旅游资源配套的服务设施，以及渗透在人民生活各个层面的文化内涵，每年都吸引数千万外国游客前往意大利。主要旅游城市是罗马、佛罗伦萨（Florence）和威尼斯（Venice）。

4. 交通运输

意大利交通运输系统属于世界最完善的交通系统之一，意大利领土面积排世界71位。但国内各种交通运输系统建筑长度总和位于世界前20位，人均拥有交通路线长度则处于世界前10位。

（1）公路

其中国内运输主要依靠公路，也是意大利交通系统中最令人满意的运输类别。其公路系统是欧洲最发达最高效的公路系统之一。意大利每平方千米公路密度位居欧洲第三，但总长度份额惊人地占据欧洲 44 国整个公路网总和的16.2%。其中国家高速公路全长达 6600 千米，在欧盟排第四。

（2）铁路

意大利铁路网星罗棋布，共有火车站 3500 多个。铁路线路有很多隧道，其中与瑞士的森皮奥内隧道长 19.8 千米，是世界第一长铁路隧道。意大利铁路全长 16356 千米与英国相当，排欧洲第三，占据欧洲铁路总长度 10.7% 的份额。意大利是世界发展高铁项目最早的国家之一。1992 年已建成罗马与佛罗伦萨之间的高铁。

（3）航空

意大利空运系统也较为发达。意大利航空运输先天条件优越，至欧洲和地中海主要首都城市的飞行时间均不超过 3 小时，国内航线十分密集，从北部到南部飞行所需时间不超过 1 小时。主要机场有罗马的菲乌米奇诺，米兰的利纳特、马尔奔萨，都灵的卡塞莱等。

（4）水运

意大利水运系统也非常发达，其中占主要地位的为海运，意大利近 8000 千米漫长的海岸线上分布着 148 个大大小小的港口，主要港口有地中海第二大港热那亚（Genova）港、意大利最大客运港那不勒斯（Naples）港、地中海最大军事港口塔兰托（Taranto）港。意大利国内水运（运河和河道）不占优势，长度约 1500 千米。

5. 对外贸易

对外贸易是意大利经济的主要支柱。外贸产值占据意大利 GDP 40% 以上。进口主要以石油、原料和食品等为主，出口主要以机械仪器、汽车、农产品加工、钢铁、化工化学、制药、家用电器、服装、制鞋、贵重金属等工业制成品为主。意大利国外市场主要为欧盟国家，对其出口量占总量一半以上。但近年来，意大利对世界其他地区市场出口份额逐渐加大，出口欧盟占出口总份额逐渐缩小。俄罗斯、日本、中国、巴西、美国、越南、北非、中东、南非等国家和地区都是意大利非欧盟国家中重要的贸易伙伴。

6. 中意关系

1970 年 11 月 6 日，意大利共和国与中华人民共和国建交。建交以来，双边关系发展顺利，高层互访不断。意大利佩尔蒂尼总统、卡尔法罗总统、阿马托总理、贝卢斯科尼总理、钱皮总统等曾先后在任内访问中国。中华人民共和国李先念主席、江泽民主席、胡锦涛主席、习近平主席、李鹏总理、朱镕基总理、温家宝总理等也曾先后应邀访问过意大利。近年来，两国政治互信稳固，经贸、科技、文化、教育等领域合作取得务实成果，在联合国等国际组织中保持良好磋商与合作。

（三）社会文化

1. 国家象征

（1）国旗

意大利国旗呈长方形，长与宽之比为3∶2。旗面由三个平行相等的竖长方形相连构成，从左至右依次为绿、白、红三色。意大利原来国旗的颜色与法国国旗相同，1796年才把蓝色改为绿色。据记载，1796年拿破仑的意大利军团在征战中曾使用由拿破仑本人设计的绿、白、红三色旗。1946年意大利共和国建立，正式规定绿、白、红三色旗为共和国国旗。

（2）国徽

意大利国徽呈圆形。中心图案是一个带红边的五角星，象征意大利共和国；五角星背后是一个大齿轮，象征劳动者；齿轮周围由橄榄枝叶和橡树叶环绕，象征和平与强盛。底部的红色绶带上用意大利文写着"意大利共和国"。

图3-8 意大利国旗　　　　图3-9 意大利国徽

2. 人口

意大利总人口约6087万。94%的居民为意大利人，少数民族有法兰西人、拉丁人、罗马人、弗留里人等。除西北部与东北部的少数民族讲法语、德语和斯洛文尼亚语外，绝大多数居民讲意大利语，个别地区讲法语和德语。意大利大部分居民信仰天主教。

3. 教育

意大利用于公共教育经费占政府公共开支的8%左右。全国实行八年义务教育。教育体制主要分为幼儿教育、小学教育、初中教育、高中教育和大学教育五个阶段。小学学制为五年，初中学制三年，高中分普通高中、职业高中和中专技术学校三大类。学制分五年、四年、三年不等（多数为五年）。高中生通过全国毕业考试后，即可升入大学。著名大学有罗马大学、米兰博科尼大学、米兰理工大学、都灵理工大学、波伦亚大学、帕多瓦大学、比萨大学和佛罗伦萨大学等。

4. 文化

公元 14—15 世纪，意大利文艺空前繁荣，成为欧洲"文艺复兴"运动的发源地，但丁、达·芬奇、米开朗琪罗、拉斐尔、伽利略等文化与科学巨匠对人类文化的进步作出了无可比拟的巨大贡献。如今，在意大利各地都可见到精心保存下来的古罗马时代的宏伟建筑和文艺复兴时代的绘画、雕刻等古迹。

5. 科技

20 世纪，意大利先后有 9 位科学家获得过诺贝尔物理、化学、医学奖。基础研究中的物理与天文（如超导托克马克、同步辐射加速器、宇宙射线的研究和大型天体望远镜的研制等）、临床医学、生物医学、化学等领域处于世界前列。高新技术领域如空间技术、信息通信、高性能并行计算机（运算速度已经达到每秒万亿次）、核能、农业领域等在国际上都具有一定的竞争力。

（四）民俗风情

1. 姓名

意大利人的姓名，一般名在前，姓在后，如 Ambro di Albentiis（安宝·迪·阿尔本蒂斯）、Isabella Tessoro（伊莎贝拉·特索罗）。在文函、信件、请柬里要书写姓名全称。亲朋好友之间习惯上直呼其名，对长者、有地位的人或不熟悉的人，须称呼他们的姓，而且要加上"先生"、"太太"、"小姐"等称谓。需要注意的是"太太"只用于称呼已婚妇女，而对未婚妇女，无论年龄大小，一律要称"小姐"。

2. 服饰

意大利是服装之乡，素以服装设计制作、皮鞋和首饰加工闻名于世。注重服饰是其民族传统，他们认为衣着既体现人的修养与见识，又反映了他为人处世的态度。他们穿衣服讲究合体，注重服装的色泽和款式、上衣、裤子和皮鞋颜色搭配要协调，服装的样式和颜色，要与自己的肤色和性格相适应，讲究衣着的个性化和整体搭配，又喜欢标新立异和时髦。在正式场合，他们穿三件套的西服、系领带。女士穿套裙，很少穿长裤。意大利人习惯在不同的场合穿不同的服装。穿衣不受性别和年龄限制，中老年男人也穿红色上衣、碎花衬衣。

意大利服装大体可以分为民族服装、普通服装、流行服装和正式服装。民族服装代表各民族的传统习惯，遇有重大节日、喜庆活动或传统节日表演时，人们才穿上五彩缤纷的传统服装。平日的服装随意，男士穿各种棉织衬衣、T恤、夹克、仔裤及长裤，妇女穿绣花衬衣、棉麻丝绸上衣或针织上衣、连衣裙、短裙等。业余穿休闲装、运动服。有些青年爱穿流行服装。意大利的时装以手工精巧、用料讲究、款式新颖而著称。

3. 饮食

意大利人进餐时先吃什么后吃什么都有一定的顺序。如先喝开胃酒或饮料，再上冷盘。用完正菜、素菜后，要品尝奶酪、点心及水果、冰激凌，最后饮咖啡或一小杯烈性酒。用餐时左手执叉，右手握刀和汤匙，不要让餐具碰出响声，用完放在盘子里。吃饭时嘴里不要出声音。吃肉时切一块吃一块，边切边吃。吃面条时不能挑起来，要用叉子卷几根吃。吃完鱼的一面后，不要将鱼身翻过来，要用刀叉取下鱼骨，再吃另一面。喝咖啡时用小勺搅拌一下，然后将勺放在盘子上，直接用杯子喝。意大利人喜欢面食，除面包、比萨饼和蛋糕外，他们将通心粉等面食作为一道菜来享用，炒米饭也是一道菜。葡萄酒是意大利人离不开的饮料，不论男女几乎每餐都要喝酒，甚至在喝咖啡时，也要掺上一些酒。

意大利的主要美食有：

（1）意大利面

意大利面（Spagetti）又称之为意大利通心粉（简称意粉），是西餐品种中中国人最容易接受的。作为意大利面的法定原料，杜兰小麦是最优质的小麦品种，具有高密度、高蛋白质、高筋度等特点，其制成的意大利面通体呈黄色，耐煮、口感好。它的形状也不同，除了普通的直身粉外还有螺丝型的、弯管型的、蝴蝶型的、贝壳型的林林总总数百种。所以，正宗的原料是意大利面具有上好口感的重要条件。

拌意大利面的酱是比较重要的。一般情况下，意大利面的酱分为红酱（Tomato Sauce）、青酱（Pesto Sauce）、白酱（Kleam Sauce）和黑酱（Squid – Ink Sauce）。红酱是主要以番茄为主制成的酱汁，最经典的是意大利肉酱面，有些以奶酪老奶油为主，是著名的意大利面食。目前是见得最多的；青酱是以罗勒、松子粒、橄榄油等制成的酱汁，其口味较为特殊与浓郁；白酱是以无盐奶油为主制成的酱汁，主要用于焗面、千层面及海鲜类的意大利面；黑酱是以墨鱼汁所制成的酱汁，其主要佐于墨鱼等海鲜意大利面（墨鱼面）。

（2）甜点

意大利最著名的甜点是冰激凌（Ice Cream），其中奶油冰激凌和威士忌冰激凌是最为普遍的口味。除此之外，当属一种名为提拉米苏（Tiramisu）的意大利式蛋糕。

（3）咖啡

意大利的泡沫咖啡卡普奇诺（Cappucino）与浓缩咖啡（Espresso）是意大

利特有的餐桌上的精品饮料。此外，薄咖啡、牛奶咖啡以及柠檬或小茴香增添口感的现煮咖啡和冰咖啡也都是意大利人喜爱的咖啡。

4. 习俗

意大利人热情好客，待人接物彬彬有礼。在正式场合，穿着十分讲究。见面礼是握手或招手示意；对长者、有地位和不太熟悉的人，要称呼他的姓，加上"先生"、"太太"、"小姐"和荣誉职称；在就餐、乘车、乘电梯等情况下，都会让女士先行。

意大利的婚丧嫁娶习俗，与欧洲其他国家相似，仪式多与宗教仪式相关。意大利人的嫁娶需要经过订婚（交换订婚戒指）、结婚（分为民政和教堂婚礼）两道仪式，3—4月是意大利青年选择结婚的高峰期。意大利人在1974年5月以前是不允许离婚的，在1974年5月16日全民公决后，意大利人的离婚率一直居高不下。

意大利人的埋葬方式多为土葬，多葬在大型公墓内。

5. 禁忌

意大利人认为"3"和"13"是两个不吉利的数字，也不喜欢"星期五"。他们忌讳将盐撒落在地，因为盐对人类非常重要。送给女士的鲜花以单数为宜，送玫瑰表示求爱，菊花则用于丧葬。意大利人忌讳菊花。

外出会客前不要吃大蒜，忌以手帕送人，因为手帕是擦泪用的。丝织品与麻织品一般也不作礼品。意大利人忌讳交叉握手，以免形成一个"十"字。和意大利人谈话要注意分寸，一般谈论工作、新闻、足球，不要打听个人隐私，如年龄、婚姻、收入、宗教信仰、政治派别等，不要谈政治特别是黑手党、腐败等问题，也不要谈美式橄榄球。

意大利人喜欢绿色（象征春天）、蓝色（吉祥）、黄色（美神），忌紫色、忌仕女像、十字花图案。喜欢动物和鸟类的图案。喜欢狗和猫。

三、西班牙

西班牙（Spain），全称西班牙王国（The Kingdom of Spain）。在近代史上，西班牙是一个重要的文化发源地，并于16世纪时成为影响世界的全球性帝国。西班牙在当今世界属于中等发达的工业国，拥有较完善的市场经济，其国民生产总值位居欧洲国家前列。

（一）地理

1. 位置

西班牙位于欧洲西南部，与葡萄牙（Portugal）共同分享伊比利亚半岛（I-beria Penisula）。北濒比斯开湾（Bay of Biscay），西邻葡萄牙，南隔直布罗陀海峡（Strait of Gibraltar）与非洲的摩洛哥（Morocco）相望，东北与法国和安道尔（Andorra）接壤，东和东南临地中海。它的领土还包括地中海的巴利阿里群岛（Balearic Islands）、大西洋的大小加那利群岛（Canary Islands），以及在北非的两个飞地——休达（Ceuta）和梅利利亚（Melilla）。西班牙南北跨840千米，东西1000千米。国土面积为504750平方千米。

2. 地形

西班牙境内多山。在欧洲，它是除了瑞士（Switzerland）之外地势最高的国家。西班牙全境大部分是古老的高原。著名的中央高原耸立西班牙正中，约占全国面积的60%，海拔600~700米。中央高原三面被高山阻绝：北部是坎塔布连山脉，南部仁立着莫雷纳山（Morena），东部的伊比利亚山脉隔开中部高原与阿拉贡平原。高原西边那一面缓缓延伸，地势渐趋平坦，最后消失在大西洋沿岸。境内高原和山地相间，全国平均海拔660米，全国35%的地区海拔1000米以上，平原仅占11%。主要山脉北有坎塔布连、比利牛斯，南有莫雷纳山脉和安达卢西亚山脉。

3. 气候

中部梅塞塔高原属大陆性气候，北部和西北部沿海属海洋性温带气候，南部和东南部属地中海型亚热带气候。西北部较湿润，内陆和东南部较干燥。月平均气温从北到南：1月9.4℃~10.3℃；7月19.1℃~28.1℃。年降水量一般350~500毫米，山地高达1500毫米。中部的马德里地区属于高原气候，夏季干热，冬季干冷。东北部的巴塞罗那地区则为最典型的地中海气候，常年气候温和湿润，夏季较炎热干燥，降水以冬季为主，一年能保证有250天以上的阳光。

4. 资源

主要矿产储藏量：煤88亿吨，铁19亿吨，黄铁矿5亿吨，铜400万吨，锌190万吨，汞70万吨。森林总面积1437万公顷。

5. 政区

（1）行政区划

全国划分为17个自治区（Autonomous region）、50个省、8000多个市镇。

（2）首都及重要城市

①马德里

西班牙首都马德里（Madrid）地处海拔670米的山间盆地上，是欧洲地势最高的首都之一。这里风光秀丽，阳光灿烂，空气清新，每年的晴天数居欧洲各大首都之首。马德里是一座现代化的城市，同国内20多个城市以及世界各大城市通有飞机航线，西班牙的公路网以马德里为中心向全国各地延伸。

②巴塞罗那

巴塞罗那（Barcelona）是加泰罗尼亚自治区首府，是西班牙第二大城市，也是世界上人口最稠密的城市之一。1992 年，第 25 届奥林匹克运动会在巴塞罗那举办。巴塞罗那是享誉世界的地中海风光旅游目的地和世界著名的历史文化名城，也是西班牙最重要的贸易、工业和金融基地，工业产值占全国的 1/5，有汽车、重型机械、化工、精密仪器、纺织等工业部门。巴塞罗那港是全国最大的综合性港口，还是地中海沿岸最大的港口和最大的集装箱集散码头。

（二）经济

1. 工业

主要工业部门有造船、钢铁、汽车、水泥、采矿、建筑、纺织、化工、皮革、电力等行业。其中纺织、服装和制鞋业是西班牙重要传统产业；汽车工业是西班牙支柱产业之一，汽车出口占西班牙对外出口的 1/4。

2. 农业

农业产值占国内生产总值的 3.5%。西班牙葡萄酒产量居世界第三，橄榄油产量居世界第一。农业占地 3331 万公顷，其中已用地 2517 万公顷，可耕地 1665 万公顷。

3. 服务业

服务业是西班牙国民经济的一个重要支柱，包括文教、卫生、商业、旅游、科研、社会保险、运业业、金融业等，其中尤以旅游和金融业较为发达。

4. 旅游业

旅游业是西班牙经济的重要支柱和外汇的主要来源之一。西班牙自然、人文风光优美，全国有 40 处景点被联合国教科文组织世界遗产委员会列入名录，是世界遗产最多的国家之一。著名旅游胜地有马德里、巴塞罗那、塞维利亚（Sevilla）、太阳海岸、美丽海岸等。

5. 对外贸易

主要进口石油、工业原料、机械设备和消费品。主要出口汽车、钢材、化工产品、皮革制品、纺织品、葡萄酒和橄榄油等。主要贸易伙伴是欧盟（EU）、亚洲、拉美和美国。

6. 交通运输

以陆路交通运输为主。主要港口有 27 个，其中最主要的有巴塞罗那、毕尔巴鄂、塔拉戈纳、阿尔赫西拉等。主要机场有马德里巴拉哈斯机场、帕尔马·德马略卡机场和巴塞罗那机场。

7. 中西关系

西班牙王国与中华人民共和国于 1973 年 3 月 9 日建交。建交后，双边关系发展平稳，双方在政治、经贸、科技和文化等领域的交往与合作不断扩大。两国政治关系日益密切，双方领导人保持着经常性的往来。建交后，中西经贸关系发展迅速，贸易额不断增长。西班牙是中国在南欧最重要的贸易伙伴之一，在欧盟内第七大贸易伙伴，中国是西班牙在欧盟外第一大贸易伙伴。

（三）社会文化

1. 国家象征

（1）国旗

西班牙国旗呈长方形，长与宽之比为 3∶2。旗面由三个平行的横长方形组成，上下均为红色，各占旗面的 1/4；中间为黄色。黄色部分偏左侧绘有西班牙国徽。红、黄两色是西班牙人民喜爱的传统颜色，并分别代表组成西班牙的四个古老王国。

（2）国徽

西班牙国徽中心图案为盾徽。盾面上有六组图案：左上角是红地上黄色城堡，右上角为白地上头戴王冠的红狮，城堡和狮子是古老西班牙的标志，分别象征卡斯蒂利亚和莱昂；左下角为黄、红相间的竖条，象征东北部的阿拉贡；右下角为红地上金色链网，象征位于北部的纳瓦拉；底部是白地上绿叶红石榴，象征南部的格拉纳达；盾面中心的蓝色椭圆形中有三朵百合花，象征国家富强、人民幸福、民族团结。盾徽上端有一顶大王冠，这是国家权力的象征。盾徽两旁各有一根海格立斯柱子。亦称大力神银柱，左、右柱顶端分别是王冠和帝国冠冕，缠绕着立柱的饰带上写着"海外还有大陆"。

图 3-10　西班牙国旗

图 3-11　西班牙国徽

2. 人口

西班牙人口约 4613 万，其中卡斯蒂利亚人（Castilla，即西班牙人）占人口总数 70% 以上，少数民族有加泰罗尼亚人、加里西亚人（Galicia）和巴斯克人（Basque）。官方语言和全国通用语言为卡斯蒂利亚语（即西班牙语）。西班牙自从罗马人统治时期开始就确立了天主教国家的地位。目前96%的居民信仰天主教，其余也有新教徒、犹太教徒和伊斯兰教徒。

3. 教育

中、小学实行免费义务教育（6～16岁），小学为6年，中学为4年，大学4～5年。教育费用约占国内生产总值的4.35%，其中大部为公共部门的投资。

著名的高等学校有：马德里孔普鲁腾塞大学、马德里自治大学、萨拉曼卡大学、巴塞罗那大学等。

（四）民俗风情

1. 姓名

西班牙人姓名常有三四节，前一二节为本人名字，倒数第二节为父姓，最后一节为母姓。一般以父姓为自己的姓，但少数人也有用母姓为本人的。如："Diego Rodríguez de Silva y Velásquez"译为迭戈·罗德里格斯·德席尔瓦—贝拉斯克斯，de是介词，Silva是父姓，y是连接词"和"，Velásquez是母姓。已婚妇女常把母姓去掉而加上丈夫的姓。通常口头称呼常称父姓，或第一节名字加父姓。如弗朗西斯科·佛朗哥（Francisco Franco），全名弗朗西斯科·保利诺·埃梅内希尔多·特奥杜洛·佛朗哥·巴蒙德（Francisco Paulino Hermenegildo Teódulo Franco y Bahamonde）。前四节"Francisco Paulino Hermenegildo Teódulo"为个人名字，倒数第二节"Franco"为父姓，最后一节"Bahamonde"为母姓。简称时，用第一节名字加父姓。

2. 宗教

天主教的影响更多地表现在西班牙人的日常生活中。像其他天主教徒一样，西班牙人一生中最重要的时刻都是在教堂中度过的：出生后的洗礼（Baptism），第一次领圣餐（Eucharist Holy Communion），婚礼和葬礼。西班牙节日众多，有一个原因就是每一个城市、每一个村子、每一种职业都有一个圣徒作为守护神。每到圣徒生日的时候，这个城市或者行业公会就要举行大弥撒（Missa）和宗教游行。另外，每一个教徒也都有自己的守护神，不仅要过自己的生日，也要过圣徒的生日。西班牙人的名字大多取自圣徒，最常见的男女名字就是圣父圣母"何塞"和"玛利亚"，而且不论男女，都经常把这两个名字连用。

3. 饮食

饮食是西班牙最具吸引力的特色文化之一，不管是质量还是种类都在世界上享有盛誉。传统的西班牙烹饪中经常使用以橄榄油为主的植物油和以猪油为主的动物油脂。西班牙盛产土豆、番茄、辣椒、橄榄，美食汇集了西方各地菜肴的烹制方法，其菜肴品种繁多，口味独特。烹饪中会使用由阿拉伯人引进的种类繁多的水果和蔬菜，以及从美洲新大陆引进的马铃薯和番茄作为配料。塞戈维亚的烤乳猪，米兰达埃布罗的烤羊肉，巴伦西亚的以红色作配料的"巴戈亚饭"，曼卡的奶酪，比斯开湾的海味等，皆是脍炙人口的美食。

4. 礼仪

（1）相见礼仪

西班牙人通常在正式社交场合与客人相见时，行握手礼。与熟人相见时，男性朋友之间常紧紧地拥抱。

（2）商务礼仪

西班牙人很重视信誉，总是尽可能地履行合同，即便后来发现合同中有对他们不利的地方，他们也不愿公开承认自己的过失。如在这种情况下，对方能够善意地帮助他们，则会赢得西班牙人的尊重与友谊。西班牙人只有在参加斗牛比赛活动时才严守时间，但客人应当守时，即便对方晚到，也不要加以责怪。

（3）旅游礼仪

西班牙人性格开朗，热情，但容易激动，有时发生争吵是很正常的，他们对此已习以为常。西班牙人吃东西时，通常会礼貌地邀请周围的人分享，但这仅是一种礼仪上的表示，不要贸然接受，否则会被他们视为缺乏教养。

5. 禁忌

西班牙人忌讳送大丽花和菊花，这两种花和死亡有关，只有在葬礼上才送菊花。送的时间也有讲究，每月的 13 日一般都不送花，送花时也不送 13 支，因为"13"这个数字在西班牙人心中不吉利。

第三节　中欧客源国概况

一、中欧概述

中欧（Central Europe）主要指波罗的海以南，阿尔卑斯山脉以北的欧洲中部地区，面积 101 万多平方千米。中欧所包括的国家有波兰（Poland）、捷克（Czech）、斯洛伐克（Slovak）、匈牙利（Hungary）、德国（Germany）、奥地利（Austria）、瑞士（Swiss）、列支敦士登（Liechtenstein）。

中欧处在温带气候带，西部部分地区为温带海洋性气候，东部为温带大陆性湿润气候。地形多样，北部为波德平原；南为阿尔卑斯山脉、喀尔巴阡山脉；东有多瑙河流域的匈牙利平原。拥有较少的资源，主要有森林、煤矿。

中欧各国均属发达国家，经济水平发展高，但仍较低于北欧和西欧，总体在欧洲位列中等，各国服务业均占主导地位。德国为欧洲第一大经济体。

中欧农业主要在德国、波兰、捷克和匈牙利四国。这些国家拥有较为广阔的耕地面积，尤其是德国，但波德平原土地肥力较低，土地较为肥沃的是多瑙河沿岸。中欧主要出产小麦、大麦、甜菜、玉米等，是仅次于俄罗斯、法国的欧洲粮食产地，而经济作物出产较少。

中欧北部诸国较侧重重工业，而中欧南部则以轻工业为主。在大多数国家，工业产值所占国民生产总值的比例都在二成到三成。德国的汽车、电子电气、机械制造享誉世界，有大众汽车、戴姆勒、宝马、西门子、阿迪达斯等著名公司；瑞士的食品加工、钟表、手工业、制药业在欧洲占有重要地位，有劳力士、雀巢等公司。另外奥地利的水晶工艺、波兰的钢铁工业、捷克的酿酒工业在欧洲都很出名。

中欧旅游业发达。适宜的气候、优美的风景使中欧的旅游业发展迅速，每年有大量游客来到德国、瑞士等地观光。德国的文化历史遗迹丰富，吸引大量游客，成为欧洲重要旅游国；瑞士、奥地利主要以阿尔卑斯山观光为主，但其间不乏优美的人文景观，波兰、匈牙利也有出众的景点。除此之外，还有很多的文化节日，慕尼黑啤酒节、科隆狂欢节、维也纳音乐节等为主要节日。

超过 100 项诺贝尔奖（The Nobel Prize）很好地证明了中欧地区文化科教的繁荣。事实上，中欧是世界上获得诺贝尔奖最多的地区，大多数奖项为德国人获得。中欧处在东欧、北欧和西欧文化交流密切的地区，加上本地文化，中欧文化渐渐成为集多种之长者。中欧在文学、思想、科学等领域都有重要成就。

中欧也是世界上音乐艺术发达之地，历史上产生了众多名扬世界的音乐家：奥地利的海顿（Haydn）、莫扎特（Mozart）、舒伯特（Schubert）、约翰·施特劳斯（Johann Strauss），以及德国音乐大师贝多芬（Beethoven）和波兰的肖邦（Chopin），这些音乐大师在两个多世纪中，为中欧乃至世界留下了极其丰厚的文化遗产，形成了独特的民族文化传统。奥地利建于 1869 年的皇家歌剧院（现名维也纳国家歌剧院）是世界最有名的歌剧院之一，而维也纳爱乐乐团则是举世公认的世界上首屈一指的交响乐团。

二、德国

德国（Germany），全称德意志联邦共和国（The Federal Republic of Germany）。德国是欧盟的创始会员国之一，是联合国、北约（NATO）、八国集团（Group – 8）、地中海联盟（Union for the Mediterranean）的成员国。德国是欧洲乃至世界优秀国家，世界第二大商品出口国和第三大商品进口国，同时在医学研究、技术创新等多个领域中处于世界领先地位。

（一）地理

1. 位置

德国位于欧洲中部，东邻波兰、捷克，南接奥地利、瑞士，西接荷兰、比利时、卢森堡、法国，北与丹麦（Denmark）相连，并邻北海（North Sea）和波罗的海（Baltic Sea）与北欧国家隔海相望，是欧洲邻国最多的国家。面积为35.7 万平方千米。国界线长 3757 千米，海岸线长 2389 千米。德国面积的53.5% 用于农业，29.5% 是森林，12.3% 用于居住和交通，1.8% 是水域，其余的 2.9% 是荒地。

2. 地形

德国地势北低南高，呈阶梯状，可分为四个地形区：德国北部是平均海拔不到 100 米的平原，是波德平原（也叫中欧平原）的一部分，临北海和波罗的海，地势低平，气候夏季凉爽，冬季阴冷，土壤较为贫瘠，主要利用草场发展畜牧业，也种黑麦、燕麦和马铃薯；中部是由东西走向的高地构成的山地；西南部是莱茵河谷（Rhine Valley）地区，莱茵河（Rhine）两旁谷壁陡峭的山地为森林和高山牧场；东南部是巴伐利亚高原（Bavarian plateau）和阿尔卑斯山区（The Alps），河谷地带日照时间较长，土壤肥沃，盛产烟草和葡萄等水果和用于酿造啤酒的啤酒花，阿尔卑斯山脉中的楚格峰（Zugspitze）海拔 2963 米，是德国的最高峰。

3. 水文

主要河流有莱茵河（Rhine，流经境内 865 千米）、易北河（Elbe）、威悉河（Weser）、奥得河（Oder）、多瑙河（Donau）。较大湖泊有康斯坦茨湖（Bodensee）、基姆湖（Chiemsee）。运河众多，河网密布，水运发达。

德国的主要海洋是北海和波罗的海。1995 年 1 月 1 日起，根据 1982 年国际海洋法协定，德国在北海和东海的领海由 3 海里增至 12 海里（约 22 千米），其面积各增加 4100 平方千米和 1700 平方千米。

4. 气候

德国西北部为温带海洋性气候，往东部和南部逐渐过渡成温带大陆性气候，气候多变，盛行西风。德国气温适中，气温变化不大，最冷的 1 月平均在 0℃ 左右，山区约 −10℃，12 月至次年 3 月为冬季，阿尔卑斯山区冬季一直到 5 月，夏季平均在 20℃，最热月份为 6—8 月。整体上平均气温 7 月 14℃ ~19℃，1 月 −5℃ ~1℃。年降水量 500 ~1000 毫米，山地则更多。

5. 资源

德国自然资源较为贫乏，除硬煤、褐煤和盐的储量丰富外，在原料供应和能源方面很大程度上依赖进口，2/3 的初级能源需进口。天然气储量约 3820 亿立方米，能满足国内需求量的 1/4。硬煤探明储量约 2300 亿吨，褐煤约 800 亿吨；其他矿藏的探明储量为：钾盐约 130 亿吨，铁矿石 16 亿吨，石油 5000 万吨。东南部有少量铀矿。德国森林覆盖面积为 1110 万公顷，占全国面积约 1/3。水域占 2%。

6. 政区

（1）行政区划

分为联邦、州、市镇三级，共有 16 个州、1229 个市镇。16 个州的名称是：巴登—符腾堡、巴伐利亚、柏林、勃兰登堡、不来梅、汉堡、黑森、梅克伦堡—前波莫瑞、下萨克森、北莱茵—威斯特法伦、莱茵兰—普法耳茨、萨尔、萨克森、萨克森—安哈特、石勒苏益格—荷尔斯泰因和图林根。其中柏林、不来梅和汉堡是市州。

（2）首都

首都柏林（Berlin），人口 341.5 万，年平均气温约 8.9℃。柏林是全国的政治、经济、文化和交通中心，也是欧洲的重要交通枢纽和河港。

（二）经济

1. 工业

德国工业发达，主要有以下几个特点：

（1）工业侧重重工业

汽车和机械制造、化工、电气等部门是支柱产业，占全部工业产值的 40%以上。其他如食品、纺织与服装、钢铁加工、采矿、精密仪器、光学，以及航空与航天工业也很发达。

（2）工业外向型

德国主要工业部门的产品一半或一半以上销往国外。

（3）工业主要由中小企业组成

德国大约 2/3 的工业企业雇员不到 100 名。众多的中小企业专业化程度较高，技术水平较高。

（4）工业垄断程度高

德国工业生产集中度很高，垄断性强。1000 人以上的大企业占工业企业总数的 2.5%但是却占有工业就业人数的 40%和营业额的一半以上。

2. 农业

德国农业发达，机械化程度很高。农业就业人口 85 万，占国内总就业人数的 2.14%。

3. 服务业

服务业包括商业、交通运输、电信、银行、保险、房屋出租、旅游、教育、文化、医疗卫生等部门。

4. 旅游业

德国旅游业发达。每年有大量国内外游客在德国旅游。著名旅游景点有勃兰登堡门（Brandenburg Gate）、科隆大教堂（The Cathedral of Cologne）等。

5. 交通运输

德国交通运输业十分发达。公路、水路和航空运输全面发展，特别是公路密度为世界之冠。民航运输业发达。

6. 对外贸易

德国是世界贸易大国，同 230 多个国家和地区保持贸易关系。德国出口业素以质量高、服务周到、交货准时而享誉世界。主要出口产品有汽车、机械产品、化学品、通信技术、供配电设备和医学及化学设备。主要进口产品有化学品、汽车、石油天然气、机械、通信技术和钢铁产品。主要贸易对象是西方工业国，其中进出口一半以上来自或销往欧盟国家。

7. 中德关系

1972 年 10 月 11 日，联邦德国与中华人民共和国建立外交关系。建交以来，两国关系发展顺利，相互了解和信任不断增强，各领域务实合作不断深化。两国互为重要合作伙伴，建立了政府磋商机制。经济上，中德共同利益多，互补性强，都注重发展实体经济，同为制造业大国，合作潜力巨大。德国已成为中国在欧洲最大贸易伙伴及外资和技术引进来源国。

（三）社会文化

1. 国家象征

（1）国旗

德国国旗呈横长方形，长与宽之比为 5∶3。自上而下由黑、红、黄三个平行相等的横长方形相连而成。三色国旗可在机场、宾馆、宴会和其他场合悬挂。联邦政府机构和驻外使馆等悬挂带有黑鹰图案的国旗。

（2）国徽

德国国徽为金黄色的盾徽。盾面上是一头红爪红嘴、双翼展开的黑鹰，黑鹰象征着力量和勇气。

2. 人口

德国人口约 8200 万，主要是德意志族，还有丹麦族和索布族等。有 725.6 万外籍人，占人口总数的 8.8%，以土耳其人最多。德国居民中 33.7% 的人信仰基督教新教，33.2% 信仰罗马天主教，此外，还有少数人信仰伊斯兰教和犹太教。德语为通用语言，也是该国的官方语言。

图 3-12　德国国旗　　　　　　　　　图 3-13　德国国徽

3. 教育

德国的大、中、小学和职业教育发达，实行 12 年制的义务教育，公立学校学费全免，教科书等学习用品部分减免。小学学制 4~6 年，中学学制 5~9 年。高等学校享有一定自主权，原则上实行自由入学，对部分学科采取名额限制。著名大学有科隆大学、慕尼黑大学、亚琛工业大学、海德堡大学等。职业教育实行"双元制"，即职业学校理论学习和企业中的实践相结合，成人教育和业余教育普及。教师为终身公职人员，必须受过高等教育。

4. 文化

受意大利文艺复兴的影响，18 世纪德国文学走向顶峰。歌德、海涅、席勒、莱辛和格林兄弟都是杰出的代表。20 世纪最著名的作家有托马斯·曼、海因利希·曼和贝托尔特·布莱希特。作家海因里希·伯尔和贡特·格拉斯分别于 1972 年和 1999 年获得诺贝尔文学奖（Nobel Prize in Literature）。

德国有 3000 多座博物馆，收藏内容十分丰富。此外，每年都举行各种艺术节、博览会和影展等。法兰克福和莱比锡是德国图书出版业中心。德国图书出版量在世界上仅次于美国占第二位。

音乐是德国人生活中不可缺少的组成部分。德国造就了各个不同时期的音乐大师，如贝多芬、巴赫、门德尔松、瓦格纳等。柏林爱乐乐团更是享誉世界。

（四）民俗风情

1. 姓名

德国人的姓名与大部分欧美人的姓名一样，姓名由两部分构成：即名字和姓。名字在前，姓在后。如 Werner Heisenberg（沃纳·海森堡）、Ludwig van Beethoven（路德维希·范·贝多芬）等。在德国，有些姓是非常普遍的，如米勒、施密特、迈尔、施耐德、霍夫曼、菲舍尔和韦贝尔等。

德国人习惯结婚之后妻子改用夫姓。如英格·施莱尔小姐同保罗·韦贝尔先生结婚，女方从此便随夫姓，被称为英格·韦贝尔。不过德国的法律规定夫妇双方可自行决定姓从哪方，可姓丈夫的姓，也可姓妻子的姓，也可把自己的姓置于双方共同的姓之前。

2. **习俗**

（1）讲原则、重信誉

德国人非常注重规则和纪律，干什么都十分认真。许多情况下，德国人近乎呆板，缺乏灵活性，甚至有点儿不通人情。

德国人重视商业信誉，一般不轻易更换合作伙伴。

（2）时间观念强

德国人时间观念比较强，无论是在商务上还是在私人交往上，德国人注重准时。如有特殊原因无法准时赴约时，都会向朋友表示歉意，并请求原谅。德国人多喜欢清静的生活，除特殊场合外，不大喜欢喧闹。

（3）注重礼仪

德国人比较注意礼仪。朋友见面以握手为礼，告别时亦如此。十分要好的、长时间未见的朋友相见或长期分开时可以相互拥抱。在交往过程中，大多数人往往用"您"以及姓氏之前冠以"先生"或"女士"（也作"夫人"讲）作为尊称。只有亲朋好友和年轻人之间互相用"你"以及名字称呼。对女性，不管其婚否或长幼，都可以称"某女士"，但对已婚妇女应以其夫姓称之。

3. **成人仪式**

在德国，成人仪式是由来已久的一个传统节日。在宗教和习俗里，年满14岁就算是成人了，便要举行成人礼。

在德国，成人礼不仅有宗教含义，而且还赋予了新的意义。每年的四五月，全国满14岁的少男少女穿戴一新，由家长、亲友陪同集合在当地的文化之家。在充满节日的气氛中，地方政府负责人或社会名流首先致辞，讲解成人之后对社会所担负的义务和享受的权利，勉励他们遵守社会公德，报效国家。然后，师长、亲友和低年级的小朋友向他们表示祝贺，并赠送礼物和鲜花。中午，全家聚餐以示庆祝。晚上为他们举办舞会，时间还可以破例延长至夜里10点钟。为了迎接人生中这一重要阶段的开始，有关部门一般要对8年级的这些孩子事先做一些准备工作，例如让他们会见各界人士和老工人，组织他们游览山川，参观名胜古迹，参加音乐会，等等。

4. **禁忌**

忌讳数字13。视13日和星期五为不祥。要是13日碰巧又是个星期五，人们会特别小心谨慎。不喜欢红色，红黑相间色以及褐色，尤其是墨绿色。法律禁用纳粹或其军团的符号图案。讨厌菊花、蔷薇图案和蝙蝠图案。忌讳核桃。

送花时禁止送菊花、玫瑰、蔷薇，枝数和花朵数不能是 13 或者双数，鲜花不用纸包扎。禁止送太个人化的物品。礼品包装纸不用黑色、白色和棕色，也不能用彩带包扎。

口味清淡，喜酸甜味道。喜爱中国的鲁菜、京菜、淮扬菜。不喜欢吃鱼虾以及海味。不爱吃油腻和过辣的菜肴。

德国人非常注重规则和纪律，干什么都十分认真。凡是有明文规定的，德国人都会自觉遵守；凡是明确禁止的，德国人绝不会去碰它。

年龄、职业、婚姻状况、宗教信仰、政治面貌甚至个人收入都是隐私，相识或共事多年而不知对方底细是司空见惯的事。另外，别人买到一样东西，即使喜欢，也不要问价格。遇到别人生病，除伤风感冒或外伤等常见的病外，不要问及病因及病情，否则会招来好窥视别人秘密之嫌。访友时，切不可搞"突然袭击式"的登门拜访，都要事先约定。

第四节　东欧客源国概况

一、东欧概述

东欧（Eastern Europe）是指欧洲的东部地区。东欧国家包括俄罗斯（Russia）、白俄罗斯（Belarus）、乌克兰（Ukraine）、爱沙尼亚（Estonia）、拉脱维亚（Latvia）、立陶宛（Lithuania）、摩尔多瓦（Moldova）。东欧地区地貌比较单一，以东欧平原为主。气候复杂多样，以温带大陆性气候为主。自然资源丰富，主要集中分布在东欧平原上。

东欧的民族以俄罗斯族为主，还包括斯拉夫民族、阿尔巴尼亚人、罗马尼亚人。斯拉夫民族发源于今波兰东南部维斯杜拉河上游一带，于公元 1 世纪时开始向外迁徙，至 6 世纪时期居地已经遍布东欧以及俄罗斯地区。依居住地的不同，斯拉夫民族可分成东、西、南三支，其中东支主要分布于俄罗斯境内，分布在东欧各地者以西、南两支为主。阿尔巴尼亚人主要分布于今阿尔巴尼亚和塞尔维亚的科索沃省，由于 14 世纪后一直受到土耳其的统治，文化充满东方色彩，宗教上也以信仰伊斯兰教为主。罗马尼亚人是东欧唯一的拉丁语民族，但跟大多数斯拉夫民族一样，信奉东正教，他们是古罗马人的后裔，因罗马帝国曾在此建省并统治而留居东欧。

东欧大部分地区信仰东正教。亨廷顿（Huntington）在他的文明冲突论中提出西欧与东欧的分别在于是否信仰东正教。前南斯拉夫地区也有部分民族信奉伊斯兰教。

东欧盛产小麦、马铃薯、甜菜、向日葵，养畜业发达。东欧人口众多，城市密布、交通网发达，分布有许多著名工业区。

整体来说，东欧的经济情况自第二次世界大战前就始终落后于西欧、北欧和南欧。苏联解体后，东欧国家纷纷加入欧盟，以廉价劳动力吸引各国企业来投资设厂。

二、俄罗斯

俄罗斯联邦（The Russian Federation），简称俄罗斯（Russia），是资本主义国家。作为苏联的主要加盟共和国，俄罗斯联邦具有相当的全球影响力，特别是在由 10 个苏联加盟共和国组成的独联体组织内。1991 年，苏联解体，俄罗斯继承苏联，成为联合国安全理事会（Security Council）常任理事国，对安理会议案拥有否决权。今日的俄罗斯是一个受国际社会认可的世界性大国，亦是世界第二军事强国，也已成为全球最大的天然气出口国及石油输出国组织（Organization of the Petroleum Exporting Countries, OPEC）以外最大的原油输出国。

（一）地理

1. 位置

俄罗斯位于欧洲（Europe）东部和亚洲大陆的北部，面积 1707.52 万平方千米，是世界上领土面积最大的国家。俄罗斯地域跨越欧亚两个大洲，东西最长 9000 千米，南北最宽 4000 千米，与多个国家接壤，陆地邻国西北面有挪威、芬兰，西面有爱沙尼亚、拉脱维亚、立陶宛、波兰、白俄罗斯，西南面是乌克兰，南面有格鲁吉亚、阿塞拜疆、哈萨克斯坦，东南面有中国、蒙古和朝鲜。东面与日本和美国隔海相望。

2. 地形

俄罗斯是以平原和高原为主的地形。西部几乎全属于东欧平原，向东为乌拉尔山脉、西西伯利亚平原、中西伯利亚高原、北西伯利亚低地和东西伯利亚山地、太平洋沿岸山地等。西南耸立着大高加索山脉（Caucasus Mountains），最高峰厄尔布鲁士山（Elbrus Mount）海拔 5642 米。

3. 气候

大部分地区处于北温带，气候多样，以温带大陆性气候为主，但北极圈（Arctic Circle）以北属于寒带气候。温差普遍较大，1 月平均温度为 1℃～35℃，7 月平均温度为 11℃～27℃。年降水量平均为 150～1000 毫米。西伯利亚地区纬度较高，气候寒冷，冬季漫长，但夏季日照时间长，气温和湿度适宜，利于针叶林生长。

从西到东大陆性气候逐渐加强，冬季严寒漫长；北冰洋（Arctic Ocean）沿岸属苔原气候（寒带气候），太平洋沿岸属温带季风气候。从北到南依次为极地荒漠、苔原、森林苔原、森林、森林草原、草原带和半荒漠带。

4. 水文

俄罗斯北邻北冰洋，东濒太平洋，西接大西洋（Atlantic Ocean），西北临波罗的海芬兰湾。濒临海域顺时针依次为黑海、芬兰湾、巴伦支海、喀拉海、拉普捷夫海、东西伯利亚海、白令海、鄂霍次克海、日本海。海岸线长 37653 千米。绵延的海岸线从北冰洋一直伸展到北太平洋，还包括了内陆海黑海和里海。主要的河流有伏尔加河、鄂毕河、叶尼塞河和勒拿河等。水域面积占国土面积的 13%。

5. 资源

俄罗斯地大物博，自然资源十分丰富，种类多，储量大，自给程度高。森林覆盖面积 8.67 亿公顷，占国土面积 51%，居世界第一位。林材蓄积量 807 亿立方米。主要矿藏有煤、石油、天然气、铁、锰、铜、铅、锌等。已探明天然气蕴藏量为 48 万亿立方米，占世界探明储量的 35%，居世界第一位；石油探明储量为 65 亿吨，占世界探明储量的 13%；煤蕴藏量为 2000 亿吨，居世界第二位；铁蕴藏量居世界第一位，约占 30%；铝蕴藏量居世界第二位；铀蕴藏量占世界探明储量的 14%；磷灰石占世界探明储量的 65%；镍、锡占世界探明储量的 30%。铝、铀、黄金等蕴藏量也均居世界前列。

6. 政区

（1）行政区划

2000 年 5 月 13 日，俄罗斯总统普京（Putin）签署法令，把俄联邦 83 个实体（共和国、边疆区和州）按地域原则联合成 8 个联邦区，目的是巩固国家统一，强化总统对地方的管理体制。俄罗斯的 83 个联邦主体包括 21 个共和国、9 个边疆区、46 个州、2 个联邦直辖市、1 个自治州、4 个自治区等。

（2）首都及重要城市

①莫斯科

莫斯科（Moscow）位于东欧平原。作为首都，既是全国的政治、经济、文化中心，也是全国最大的综合性交通枢纽，还是机械工业和纺织工业中心。人口约 1154 万。

②圣彼得堡

圣彼得堡（Saint – Petersburg）全国第二大城市，被誉为"北方之都"，西北联邦区首府。地处波罗的海沿岸的综合性工业中心。

③符拉迪沃斯托克

符拉迪沃斯托克（Vladivostok）原名为"海参崴"，是俄罗斯滨海边疆区首府，也是俄罗斯远东地区最大的城市。俄罗斯东部地区经济贸易中心，俄罗斯远东第一港，世界知名旅游城市。

④新西伯利亚

新西伯利亚（Novosibirsk）是俄罗斯人口第三大城市，西伯利亚联邦区的中心城市。位于西伯利亚大铁路和鄂毕河的交汇处。

（二）经济

1. 工业

俄罗斯工业发达，基础雄厚，部门齐全，以机械、钢铁、冶金、石油、天然气、煤炭、森林工业及化工等为主，木材和木材加工业也较发达。核工业和航空航天业占世界重要地位。俄罗斯工业结构不合理，重工业发达，轻工业发展缓慢，民用工业落后状况尚未根本改变。

俄罗斯重工业发达。主要工业区有中央工业区、西北工业区、乌拉尔工业区、新西伯利亚工业区等。

圣彼得堡工业区：以石油化工、造纸造船、航空航天、电子为主，是俄罗斯食品和纺织工业最发达的地区。

莫斯科工业区：以汽车、飞机、火箭、钢铁、电子为主。莫斯科工业区是高度发达的工业区，其生产的大量工业品供应全国。

乌拉尔工业区：以石油、钢铁、机械为主。

新西伯利亚工业区：以煤炭、石油、天然气、钢铁、电力为主。

2. 农牧业

俄罗斯农牧业并重，主要农作物有小麦、大麦、燕麦、玉米、水稻和豆类。俄罗斯是世界产粮大国。经济作物以亚麻、向日葵和甜菜为主。畜牧业主要为养牛、养羊、养猪业。俄罗斯农业生产主体主要由农业企业、个体农民和普通居民三部分构成，粮食和经济作物主要由农业企业生产，而马铃薯和蔬菜主要由普通居民生产。农业人口675.6万人，占总就业人口的10%。耕地面积占国土面积的13%。

3. 交通运输

俄罗斯的交通部门齐全，铁路、公路、航空、内河、海洋、管理运输均发达。以铁路、管道为主。

（1）铁路

铁路在欧洲部分比较密集，以莫斯科为中心呈放射状。西伯利亚大铁路横跨亚欧大陆，被称为亚欧大陆桥。

（2）管道

管道主要运输石油、天然气。

（3）航运

主要海港位于波罗的海、黑海、太平洋、巴伦支海、白海等，包括摩尔曼斯克、圣彼得堡、符拉迪沃斯托克、纳霍德卡、新罗西斯克等。

（4）航空

主要机场有莫斯科谢列梅杰沃2号国际机场、谢列梅杰沃1号国际机场、伏务科沃1号国际机场、多莫杰多沃机场、圣彼得堡国际机场、叶卡捷琳堡克尔索沃国际机场、新西伯利亚机场、哈巴罗夫斯克机场。

4. 对外贸易

俄罗斯主要出口商品是石油和天然气等矿产品、金属及其制品、化工产品、机械设备和交通工具、宝石及其制品、木材及纸浆等；主要进口商品是机械设备和交通工具、食品和农业原料产品、化工品及橡胶、金属及其制品、纺织服装类商品等。

2011年12月16日，俄罗斯加入世界贸易组织（WTO）。

5. 旅游业

旅游业为俄罗斯新兴经济部门，近年来发展较快，但在国民经济中尚不占重要地位，仅占国民生产总值的3%。根据《俄罗斯至2015年旅游发展战略》，俄罗斯投资3万亿卢布发展旅游，每年到俄罗斯旅游的外国游客达到3200万人。国内主要旅游点是莫斯科、圣彼得堡、黑海疗养地、伏尔加河沿岸城市、滨海边疆区和克拉斯诺达尔边疆区。其中主要的风景名胜有克里姆林宫（Kremlin）、彼得大帝夏宫（Peter the Great's Summer Palace）、冬宫（Winter Palace）、斯莫尔尼宫（Smolny）、莫斯科大彼得罗夫大剧院（简称大剧院，Bolshoi Theatre of Russia）、普希金广场（Pushkin Square）、"阿芙乐尔号"巡洋舰（Aurora Crusier）、阿尔巴特街（Arbat Street）等。

6. 中俄关系

中俄两国拥有4300多千米的共同边界，是山水相连的友好邻邦。1949年10月2日，中华人民共和国与苏维埃社会主义共和国联盟建立外交关系。苏联解体后，1991年12月27日，中华人民共和国外交部与俄罗斯联邦外交部在莫斯科签署《会谈纪要》，确认俄罗斯继承苏联与中国的外交关系。

2010年9月27日，中国国家主席胡锦涛与俄罗斯总统梅德韦杰夫在北京签署《中华人民共和国和俄罗斯联邦关于全面深化战略协作伙伴关系的联合声明》，声明中说："双方商定互办旅游年，责成两国有关部门制定具体活动清单并确定举办日期。"2011年10月11日，中华人民共和国国务院总理温家宝与俄罗斯联邦政府总理普京在北京签署的《中俄总理第十六次定期会晤联合公报》中指出："双方将积极协助2012年在中国成功举办'俄罗斯旅游年'，2013年在俄罗斯成功举办'中国旅游年'"。2013年3月22日，习近平主席在莫斯科克里姆林宫与俄罗斯总统普京共同出席俄罗斯中国旅游年开幕式。

（三）社会文化

1. 国家象征

（1）国旗

1991 年苏联解体，俄罗斯苏维埃联邦社会主义共和国改称为俄罗斯联邦，随后采用白、蓝、红三色旗为国旗。国旗呈横长方形，长与宽之比约为 3 : 2。旗面由三个平行且相等的横长方形相连而成，自上而下分别为白、蓝、红三色。俄罗斯幅员辽阔，国土跨寒带、亚寒带和温带三个气候带，用三色横长方形平行相连，表示了俄罗斯地理位置上的这一特点。白色代表寒带一年四季白雪茫茫的自然景观；蓝色既代表亚寒带气候区，又象征俄罗斯丰富的地下矿藏和森林、水力等自然资源；红色是温带的标志，也象征俄罗斯历史的悠久和对人类文明的贡献。

（2）国徽

俄罗斯国徽为盾徽。1993 年 11 月 30 日，俄罗斯决定采用十月革命前伊凡雷帝时代的、以双头鹰为图案的国徽：红色盾面上有一只金色的双头鹰，鹰头上是彼得大帝的三顶皇冠，鹰爪抓着象征皇权的权杖和金球。鹰胸前是一个小盾形，上面是一名骑士和一匹白马。20 世纪末，国家杜马从法律上确定了双头鹰是俄罗斯的国家象征。

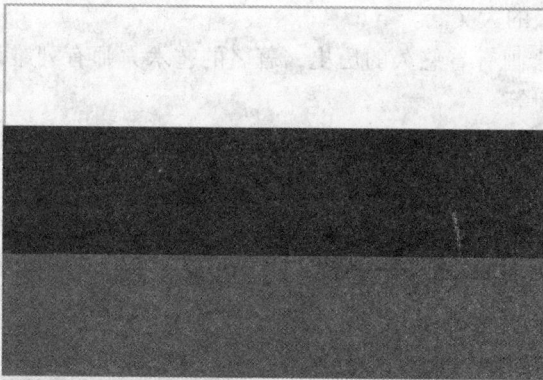

图 3 - 14　俄罗斯国旗　　　　　　　　图 3 - 15　俄罗斯国徽

2. 人口

俄罗斯总人口约 1.43 亿，民族 193 个。其中俄罗斯族占 77.7%，俄罗斯是世界上人口减少速度最快的国家之一。俄罗斯政府增加投入，大力推行改善医疗、鼓励生育等刺激政策，利用所有资源，为有孩子的家庭提供支持，以促进人口稳定增长。

俄罗斯全国有 150 多个民族。人口分布极不均衡，西部发达地区平均每平方千米 52～77 人，个别地方达 261 人，而东北部苔原带不到 1 人。高加索地区的民族成分最为复杂，有大约 40 个民族在此生活。居民多信仰东正教，其次为伊斯兰教。俄语是俄罗斯的官方语言，各共和国有权规定自己的国语，并在该共和国境内可与俄语一起使用。主要少数民族都有自己的语言和文字。

3. 教育

俄罗斯教育分为学前教育、普通教育和高等教育三个层次。俄罗斯是教育大国，在自然科学和基础研究方面，高等教育水平居世界领先地位，航空航天、军事工业等工程技术领域亦属世界一流。在人文和社会科学方面拥有优秀传统和鲜明风格。

俄罗斯的著名高校有国立莫斯科罗蒙诺索夫大学、圣彼得堡国立大学、莫斯科鲍曼国立技术大学、莫斯科动力学院、莫斯科门捷列夫化工大学、莫斯科石油天然气大学、莫斯科航空学院等。

4. 文化

俄罗斯重视发展文化事业，大量出版图书和报刊，建立了许多图书馆、博物馆、文化馆、俱乐部等群众性文化设施。俄还重视对博物馆珍品和历史建筑文物的保护，扩建和新建了许多博物馆。俄罗斯的博物馆按专业可分为革命历史博物馆、历史博物馆、艺术博物馆、各专业博物馆及其他博物馆等。

俄罗斯文学源远流长，在世界上享有盛誉，出现了普希金、果戈理、托尔斯泰、契诃夫、高尔基等世界级的大文豪。

俄罗斯的美术源远流长，绘画有着悠久的历史，著名的艺术大师有列维坦、列宾、苏里柯夫、克拉姆斯科伊等。

俄罗斯的宗教音乐和民间音乐有着深远的历史传统，歌剧、交响乐和室内音乐具有鲜明的民族气质，奔放豪迈。

俄罗斯的戏剧艺术体裁和形式多样，最早出现在宫廷里，19 世纪进入繁荣时期，果戈理的《钦差大臣》等社会戏剧充满强烈的时代气息，具有鲜明的民族特色，同时涌现出了许多杰出的艺术大师。亚·尼·奥斯特洛夫斯基是 19 世纪 50 年代以后俄罗斯文坛众多的戏剧作家中最杰出的代表，被称为"俄罗斯戏剧之父"。

俄罗斯的马戏团在俄罗斯也很受人们的欢迎，马戏团团员训练有素，技艺精湛。

俄罗斯人有卓越的民间艺术。实用装饰艺术有金属、兽骨和石头的艺术加工，有木雕、木雕壁画、刺绣、带花纹的纺织品、花边编织等。最有名的工艺品有木制套娃、木刻勺、木盒、木盘等木制品。

（四）民俗风情

1. 姓名

俄罗斯人的姓名包括三个部分，依次为名、父称、姓，读写顺序亦是如此，如 Александр Павлов Петров，把它译为中文时，各部分之间用"·"隔开，就叫亚历山大·巴甫洛维奇·彼得罗夫。女人结婚后一般随丈夫姓，有的保留原姓。

（1）名

俄罗斯人取名时大都从现成名字中选用，其中男人名和女人名各有不少，不过常见的大概就几十个，基本上每个人都有好几个小名（简称、昵称或爱称）。

（2）父称

父称与父亲名有关，但并不完全等同。

（3）姓

俄罗斯姓氏尤其多，纷繁各异，长短不一。为了便于称呼，国内所称的俄罗斯人名其实往往都只是其姓，而非真正的名，更非全名。例如，契诃夫、布尔加科夫等，都只是他们的姓。当然，有时为了便于区分和正式起见，俄文往往会在姓前加上其名和父称的第一个字母，之间以"·"隔开，中文则是加上其名和父称第一个音节发音对应的中文（或者说其名和父称中文的第一个字），三者之间以"·"隔开。

2. 称呼

在俄罗斯人当中，不同的场合、不同对象有不同的称呼。

（1）俄罗斯人交际时通常在三种情况下使用"你"：对 16 岁以下的儿童；近亲之间与同事之间（年轻人之间）；年轻人对年轻人。

（2）对老年人、陌生人（儿童除外）和领导人则称"您"。

（3）对儿童可直呼其名，而对老年人、陌生人和领导人则应呼其名字加父称。

（4）在俄罗斯，"先生"、"同志"、"公民"三种称呼并存。一般在商业机构、新闻媒体和官方机构中人们习惯相互称"先生"；苏联时期普遍使用"同志"，现在仍然在国有企业、军队、公安部门使用；而"公民"通常在公共场所使用，比如：火车站、商店等。

（5）在公开发言时，一般在发言人的姓后面加上"先生"、"同志"或其相应职称"教授"、"工程师"等，比如："现在请扎罗夫教授讲话"。

（6）在写公函时，一般写收件人名字加父称；在非常正式的信函中收件人的姓前面应加上"先生"或其相应职称。

3. 礼仪

（1）面包和盐

铺着绣花的白色面巾的托盘上放上大圆面包，面包上面放一小纸包盐。捧出"面包和盐"来迎接客人，是向客人表示最高的敬意和最热烈的欢迎。

（2）亲吻

在比较隆重的场合，有男人弯腰吻妇女的左手背，以表尊重。长辈吻晚辈的面颊 3 次，通常从左到右，再到左，以表疼爱。晚辈对长辈表示尊重时，一般吻两次。女性好友相遇时拥抱亲吻，而男人间则只互相拥抱。兄弟姐妹久别重逢或分别时，拥抱亲吻。在宴会上喝了交杯酒后，男方须亲女方嘴唇。

（3）送礼

送鲜花是最佳的礼物，可一定要记住，送花一定要送单数。巧克力则是万能的礼物，价值不必太高。

4. 忌讳

俄罗斯人特别忌讳"13"这个数字，认为它是凶险和死亡的象征。认为"7"意味着幸福和成功。俄罗斯人不喜欢黑猫，认为它不会带来好运气。俄罗斯人认为镜子是神圣的物品，打碎镜子意味着灵魂的毁灭。但是如果打碎杯、碟、盘则意味着富贵和幸福，因此在喜筵、寿筵和其他隆重的场合，他们还特意打碎一些碟盘表示庆贺。俄罗斯人通常认为马能驱邪，会给人带来好运气，尤其相信马掌是表示祥瑞的物体，认为马掌即代表威力，具有降妖的魔力。遇见熟人不能伸出左手去握手问好，学生在考场不要用左手抽考签等。

5. 主要传统节日

（1）洗礼节

俄罗斯东正教节日，在公历 1 月 19 日。这一天往往是基督教的入教仪式，新生儿在命名日受洗。在洗礼节那天人们除去教堂祈祷外，还要到河里破冰取"圣水"。1 月 18 日晚是占卜日，特别是女孩子，在这一天晚上要占卜自己的终身大事。

（2）谢肉节

又名"狂欢节"，是一年中最热闹的节日之一。时间在复活节的第 8 周，过 7 天，每一天都有不同名称，第 1 天为迎节日，第 2 天为始欢日，第 3 天为大宴狂欢日，第 4 天为拳赛日，第 5 天为岳母晚会日，第 6 天为小姑子聚会日，第 7 天为送别日。节后第 7 周内是斋期，不杀生，不吃荤。人们在谢肉节期间举行各种欢宴娱乐，跳假面舞，集体做游戏等。

第五节　北欧客源国概况

一、北欧概述

北欧（Northern Europe）西临大西洋，东连东欧，北抵北冰洋，南望中欧，总面积 130 多万平方千米。北欧有挪威（Norway）、瑞典（Sweden）、芬兰（Finland）、丹麦（Denmark）和冰岛（Iceland）5 个国家，以及各自的海外自治领地如法罗群岛（Faroe Islands）等。格陵兰（Greenland）为丹麦海外自治领地，与北欧各国在政治和历史上关系密切，但在地理划分上被视为北美洲的一部分。

北欧地形为台地和蚀余山地，冰蚀湖群、羊背石、蛇形丘、鼓丘交错是主要地貌特征。北欧的绝大部分属于亚寒带大陆性气候，冬季漫长，气温较低，夏季短促凉爽。冰岛等地属极地苔原气候，丹麦西部属温带海洋性气候。北欧国家的人口密度在欧洲相对较低，经济水平则最高，生活非常富足，福利保障极度完善，丹麦、瑞典等国的人均国民生产总值均遥居世界前列。林业、水力发电、铁矿开采、渔业、造船业和航运业，均为北欧的传统经济部门。

北欧有一个各国议会间的组织和各成员国政府的咨询机构——北欧理事会（Nordic Council）。北欧理事会是 1952 年 3 月在丹麦首都哥本哈根（Copenhagen）成立。宗旨是就北欧国家共同关心和需要采取联合行动的问题进行协商，促进它们在经济、社会、文化、法律、劳工、交通运输和环境保护等领域的合作。

北欧理事会成立以来，通过建立各种专门机构，如北欧投资银行、北欧文化基金与工业发展基金等，以及执行共同的计划和项目，如实行北欧统一的劳动力市场、取消公民到其他成员国旅行需携带护照的规定，加强能源建设合作等，在促进各国经济发展和合作、提高人民的生活水平和社会福利等方面取得了显著成绩。

二、瑞典

瑞典（Sweden），全称瑞典王国（The Kingdom of Sweden）。瑞典是高度发达的先进国家，国民享有高标准的生活品质。经济自由与教育普及使瑞典踏上了快速工业化的轨道，并从 19 世纪 90 年代开始发展制造业。在 20 世纪时，瑞典就已形成为一个福利国家。今日的瑞典更被视为具有社会自由主义倾向以及极力追求平等的现代化福利社会。

（一）地理

1. 位置

瑞典位于北欧斯堪的纳维亚半岛的东南部，是北欧最大的国家。东北部与芬兰接壤，西部和西北部与挪威为邻，东濒波罗的海和卡特加特海峡，西南临北海，并与丹麦隔海相望。领土面积约 45 万平方千米（不包括领海面积）。海岸线长约 2181 千米。

2. 地形

地势自西北向东南倾斜。北部为诺尔兰（Nordland）高原，全国最高峰克布讷凯塞峰海拔2123米，南部及沿海多为平原或丘陵。

3. 水文

主要河流有约塔河、达尔河、翁厄曼河。湖泊众多，约9.2万个。最大的维纳恩湖（Lake Vaner）面积5585平方千米，居欧洲第三。

4. 气候

瑞典约15%的土地在北极圈内，但受大西洋暖流影响，冬季不太寒冷，大部分地区属温带针叶林气候，最南部属温带阔叶林气候。

5. 资源

瑞典资源丰富。铁矿、森林和水力资源是瑞典三大资源，其中已探明的铁矿储量为36.5亿吨，是欧洲最大的铁矿砂出口国；森林覆盖率为54%，蓄材26.4亿立方米；每年可利用的水力资源有2014万千瓦。

6. 政区

（1）行政区划

瑞典有21个省（Province），是瑞典第一级管理及行政区划。行政区由市组成，全国共有289个市。省长由政府任命，市级领导机构由选举产生，省、市均有较大自主权。

（2）首都及重要城市

①斯德哥尔摩

斯德哥尔摩（Stockholm）是瑞典首都，市区人口78.3万。是全国的政治、文化、经济和交通中心，同时也是瑞典第一大城市。斯德哥尔摩地处波罗的海和梅拉伦湖交会处，因此享有"北方威尼斯"的美誉。1463年，斯德哥尔摩被定为瑞典的都城。斯德哥尔摩是一座文化名城，市内有50多座博物馆，还有藏书达100万余册的皇家图书馆。斯德哥尔摩还是阿尔弗雷德·贝恩哈德·诺贝尔（Alfred Bernhard Nobel）的故乡。

②哥德堡

哥德堡（Goteborg），人口48万，是北欧第一大港，也是北欧的工业中心。位于西海岸卡特加特海峡，与丹麦北端相望。哥德堡港口终年不冻，是瑞典和西欧通商的主要港埠。哥德堡机械、化学、纺织工业十分发达。闻名于世的瑞典滚珠轴承公司SKF的总部和沃尔沃汽车公司的总部均设在该城。哥德堡建有大学、海洋学研究所及其他各种文化设施。著名的查尔姆斯理工大学和哥德堡大学位于此地。哥德堡也是瑞典旅游胜地之一。

③马尔默

马尔默（Malmo）人口 45 万，是瑞典第三大城、海军基地和交通枢纽。该城坐落在瑞典最南端。隔厄勒海峡（Oresund）同丹麦首都哥本哈根（Copenhagen）相望。两城相距仅 26 千米。马尔默市区分为两部分。一部分濒临海洋，为运河环绕的老区；另一部分是向腹地延伸的现代化新区。城市建筑颇具特色，市政府是一幢荷兰文艺复兴式样的建筑。圣彼得大教堂是哥特式的建筑。城中还有许多 16 世纪时的精美建筑物。造船、化学、纺织、制糖、水泥、橡胶等行业尤为发达。

（二）经济

1. 工业

瑞典是一个高度发达的工业国家，金属加工和机器制造业是瑞典最重要的工业部门。瑞典的机械产品具有精密、耐用和工艺水平高的特点。滚珠轴承、冷冻设备等传统产品在国际市场上都享有很高的声誉。化学工业是瑞典主要工业部门之一，尤以石油化学、石油精炼最为突出，塑料、化纤、药品和化肥也有较大发展。汽车工业战后发展迅速，除生产小汽车外，还生产各种卡车。小汽车产量的 1/3 销往美国。

2. 对外贸易

瑞典经济主要依赖对外贸易，主张市场开放和自由贸易。瑞典对外贸易十分发达。瑞典主要出口商品包括各类机械、运输通信设备、化工及医药产品、汽车及运输设备、仪器、木浆纸张、医药化工和钢铁及金属制品。瑞典进口货物的 60% 以上为制造业的部件和原材料，主要有：电子产品、机械和仪器、汽车和运输设备、食品、纺织品和鞋类等。

3. 交通

（1）铁路

铁路网十分发达，通行全国，瑞典的铁路运输包括 13000 千米的网络，规模排全世界第 20 位。瑞典第一条铁路线在 1955 年开始建造。

（2）航空

瑞典的三个主要的国际机场、斯德哥尔摩的阿尔兰达机场（Al'landa）、哥特堡的兰德威特尔机场（Landvetter）和马尔默的斯图洛普机场（Stulup）。

（3）公路

瑞典是世界上公路交通安全方面做得最好的国家之一。该国拥有 300 多万辆小汽车。从 1977 年开始，瑞典法令规定车辆白天开灯行驶。

4. 旅游业

瑞典的旅游业在其日益发展的服务业中发挥着越来越重要的作用。瑞典人每年享受 5 周的法定有薪假期。人们喜欢利用闲暇时间到野外活动，到森林和田野远足，采摘野果和蘑菇，到海湖去游泳、泛舟、垂钓；在昼长夜短的夏季，大家纷纷到国内外去旅游。瑞典已成为世界上外出旅游人数最多的国家之一。目前，在瑞典的整个经济中，旅游业的重要性已经超过了汽车出口业。主要旅游名胜有诺贝尔故居（Nobel's House）、瑞典皇宫（Kungliga Slottet）等。

5. 中瑞关系

1950 年 5 月 9 日中瑞两国正式建交。瑞典王国是第一个与中华人民共和国建交的西方国家。建交后，瑞典王国曾长期支持恢复中华人民共和国在联合国和其他国际组织的合法地位，并积极发展与中国的经贸关系。近年来，中瑞在经贸投资、环保等领域的合作取得丰硕成果。瑞典是中国在欧盟的第八大贸易伙伴、第九大外资来源地和第三大技术引进来源地，也是中国在北欧地区第一大经贸伙伴。中瑞关系良好发展的众多新成果还体现在两国科技、文化和教育等领域的全面交流与合作。2005 年 2 月，欧洲第一个"孔子学院（Confucius Institute）"——"北欧斯德哥尔摩孔子学院"在瑞典斯德哥尔摩大学中文系成立。

（三）社会文化

1. 国家象征

（1）国旗

瑞典国旗为蓝色，黄色十字略向左侧。蓝、黄颜色来自瑞典皇徽的颜色。

（2）国徽

瑞典国徽为斗篷式，饰有王冠的蓝盾被黄十字一分为四：左上和右下部绘有 3 顶王冠；右上和左下部绘有戴王冠的金狮。大盾中有一小盾，左面由蓝、银白、红三色斜纹和一个金瓶组成；右面绘有一个城堡式的钟楼和一只金鹰。蓝盾两旁是金狮，下端为勋章。小国徽为一带王冠的蓝盾，盾面上 3 顶金冠是瑞典王国的象征，也象征着当年组成卡尔马联盟的丹麦、瑞典和挪威。

图 3 - 16　瑞典国旗　　　　　　图 3 - 17　瑞典国徽

2. 人口

瑞典人口约 958 万。瑞典全国各地人口分布极不均匀，全国 90% 的人口集中在南部和中部地区，马尔默胡斯省人口密度每平方千米达 151 人，而耶姆特兰省每平方千米只有 3 人。导致人口分布不均的主要原因一是人口的城市化；二是受自然地理条件的影响，在高海拔和高纬度地区，人烟稀少。

瑞典人口的 90% 为瑞典人（日耳曼族后裔），外国移民及其后裔约 147 万。北部萨米族是唯一的少数民族，约 1 万人。官方语言为瑞典语。

3. 宗教

基督教路德宗是瑞典的国教，90% 的国民信仰基督教路德宗。国王是教会的最高首脑。法律规定非信仰国教公民不得担任首相。平时普通路德派教徒仅有 3% 去教堂做礼拜，大部分教徒只在举行洗礼、婚礼、葬礼时才去教堂。每逢复活节和圣诞节，大多数教徒都前往教堂祈祷。尤其是圣诞节，教堂显得十分热闹。

除了路德宗教会外，瑞典拥有相当多的独立教会，最主要的有瑞典礼会联盟、卫理公会教会、瑞典宣教契约教会等。

4. 教育

瑞典的教育包括义务教育、综合高级中等教育和高等教育三部分。9 年免费义务教育后，约有 90% 的学生可进入综合高中学习，这种学校开设有各种职业和学术课程，各学科的学习年限为 2~4 年不等，学生可自行选学。

瑞典的高等教育实行免费教育。自 2009 年起开始对非欧盟成员国国家的留学生收学费，但当地居民仍然实施免费政策。著名高校有斯德哥尔摩大学（Stockholm University）、乌普萨拉大学（Uppsala University）、隆德大学（Lund University）、皇家工学院（Royal institute of Technology）、查尔姆斯理工大学（Chalmers University of Technology）等。卡罗林斯卡医学院（Karolinska Institute）是评选诺贝尔医学或生理学奖获得者的机构，名气很大。

（四）民俗风情

1. 姓名

瑞典人姓名结构与欧美其他国家一样，名在前，姓在后，如玛瑞亚·约翰森。瑞典的主要姓氏依次为约翰森、安德森、卡尔森、尼尔森、埃里克森、拉尔森、奥尔森、古斯达夫森、本特森、斯万森。Son 在瑞典语中是"儿子"的意思，合起来，约翰森的意思就是：约翰的儿子，安德森就是：安德士的儿子等。瑞典女人结婚后，大多数从夫姓。

2. 服饰

瑞典的传统民族服装是，男子上身穿短上衣和背心，下身穿紧身裤子。少女一般不戴帽子，已婚的妇女则戴式样不一的包头帽。在正式礼仪场合，男子一般是西装革履，加上一件长外套；女子一般是西服上衣配短裙，或穿低胸露肩的长裙。

3. 饮食

瑞典人习惯于欧式西餐，以面食为主，面包和马铃薯是他们的主食，爱吃烧卖，对香肠、牛肉等也乐于食用。一般人的早餐是夹果酱和奶油的面包、咖啡、红茶；午餐有面包、肉、蔬菜、马铃薯和色拉等；晚餐与早餐的食物相仿，只加一份汤。瑞典人也喜欢吃中餐，对广东菜尤其感兴趣。瑞典人的口味偏清淡，对清鲜、嫩滑、焦香的菜肴非常喜欢。爱吃瘦嫩肉和新鲜蔬菜，喜欢喝浓汤。其菜肴基本上以鱼为主，其中又以鲱鱼、鲭鱼为主，也吃鸡、鸡蛋、牛肉、猪肉、野味和其他水产品。

瑞典人在饮食上有一种独特的习惯，就是每天要吃固定的菜品。如星期四的菜品是"艾他鲁、米德、佛拉斯克"，这种菜以豆类和猪肉为主要原料。"西鲁布拉"则是星期一的菜品，以牛肉和鲱鱼为主要材料。他们还有一种代表性的吃法，即在一张大桌上摆上几十种菜，按自己的爱好分取，菜的烹调质量仅为中等，称之为"海盗席"。

参加瑞典人主办的宴请活动时，要按主人排定的座次入席，同时要注意帮助座位旁的女伴入座。用餐时不要发出响声。一定要等到主人，年长者或比你级别高的人向你敬酒后才能向他们敬酒。

4. 礼仪

（1）仪态礼仪

瑞典人在与客人交谈时，一般保持 1.2 米左右的距离，他们不习惯靠得太近。他们喜欢在交谈时直视对方，认为这是尊重对方的表示。

（2）相见礼仪

在瑞典，熟人见面时都会主动打招呼，并互相问候。与外国客人相见时，通常以握手为礼，有时也行接吻礼，在一般情况下，互不相识的人初次交往时要作介绍。其介绍的原则是把男子介绍给女子，把年幼者介绍给年长者。

（3）婚嫁礼仪

瑞典人婚礼有宗教婚礼和非宗教婚礼两种形式。宗教婚礼一般按福音路德教的礼仪进行，非宗教婚礼则由法官或其他有权主持婚礼的人主持，同时要有两位证婚人。

（4）商务礼仪

瑞典人办事沉着冷静，计划性强，与外国人交往时很重礼仪。进行商务活动的最佳时间是 2—5 月，9—11 月，由于当地冬季漫长，大家格外珍惜夏季，

7—8 月往往休假，所以在此期间不宜找他们洽谈生意。

5. 节日

瑞典的传统节庆活动很多，主要有：

（1）复活节

在 4 月的复活节（Easter Monday），家家户户必备羽毛及新树枝扎成的饰物，并吃鸡蛋及一种叫 Semlor 的糕饼。

（2）五朔节

在 5 月 1 日的前一天晚上，是瑞典人庆祝冬去春来的一个节日——五朔节。五朔节之夜，人们集在野外，点起高大的篝火，伴着乐曲合唱。

（3）仲夏节

仲夏节（Midsummer's Day）多半在每年 6 月 23—26 日的星期六夏至。每年六月底庆祝的仲夏节之夜是瑞典最美好的时光。这一天白日最长、夜最短，大家多半回到乡下老家，并且围绕在树枝扎成的高杆的四周跳舞庆祝。

（4）吃虾节

瑞典人比其他国家的人更爱吃虾。传统的 8 月吃虾节是向短暂和正在流逝的夏天一种令人伤感的最后告别。人们一面吃虾一面饮酒，头上还要戴着特殊金纸做的小帽，通宵达旦方休。

（5）露西亚女神节

12 月 13 日是瑞典传统的露西亚女神节，瑞典人传称露西亚女神在每年 12 月 13 日夜晚降临人间，给人们带来光明；这一天，太阳直到上午 9 点钟才迟迟升起，而到下午 3 点钟便早早落下，但从此以后，漫漫长夜便日渐缩短，而光明的白昼则一天长似一天。

（6）圣诞节

12 月 24 日圣诞节。圣诞节的传统食品及蜡烛和圣诞礼物是圣诞节的核心。多数民间节日都举行各种形式的聚餐，而圣诞聚餐在传统聚餐中则最有代表性。瑞典人吃圣诞大餐是在 24 日的中午，主菜不是火鸡，而是猪肉及鱼，他们尤其喜欢猪腿及鱼饼，直到晚上才开始舞会和交换礼物，他们还有一个习惯是喜欢在平安夜放烟花庆祝。

6. 禁忌

瑞典人忌讳陌生人询问他们的政治倾向、家庭经济情况、年龄、宗教信仰、行动去向等问题。因为这是他们的私事，不需要他人知道。

瑞典是个半禁酒的国家，所以酒是不可作为礼物送人的，他们忌讳"13"，认为"13"只会给人带来灾难和悲伤。

瑞典人特别忌讳黄色、蓝色。他们忌讳有人在众人面前擤鼻涕或抠鼻孔，认为这是不体面和不道德的行为。他们忌讳有人伤害鸟类及猫、狗等动物，认为这是一些应该受到保护的动物。

瑞典人对众目睽睽之下出现的过分亲昵的言行是看不惯的，认为这是有伤风化的。他们忌讳在公共场合吸烟。认为这样有害于他人的健康。他们不喜欢油腻太大的食品；有些人还不吃鸡蛋。

复习题

一、名词解释

1. 荷兰四宝

2. 戛纳国际电影节

3. 罗马

二、简答题

1. 简述英国的主要特产。

2. 简述瑞典与中国的关系。

3. 简述西班牙人的宗教生活。

实际操作训练

一、实训名称

欧洲客源国风采展

二、实训内容

培养学生对客源国民风民情的理解和掌握，训练学生应用知识的能力和表现能力。

三、实训步骤

1. 以 5~8 人为一小组，分工合作完成以下工作：

（1）小组全体成员讨论决定本次活动的工作内容，并做好任务分工；

（2）搜集本次展览所涉及的客源国自然、人文风光图片及相关资料；

（3）把搜集来的图片及文字资料进行加工，并制作成 PPT 多媒体课件。

2. 以小组为单位，在课堂上进行展示。

四、实训评价

教师和学生代表根据各组的设计方案及展示的正确性、生动性、灵活性等方面给予评价打分，纳入学生实训课考核之中。

第四章　美洲客源国概况

学习目标

1. 掌握美洲主要客源国的地理概况；
2. 掌握美洲主要客源国的经济概况；
3. 掌握美洲主要客源国的社会文化与民俗风情，并能据此开展旅游接待工作。

第一节　北美洲客源国概况

一、北美洲概述

北美洲（North America）又称北亚美利加洲，位于西半球北部。东临大西洋，西临太平洋，北临北冰洋，南以巴拿马运河（Panama Canal）为界与南美洲相分，东面隔丹麦海峡（Denmark Strait）与欧洲隔海相望。面积为2422.8万平方千米，约占世界陆地总面积的16.2%，是世界第三大洲。大陆海岸线长约6万千米。西部的北段、北部和东部海岸比较曲折，多岛屿和峡湾；南半部海岸较平直。全洲半岛总面积约为210万平方千米，岛屿总面积约400万平方千米，居各洲之首，也是世界上岛国最多的大洲。

北美洲共有23个独立国家和十几个地区，主要包括巴哈马（Bahamas）、伯利兹（Belize）、美国（America）、巴巴多斯（Barbados）、加拿大（Canada）、哥斯达黎加（Costarica）、古巴（Cuba）、萨尔瓦多（El Salvador）、格林纳达（Grenada）、危地马拉（Guatemala）、洪都拉斯（Honduras）、海地（Haiti）、牙买加（Jamaica）、圣卢西亚（Saint Lucia）、墨西哥（Mexico）、尼加拉瓜（Nicaragua）、巴拿马（Panama）、多米尼加（Dominican）、多米尼克（Dominica）、圣文森特和格林纳丁斯（Saint Vincent and the Grenadines）、特立尼达和多巴哥（Trinidad and Tobago）、安提瓜和巴布达（Antigua and Barbuda）、圣基茨和尼维斯（St. Kitts and Nevis）、波多黎各（Puerto Rico）、荷属安的列斯（Antilles）等。

北美洲的森林面积约占全洲面积的 30%，约占世界森林总面积的 18%。主要分布在西部山地，盛产达格拉斯黄杉、巨型金针柏、奴特卡花柏、糖槭、松、红杉、铁杉等林木。草原面积占全洲面积 14.5%，约占世界草原面积的 11%。北美洲可开发的水力资源蕴藏量约为 2.48 亿千瓦，占世界水利资源蕴藏量的 8.9%，已开发的水利资源为 5360 万千瓦，占世界的 34.7%。

北美洲沿海渔场的面积约占世界沿海渔场总面积的 20%，西部和加拿大东部的边缘海区为主要渔场，盛产鲑、鲽、鳕、鲭、鳗、鲱、沙丁、比目、萨门等鱼类，在加拿大东部边缘海区还产鲸。北部沿海有海象、海豹及北极熊等。

北美洲全洲人口分布很不均衡，人口绝大部分分布在东南部地区，其中以纽约附近和伊利湖周围人口密度最大，每平方千米在 200 人以上；而面积广大的北部地区和美国西部内陆地区人口稀少，每平方千米不到 1 人。大部分居民是欧洲移民的后裔，其中以盎格鲁·萨克逊人（Anglo–Saxon）最多；其次是印第安人、黑人、混血种人。此外还有因纽特人、波多黎各人、犹太人、日本人和华人等。通用英语、西班牙语，其次是法语、荷兰语、印第安语等。居民主要信新教和天主教。

北美洲是世界上经济最发达的大洲，其中美国是世界霸主，引领世界的经济、政治。北美大部分地区都为发达国家，有着极高的人类发展指数和经济水平，是思想最开放、最自由的大洲。

美洲国家组织（Organization of American States，OAS）是由美国和拉丁美洲国家组成的区域性国际组织，其前身是美洲共和国国际联盟。成立于 1890 年 4 月 14 日，1948 年在波哥大（Bogotá）举行的第 9 次泛美大会上改称现名。

美洲国家组织宗旨主要包括：加强本大陆的和平与安全；保障成员国之间和平解决争端；在成员国遭到侵略时，组织声援行动；谋求解决成员国间的政治、经济、法律问题，促进各国经济、社会、文化的合作；控制常规武器；加速美洲国家一体化进程。美洲国家组织目前有 34 个成员国，并先后有 58 个欧美及亚非的国家或地区在该组织派有常驻观察员。

二、美国

美国（USA），全称美利坚合众国（United States of America），是一个多文化和多民族的国家。自 1870 年以来美国国民经济就高居全球第一，是联合国安理会五个常任理事国之一，当今的国内生产总值超过全球 20%。其在经济、政治、科技、军事、娱乐等诸多领域的巨大影响力均领衔全球，是目前世界上唯一的超级大国。

（一）地理概况

1. 位置

美国本土位于北美洲（North America）中部，位于西半球，领土还包括北美洲西北部的阿拉斯加（Alaska）和太平洋中部的夏威夷（Hawaii）群岛等。另有加勒比海（Caribbean Sea）的波多黎各岛（Puerto Rico）及太平洋群岛北马里亚纳群岛（Northern Mariana Islands）等海外领地。其本土北与加拿大（Canada）接壤，南靠墨西哥湾（Gulf of Mexico），西临太平洋，东濒大西洋。海岸线22680千米。国土面积超过937万平方千米。

2. 地形

美国主体部分地处太平洋和大西洋之间，地形呈南北纵列分布，平原面积占全国总面积一半以上。全国最低点为死亡谷（Death Valley）－86米，位于美国加利福尼亚（California）的东南方，与内华达州（Nevada）接壤；最高点为麦金利山（Mount Mckinley），高6198米，位于阿拉斯加州的中南部，是阿拉斯加山脉的中段。

3. 气候

美国几乎有着世界上所有的气候类型（地跨寒、温、热三带，本土处于温带），大部分地区属于温带大陆性气候，南部属亚热带气候，西部沿海地区分布有温带海洋性气候和地中海气候。中北部平原（中央大平原）温差很大，芝加哥（Chicago）1月平均气温－3℃，7月平均气温24℃；墨西哥湾沿岸1月平均气温11℃，7月平均气温28℃。在主要农业地带少有严重的干旱发生，洪水泛滥也并不常见，并且有着温和而又能取得足够降雨量的气温。

影响美国气候的主要是北极气流，每年从太平洋带来了大规模的低气压，这些低气压在通过内华达山脉（Sierra Nevada）、洛基山脉（Rocky Mountain）、喀斯喀特山脉（Cascade Range）时夹带了大量水分，当这些气压到达中部大平原时便能进行重组，导致主要的气团相遇而带来激烈的大雷雨，尤其是在春季和夏季。有时这些暴雨可能与其他的低气压会合，继续前往东海岸和大西洋，并会演变为更激烈的东北风暴，在美国东北的中大西洋区域和新英格兰（New England）形成广泛而沉重的降雪。大平原广阔无比的草原也形成了许多世界上最极端的气候转变现象。

4. 水文

美国从总体上可分为三大水系：凡位于落基山脉以东的注入大西洋的河流都称为大西洋水系，主要有密西西比河（Mississippi River）、康涅狄格河和赫得森河，密西西比河是美国的母河。全长6020千米，居世界第四位。凡注入太平洋的河流称太平洋水系。主要有科罗拉多河（Colorado River）、哥伦比亚河（Columbia River）、育空河（Yukon River）等。北美洲中东部的大湖群——五大湖（GreatLakes）。包括苏必利尔湖（Lake Superior）、休伦湖（Lake Huron）、密歇根湖（Lake Michigan）、伊利湖（Lake Erie）和安大略湖（Lake Ontario），属冰川湖，总面积24.5万平方千米，为世界最大的淡水水域，素有"北美地中海"之称，其中密歇根湖属美国，其余4湖为美国和加拿大（Canada）共有。苏必利尔湖为世界最大的淡水湖，面积在世界湖泊中仅次于里海而居世界第二位。五大湖湖水汇入圣劳伦斯河（Saint Lawrance River），流入大西洋。

5. 生物

美国本土有超过17000种的植物和树种，是世界上最多样化的，同时，数千种非本土的外来物种有时也会影响到本土的动植物。美国本土有超过400种哺乳类、700种鸟类、500种爬虫类和两栖类，以及90000种已经被发现的昆虫。美国是世界上最早开始重视环境保护的国家之一，在1872年联邦政府建立了黄石国家公园（Yellowstone National Park）以保护当地环境，成为了世界上第一个国家公园。

6. 资源

美国自然资源丰富。煤、石油、天然气、铁矿石、钾盐、磷酸盐、硫黄等矿物储量均居世界前列。战略矿物资源钛、锰、钴、铬等主要靠进口。探明煤储量35966亿吨。探明原油储量270亿桶。探明天然气储量56034亿立方米。森林面积约44亿亩，覆盖率达33%。

7. 政区

（1）行政区划

今天，美国共分10大地区、50个州和1个直辖特区（哥伦比亚特区 Washington D. C.），共有3042个县或郡（County，路易斯安那州的郡为 Parish）。联邦领地包括波多黎各自由联邦和北马里亚纳。海外领地有人居住的有美属萨摩亚（Eastern Samoa）、关岛（The Territory of Guahan）、中途岛（Midway Island）、约翰斯顿岛（环礁，Johnston Atoll）、美属维尔京群岛（The United States Virgin Islands），无人居住的有贝克岛（Baker Island）、豪兰岛（Howland Island）、贾维斯岛（Jarvis Island）、金曼礁、纳弗沙岛、帕尔米尔岛（环礁，Palmyra Atoll）、威克岛（Wake Island，现仅有美国导弹试验基地）。

美国第一级行政区为州，正确来说，州并不是国家下设的区划，而是由这些州联合组成国家，因为美国为联邦制，跟其他联邦制国家一样，其一级行政区拥有很大的主权。根据美国联邦最高法院（Federal Supreme Court of the United States）多项裁定，各州与中央联邦政府均有司法主权，但中央联邦政府受到美国宪法的约束，而各州则有相当大的司法主权。

各州行政区划多分为州直属及地方所属，而在层级方面有三级区划也有二级区划。州直属的机构如统计局、监理所及公共卫生所等单位，地方政府则为郡，相当于部分国家的县，通常各郡会再下设不同层级的区划，在中西部最常见的是设镇区。

（2）首都及重要城市

美国首都华盛顿，全称"华盛顿哥伦比亚特区"（Washington D. C.），是为纪念美国开国元勋乔治·华盛顿（George Washington）和发现美洲新大陆的航海家克里斯托弗·哥伦布（Christopher Columbus）而命名的。华盛顿在行政上由联邦政府直辖，不属于任何一个州。华盛顿位于马里兰州（Maryland）和弗吉尼亚州（Virginia）之间的波托马克河（Potomac）与阿纳卡斯蒂亚河（Anacostia）汇流处。市区面积 178 平方千米，特区总面积 6094 平方千米，人口约55 万。

美国有两大城市带，分别是沿太平洋城市带和沿大西洋城市带。沿太平洋城市带中的著名城市从北向南依次是：西雅图（Seattle）、科瓦利斯（Corvallis）、旧金山（San Francisco）、洛杉矶（Los Angeles）。沿大西洋城市带中的著名城市从北向南依次是：纽约（New York）、费城（Philadelphia）、华盛顿（Washington）、迈阿密（Miami）。

（二）经济

1. 工业

美国是世界上最大的工业国家，工业技术先进、部门齐全、生产实力雄厚、劳动生产率高。美国的主要工业产品有汽车、航空设备、计算机、钢铁、石油产品、化肥、水泥、塑料、新闻纸、机械等。微电子工业、计算机技术、激光技术、宇航技术、生物工程技术、核能利用和新材料的研制与开发等方面，在世界上均居领先地位；近年来，在信息、生物等领域科技进步推动下，美国产业转型加快，利用高科技改造传统产业也取得进展。计算机、航空设备在国际上继续保持较大优势，在美国对外出口中作用越来越大。

2. 农业

美国幅员辽阔，农业高度发达，机械化程度高。粮食产量约占世界总产量的五分之一。美国充分利用不同地区的自然条件，实现了农业地区生产的专业化，形成了一些农业带（区），生产规模很大。农业生产的各个过程和环节都实现了机械化和专业化，效率高，产量大。美国许多农产品的生产量和出口量居世界前列，是世界上的农业大国。美国是全球最大的农业出口国，占世界农业出口市场的一半以上。

3. 对外贸易

美国最大的贸易伙伴是毗邻的加拿大，每天大约有价值高达 11 亿美元的产品流经美加的国界，中国、墨西哥、日本、德国、英国、韩国、法国、中国台湾和巴西紧随其后。美国经济被认为是世界上最大也是最重要的经济体。美国经济高度发达，全球多个国家的货币与美元挂钩，而美国的证券市场被认为是世界经济的晴雨表。

4. 交通运输

美国拥有完整而便捷的交通运输网络，运输工具和手段多种多样。与运输业相关的产品和服务约占美经济总量的 3%，吸纳了 1/8 的就业。由于汽车产业在美国的发展相当早，美国许多城市的发展都提前考虑到了将城市和住宅区搭配道路网络的设计。为了连接广阔的国土，美国设计并建造了高通行量、高速度的高速公路，美国的国家交通系统主要便是依赖这些高速公路网。当中最重要的是州际高速公路系统的建设。

美国建造了横贯大陆的铁路网络，用以在 48 个州之间运载货物。美国铁路公司所建造的铁路网也横贯了 48 个州中的 46 个，专门用于客运用途。美国的铁路货运系统是世界最繁忙和最先进的，且美国的铁路总长度位居世界第一。然而美国铁路的客运并不如西欧和日本那么发达，部分原因是由于美国国土辽阔；若要到达数千英里以外的大城市，搭乘飞机会比搭乘火车省时。

空中运输是长途旅行的更好选择。全球排名前 30 个最繁忙的客运机场中有 17 个位于美国，包括排名第一的亚特兰大哈兹菲尔德—杰克逊国际机场（Harts-field – Jackson Atlanta International Airport）。全球排名前 30 个最繁忙的货运机场有 12 个在美国，包括排名第一的孟菲斯国际机场（Memphis International Airport）。

世界上许多主要的港口也位于美国，最繁忙的是加利福尼亚州的洛杉矶港（Port of Los Angeles）和长堤港（Long Beach Harbor），以及纽约港（Port of New York），它们全都是世界上最繁忙的港口。

5. 旅游业

（1）旅游业概况

旅游产业是美国经济的重要组成部分。2011 年，美国旅游业产值达 1.2 万亿美元，支持了 760 万个就业岗位，其中国际游客在旅游及其相关产业上的消费达到了创纪录的 1530 亿美元。美国商务部预测，之后的 5 年美国旅游业将年平均增长 4% ~5%。

2012 年 1 月，美国总统奥巴马（Obama）签署了促进旅游业发展的行政命令，并责令商务部长和内政部长牵头成立工作组，就促进旅游业制定战略规划。美国国务院宣布将简化部分赴美签证申请人办理签证的手续，并为符合条件的首次申请人提供免面签的待遇。

（2）主要旅游城市

美国东西海岸遍布著名的旅游景点，这些景点基本分布在纽约、拉斯维加斯、洛杉矶、旧金山（三藩市）、华盛顿、迈阿密、费城、盐湖城、弗罗多、芝加哥、休斯敦、西雅图、加利福尼亚、圣地亚哥、丹佛、田纳西、佛罗里达、巴尔的摩、夏威夷等城市和地区，同时，很多城市的经济都是依靠旅游带动，甚至在纽约，旅游和购物行业创造的就业机会和利润，超过了很多传统产业。

（3）主要风景名胜

美国丰富的自然资源和多样的民族文化使它成为极具吸引力的旅游国家。在大平原的西部大山区，有著名的大峡谷国家公园（Grand Canyon National Park）和黄石国家公园（Yellowstone National Park）；靠太平洋的西海岸地区有风光旖旎、阳光灿烂的加利福尼亚州（State of California）、旧金山和洛杉矶。在北部近加拿大边界附近，有著名的五大湖游览区，其中最壮观的景点是尼亚加拉大瀑布（Niagara Falls）。此外，位于美国西面太平洋上的夏威夷群岛（Hawaiian Islands）也是全球闻名的度假胜地。还有适于冒险者的科罗拉多大峡谷（Colorado Grand Canyon）。

美国共有21项世界文化与自然遗产（其中2项与加拿大共有），其中包括8项世界文化遗产、12项世界自然遗产、1项双重遗产。

6. 中美关系

1979年1月1日，中美两国正式建立大使级外交关系。建交后，中美两国在政治、经济、教育、文化、科技和军事等领域开展了交流与合作。近年来，双方利益交融愈加深入，在重大地区热点和气候变化等全球性问题上进行了密切沟通与协调，中美关系战略内涵和全球影响不断增加。尽管双方也有摩擦、有分歧，但基于共同利益的合作始终是两国关系的主流。目前，两国互为对方第二大贸易伙伴。美国已成为中国第四大旅游客源国，美国也是中国第四大国外旅游目的地国。

（三）社会文化

1. 国家象征

（1）国旗

美国国旗为星条旗。呈横长方形，长与宽之比为19：10。主体由13道红、白相间的宽条组成，7道红条，6道白条；旗面左上角为蓝色长方形，其中分9排横列着50颗白色五角星。红色象征强大和勇气，白色代表纯洁和清白，蓝色象征警惕、坚韧不拔和正义。13道宽条代表最早发动独立战争并取得胜利的13

个州，50 颗五角星代表美利坚合众国的州数。1818 年美国国会通过法案，国旗上的红白宽条固定为 13 道，五角星数目应与合众国州数一致。每增加一个州，国旗上就增加一颗星，一般在新州加入后的第二年 7 月 4 日执行。至今国旗上已增至 50 颗星，代表美国的 50 个州。每年 6 月 14 日为"美国国旗制定纪念日"。在这一天，美国各地举行纪念活动，以示对国旗的敬重和对合众国的热爱。

（2）国徽

美国国徽主体为一只胸前带有盾形图案的白头海雕（秃鹰）。白头海雕是美国的国鸟，它是力量、勇气、自由和不朽的象征。盾面上半部为蓝色横长方形，下半部为红、白相间的竖条，其寓意同国旗。鹰之上的顶冠象征在世界的主权国家中又诞生一个新的独立国家——美利坚合众国；顶冠内有 13 颗白色五角星，代表美国最初的 13 个州。鹰的两爪分别抓着橄榄枝和箭，象征和平和武力。鹰嘴叼着的黄色绶带上用拉丁文写着"合众为一"，意为美利坚合众国由很多州组成，是一个完整的国家。

图 4-1 美国国旗　　　　　　　　图 4-2 美国国徽

2. 人口

美国人口总量约 3.1 亿，居世界第三。美国是个多种族的国家，有白人、黑人、拉美裔和亚裔四大种族，分别占总人口的 64%、12%、16% 和 5%。亚洲人约 6000 万，主要是印度人（超过 50%）和华人。美国华裔人口约 400 万。通用英语。

全国约 51.3% 的居民信仰基督教新教，信仰其他宗教人口比例为天主教（23.9%）、摩门教（1.7%）、其他基督教（1.6%）、犹太教（1.7%）、佛教（0.7%）、伊斯兰教（0.6%）、其他宗教（2.5%），不属于任何教派的约占 4%。

3. 教育

在美国，中、小学教育主要是由各州教育委员会和地方政府管理，联邦政府教育部主要通过控制教育基金来施加一定程度的影响。学校分为公立和私立两种，大部分是公立学校，实行免费义务教育制。各州学制不一，大部分为小学六年、初中三年、高中三年。中小学校一般免费或半费供应午餐，学生由校车定点接送。高中毕业后，学生们可以选择上公立或私立大学。私立大学的学费通常比公立大学高。美国的平均教育水准极高，联合国的经济指数调查中将美国的教育水准列为世界第一。

美国的许多高等院校有非常大竞争力。在世界排名前 20 名中，美国占 17 所。全美有约 3600 所大学。最有名的有 6 所：哈佛大学（Harvard University）、耶鲁大学（Yale University）、普林斯顿大学（Princeton University）、麻省理工学院（Massachusetts Institute of Technology）、斯坦福大学（Stanford University）、加州理工学院（California Institute of Technology），每次的全美或世界大学排名都能进前 10 名；超过 80% 的美国诺贝尔奖得主都曾在这 6 大名校之一学习或工作。

4. 科技

美国在科学和技术研究，以及技术产品创新方面都是最具影响力的国家之一。美国政府一贯认为，科学技术开支是对国家未来的投资，并以此为准则制定科技政策。美国科技政策一向重视国防研究与基础研究，前者主要是为了维持军事上的优势，而后者则基于基础研究乃是国家长期发展之本的考虑。

人类工业史上许多最重要的发明，包括了轧棉机、通用零件、生产线等都是源自美国，其中工业的生产线尤其重要，它使得工业的大量生产从梦想变为真实。其他重要的发明还包括飞机、电灯泡与电话。美国还在 20 世纪策划了著名的曼哈顿原子弹计划、阿波罗登月计划和人类基因组计划。美国在计算机与网络发展史上贡献极大，包括"二战"中发明的计算机、初期的军事化应用，到今日个人电脑的发展与革新，美国国防部创办的 ARPA 网是网络技术的先驱。

在科学研究方面，美国学者赢得了大量的诺贝尔奖，尤其是在生物和医学领域。美国国家科学院、美国国家工程院、美国国家医学院和美国国家自然基金会，是美国科学界最高水平的四大学术机构。除自然基金会外，其他三院分别授予院士头衔。

（四）民俗风情

1. 姓氏

美国人的姓名（Full name）按教名（Given name/Christian name/First name）、中间名（Middle name）、姓氏（Surname/Family name/Last name）排列，如 William Jefferson Clinton。教名是法律认可的正式名字。中间名不作称呼，一般用缩写，如 Ronald W. Reagan。但在很多场合中间名往往略去不写，如 George Bush，而且许多人更喜欢用昵称取代正式教名，如 Bill Clinton。美

国法律规定妇从夫姓，离婚后也沿用前夫姓。喜欢用名人和长辈的名字为小辈命名，如用长辈名字，则在该名字前加"小"以示区别。亲友间可用昵称。

长期以来，美国使用最多的十大姓氏基本全是盎格鲁—撒克逊（Anglo - Saxon）姓氏。美国人口普查局统计显示，"史密斯"（Smith）仍为美国第一大姓，用这个姓的有 230 多万人。第 2 名至第 10 名依次是约翰逊（Johnson）、威廉姆斯（Williams）、布朗（Brown）、琼斯（Jones）、米勒（Millet）、戴维斯（Davies）、加西亚（Garcia）、罗德里格斯（Rodriguez）和威尔逊（Wilson）。

2. 饮食

美国人的饮食习惯五花八门。美国人用餐一般不在精美细致上下功夫，而更讲求效率和方便。除典型的一日三餐外，美国拥有各具特色的民族风味菜肴，如东北部的蛤肉杂烩，宾夕法尼亚州的飞禽肉馅饼，西南部的烤肉排骨，南部的烤玉米粒等都久负盛名。在夏威夷，"波伊"是最著名的食品之一，这是一种用塔罗树根蒸熟捣碎后制成的浆状食品，外表不佳，但吃起来却美味可口。还有一种"鸟肉卢奥"也别具风味，这是一种将鸟肉、可可、牛奶和塔罗树叶放在一起煮成的食物。在印第安人（Indians）居住区，各色的玉米食品也相当著名。此外，遍布美国城乡的大小餐馆，有法国风味、意大利风味、希腊和瑞士风味，各式食品如意大利通心粉和馅饼、德国的羊肉片、中国的炒面、印度的咖喱饭菜、墨西哥的豆肉、匈牙利的蒸肉等美味佳肴，都已成为美国人喜爱的食品。此外，遍布城乡的酒吧和咖啡馆也是人们常去的饮食和娱乐之处。在这种酒吧中，通常只出售三明治和便餐，并配有演奏乐队或卡拉 OK，可以助兴娱乐或跳舞。

3. 传统节日

（1）感恩节

感恩节（Thanksgiving Day），原意是为了感谢上天赐予的好收成，也叫火鸡节。是美国最古老的节日之一，其来源于早期移民为感谢上帝赐予的丰收和印第安人的友谊而举行的家庭宴会，以后这一习俗便一年又一年地沿袭下来，直至美国独立之后，感恩节才成为全国性节日。1941 年后，感恩节是在每年 11 月的最后一个星期四，从这一天起休假两天。这一天，人们不管多忙，都要和自己的家人团聚，还要进行化装游行、劳作比赛、体育比赛、戏剧表演等活动，十分热闹。

（2）万圣节

万圣节（Hallowmas）是美国式的狂欢节，每年 10 月 31 日夜晚，孩子们便戴上假面具，打扮成各种妖魔鬼怪的模样，提着把南瓜掏空后做成的"杰克南瓜灯"（Jack O'Lantern）挨家挨户乞食。大多数人家都非常乐于接待这些小客人，小客人常常口念着"给我糖果，否则我要捣蛋了"，而兜里则塞满了各式各样的糖果。

（3）圣诞节

每年 12 月 25 日为圣诞节（Christmas），是美国最盛大的节日，全城通宵欢庆，教徒们跟随教堂唱诗班挨户唱圣诞颂歌，装饰圣诞树，吃圣诞蛋糕。

4. 禁忌

美国人忌讳数字 13 和星期五。他们将黑猫从面前经过和打破镜子视为凶兆。将蝙蝠视为凶神形象。忌在街上走路时啪啪作响。忌用一根火柴为三个人点烟。

三、加拿大

加拿大（Canada）是世界第二大国。"加拿大"一词源于美洲原住民语言休伦—易洛魁语中的"Kanata"，意为"村庄"。加拿大是一个具有现代化工业科技水平且能源与资源充足的发达国家。

（一）地理

1. 位置

加拿大位于北美洲北部，东临大西洋，西濒太平洋，西北部邻美国阿拉斯加州，东北与格陵兰（Greenland）隔戴维斯海峡（Davis Strait）遥遥相望，南接美国本土，北靠北冰洋达北极圈。国土面积 998 万平方千米，仅次于俄罗斯，位居世界第二，3467 万居民在此居住，人口密度非常低。加拿大海岸线约长 24 万多千米，是世界上海岸线最长的国家，同时也是全世界最长不设防疆界线。

加拿大有五大地理区。分别是东部大西洋区、中部区、草原区、西海岸地区和北部区。

2. 地形

东部为丘陵地带，南部与美国接壤的大湖和圣劳伦斯地区，地势平坦，多盆地。西部为科迪勒拉山区（Cordilleras），是加拿大最高的地区，许多山峰在海拔 4000 米以上。北部为北极群岛（Arctic islands），多系丘陵低山。中部为平原区。最高山洛根峰（Mount logan），位于西部的洛基山脉，海拔为 5951 米。

3. 气候

受西风影响，加拿大大部分地区属大陆性温带针叶林气候。东部气温稍低，南部气候适中，西部气候温和湿润，北部为寒带苔原气候。北极群岛，终年严寒。中西部最高气温达 40℃ 以上，北部最低气温低至 −60℃。

4. 资源

加拿大地域辽阔，森林和矿产资源丰富，是世界上第三的产矿国。矿产有

60余种，镍、锌、铂、石棉的产量居世界首位，铀、金、镉、铋、石膏居世界第二位。铜、铁、铅、钾、硫黄、钴、铬、钼等产量丰富。已探明的原油储量为80亿桶。森林覆盖面积达440万平方千米，产材林面积286万平方千米，分别占全国领土面积的44%和29%；木材总蓄积量为172.3亿立方米。加拿大领土面积中有89万平方千米为淡水覆盖，淡水资源占世界的9%。

5. 政区

（1）行政区划

全国分10个省和3个地区。各省设有省政府和选举产生的省议会，地区也设立相应职位和机构。努纳武特（Nunavut）地区是1999年4月1日正式设立的，由因纽特人自己管理。

（2）首都

加拿大首都渥太华（Ottawa）位于安大略省（Ontario）东南部与魁北克省（Quebec）交界处。首都地区人口约112.89万，面积4662平方千米。市内有渥太华河由西向东而过，将整个城市南北分开。南部居民是英国移民后代，讲英语；北部居民是法国移民后代，讲法语。里多运河（Rideau Canal）自南向北穿城而过，注入城北的渥太华河。渥太华为加拿大第四大城市，是水、陆、空交通枢纽。水力资源丰富，以轻工业为主，有造纸、木材加工、食品、机械制造等工业。

（二）经济

1. 工业

制造业和高科技产业发达，制造业、建筑、采矿构成国民产业经济的三大支柱。加拿大在有色冶金、通信电子、运输设备、电力水利、纸浆造纸、新能源新材料等产业方面拥有世界领先水平。此外，石油化学、时装轻纺、森林建材、食品饮料、汽车制造、黑色冶金等亦为重要工业部门。

2. 农牧业

加拿大是世界上农业机械化最高的国家之一。农业以麦类为主，主要种植小麦、大麦、亚麻、燕麦、油菜子、玉米等作物。可耕地面积约占全国土地面积16%，其中已耕地面积约6800万公顷，占全国土地面积8%。加拿大领土面积中有89万平方千米由淡水覆盖，淡水资源占世界的9%。渔业很发达，75%的渔产品出口，是世界上最大的渔产品出口国。

3. 对外贸易

加拿大经济对外贸依赖严重。加拿大是世界上最富有的国家之一，也是西方七大工业国家和世界十大贸易国之一。

主要出口机械及其零配件、纸浆纸张、木业产品、金属制品、矿产品、能源产品及其他工业产品等；主要进口机械设备、汽车、工业材料、消费品及食品。主要贸易对象是美国、日本、中国、欧盟国家。

4. 交通运输

交通运输发达，水、陆、空运输均十分便利。

（1）铁路

铁路总长为 72245 千米，仅次于美国、俄罗斯和中国。

（2）公路

目前全国高速公路和普通公路总长 140 万千米。横贯加拿大的高速公路（Trans Kanada Highway）长 7725 千米，于 1971 年全线通车，从太平洋东岸的维多利亚（Victoria）直到大西洋西岸纽芬兰（New Foundland）的圣约翰斯（St. John's），是全世界最长的国家级高速公路。

（3）水运

圣劳伦斯河（Saint Lawrance River），深水航道全长 3769 千米，是世界上最长的内陆深水航道，船舶通航可从大西洋抵达五大湖水系。全加拿大共有 25 个大的深水港和 650 个小港口。最大的港口是温哥华港，年吞吐量达 7000 万吨。

（4）空运

加拿大约有机场 886 个，主要机场 68 个，包括多伦多、温哥华、卡尔加里（Calgary）和蒙特利尔（Montreal）等国际机场。

（5）管道运输

输送石油、天然气与水的管道总长 196000 千米，是世界第二长的管道系统。

5. 旅游业

加拿大旅游业十分发达。据世界旅游组织统计，加拿大在世界旅游组织收入最高国家中排名第九。

加拿大主要旅游城市有温哥华、渥太华、多伦多、蒙特利尔、魁北克（Quebec）等。

加拿大著名的风景名胜有锡格纳尔山、哈利法克斯城堡、加拿大国家电视塔（Canada's National Tower）、卡博特之路、芬迪国家公园（Fundy National Park）、白求恩故居、尼亚加拉瀑布（Niagara Falls）等。

6. 中加关系

1970 年 10 月 13 日，加拿大与中国建交。建交后，中加双边关系发展顺利，两国领导人保持了经常性的互访。加拿大总督、总理和参、众议长等均曾访华。中国国家主席、总理和全国人大常委会委员长、全国政协主席等先后访问过加拿大。

自 2010 年 6 月中国与加拿大签订旅游目的地协议以来，中国赴加拿大游客增长迅猛。2011 年中国赴加游客同比增长 26%。2012 年 1~5 月，加拿大累计接待中国游客 11.52 万人次。中国已超过澳大利亚成为继美国、英国、法国、德国之后加拿大第五大旅游客源国。

加拿大在中国台湾设有台北贸易办事处，台湾在渥太华（Ottawa）、温哥华（Vancouver）和多伦多（Toronto）设有"台北经济文化办事处"。

（三）社会文化

1. 国家象征

（1）国旗

加拿大国旗呈横长方形，长与宽之比为 2∶1。旗面中间为白色正方形，内有一片 11 个角的红色枫树叶；两侧为两个相等的红色竖长方形。白色正方形代表加拿大辽阔的国土，加拿大很大面积的国土全年积雪期在 100 天以上，故用白色表示；两个红色竖长方形分别代表太平洋和大西洋，因加拿大西濒太平洋、东临大西洋；红枫叶代表全体加拿大人民，加拿大素有"枫叶之国"的美誉，枫树是该国的国树，枫叶是加拿大民族的象征。

（2）国徽

1912 年加拿大制定了国徽，图案中间为盾形，盾面下部为一枝三片枫叶；上部的四组图案分别为：三头金色的狮子，一头直立的红狮，一把竖琴和三朵百合花，分别象征加拿大在历史上与英格兰、苏格兰、爱尔兰和法国之间的联系。盾徽之上有一头狮子举着一片红枫叶，既是加拿大民族的象征，也表示对第一次世界大战期间加拿大的牺牲者的悼念。狮子之上为一顶金色的王冠，象征英女王是加拿大的国家元首。盾形左侧的狮子举着一面联合王国的国旗，右侧的独角兽举着一面原法国的百合花旗。底端的绶带上用拉丁文写着"从海洋到海洋"，表示加拿大的地理位置——西濒太平洋，东临大西洋。

图 4-3　加拿大国旗

图 4-4　加拿大国徽

2. 人口

加拿大人口总数约 3467 万。英裔居民约占 42%，法裔居民约占 26.7%，其他欧洲人后裔约占 13%，土著居民（印第安人、米提人和因纽特人）约占 3%，其余为亚洲、拉美、非洲裔等。其中华裔人口约 145 万人，已占加拿大总人口的 4.5%，成为加拿大最大的少数族裔，即白种人和原住民以外的最大族裔。华裔人口中 25% 的人是在加拿大本土出生的，其余大部分来自中国大陆、中国香港和中国台湾。英语和法语同为官方语言。居民中信仰天主教的约占 47.3%，信仰基督教新教的约占 41.2%。

3. 教育

联邦政府不设专门机构，教育管理权归省级政府。各省教育经费基本依靠自筹，联邦政府也提供一定的资助。普及中、小学教育。著名学府有多伦多大学（University of Toronto）、不列颠哥伦比亚大学（University of British Columbia）、拉瓦尔大学（University Laval）、阿尔伯塔大学（University of Alberta）和麦吉尔大学（McGill University）等。

（四）民俗风情

加拿大人多数系欧洲移民后裔，故其生活习俗与欧洲人大致相同。

1. 姓名

加拿大人姓名名在前，姓在后。姓一般只有一个，名可以有一个或两个，甚至三个。第一个名为教名，是由教士或父母亲朋起的，第二个名由长辈或本人起。有时子孙沿用长辈的名字，但加上"小"字，以显示自己和区别自己与父亲的关系，这种情况并不十分普遍。

2. 加拿大原住民

印第安人（Indians）又称美洲原住民，第一民族（First Nations），是除因纽特人外所有美洲土著居民的总称。考古学和人类学认为印第安人的祖先和中国人有着一样的体质。美洲土著居民中的绝大多数为印第安人，分布于南北美洲各国，传统将其划归东亚蒙古人种美洲支系。印第安人所说的语言一般总称为印第安语，或者称为美洲原住民语言。印第安人的族群及其语言的系属情况均十分复杂，至今没有公认的分类。

印第安人的祖先大约是在 4 万年前从亚洲渡过白令海峡（Bering Strait）到达美洲，或者是通过冰封的海峡陆桥过去的。亚洲的蒙古利亚人种（Mongoloid）与美洲人土著印第安人的祖先有渊源关系。他们与亚洲同时代的人有某些相同的文化特色，例如用火、驯犬及某些特殊仪式与医疗方法。

印第安人是美洲的最早的居民。他们之所以被称为"印第安人"，主要是因为当年哥伦布（Columbus）等航海家，以为他们到达的"新大陆"是印度，称当地居民为"印第安人"。

3. 饮食

加拿大由于历史的原因和人种的构成因素，生活习俗及饮食习惯与英、法、美等国相仿。其独特之处是他们养成了特别爱吃烤制食品的习惯。这主要是由于地理环境天寒地冻的影响。他们在餐具使用上，一般都习惯用刀叉。他们极喜欢吃烤牛排，尤以半生不熟的嫩牛排为佳。他们习惯饭后喝咖啡和吃水果。

4. 禁忌

加拿大人大多数信仰新教和罗马天主教，少数人信仰犹太教和东正教。他们忌讳"13"、"星期五"，认为"13"是厄运的数字，"星期五"是灾难的象征。他们忌讳白色的百合花。因为它会给人带来死亡的气氛，人们习惯用它来悼念死人。他们不喜欢外来人把他们的国家和美国进行比较，尤其是拿美国的优越方面与他们相比，更是令人不能接受。加拿大妇女有美容化妆的习惯，因此他们不欢迎服务员送擦脸香巾。他们在饮食上，忌吃虾酱、鱼露、腐乳和臭豆腐等有怪味、腥味的食物；忌食动物内脏和脚瓜，也不爱吃辣味菜肴。

5. 节日

（1）加拿大独立日（国庆日）

加拿大国庆日为每年的7月1日。1867年7月1日，安大略省、魁北克省、新斯科舍省和新不伦瑞克省共同组成加拿大联邦。1879年将此日定为节日。1982年10月22日根据《加拿大法案》将此日定为"加拿大日"。

（2）郁金香节

"渥太华郁金香节"始于1953年，1995年升格为"加拿大郁金香节"。如今它已成为世界最大规模郁金香盛会，每年吸引全球数十万游客。从2007年起，组委会邀请各国驻加使团和各族裔社区参与，以多种形式展示各国和各民族风俗文化，同时决定不再收门票，将郁金香节打造成为没有围墙的节日。

（3）加拿大阵亡将士纪念日

"阵亡将士纪念日"也叫"停战日"，主要是英联邦国家为纪念在第一次世界大战、第二次世界大战和其他战争中的死者。该节日定为每年的11月11日，因为第一次世界大战德国战败后，于1918年11月11日11时签署标志着战争结束的停战协议。

（4）国际爵士节（International Jazz Festival）

在蒙特利尔（Montreal），这个为期10日的庆典向人们展示了爵士乐的魅力，每年的7月初便有超过40万的乐迷前往此区共度佳节。

（5）奥佛饰

奥佛饰（Festival Orford）是加拿大最负盛名的夏日音乐节之一。整个7—8月山丘上处处回响着来自室内舞台或是户外舞台所演奏的古典乐、爵士乐及流行乐。

四、墨西哥

墨西哥（Mexican），全称墨西哥合众国（The United Mexican States），是一个自由市场经济体，拥有现代化的工业与农业，私有经济比重大。

（一）地理概况

1. 位置

墨西哥位于北美洲南部，拉丁美洲西北端，是南美洲、北美洲陆路交通的必经之地，素称"陆上桥梁"。北部与美国接壤，东南与危地马拉（Guatemala）与伯利兹（Belize）相邻，西部是太平洋和加利福尼亚湾（Gulf of California），东部濒临墨西哥湾（Gulf of Mexico）与加勒比海（Caribbean Sea）。海岸线长11122千米。面积1964375平方千米，是拉丁美洲第3大国。有300万平方千米经济专属区和35.8万平方千米大陆架。著名的特万特佩克地峡（Isthmus of Tehuantepec）将北美洲和中美洲（Central America）连成一片。

2. 地形

墨西哥全国约196万平方千米的土地中，5/6左右为高原和山地。墨西哥高原居中，两侧为东西马德雷山，以南是新火山山脉和南马德雷山脉，东南为地势平坦的尤卡坦半岛，沿海多狭长平原。全国最高峰奥里萨巴火山（Orizaba），海拔5700米。

3. 水文

主要河流有布拉沃河、巴尔萨斯河和亚基墨西哥河。湖泊多分布在中部高原的山间盆地中，最大的是查帕拉湖（Lake Chapala），面积1109平方千米。

4. 气候

墨西哥气候复杂多样。沿海和东南部平原属热带气候，年平均气温为25℃~27.7℃；墨西哥高原终年气候温和，山间盆地气温为24℃，地势较高地区的气温在17℃左右；西北内陆为大陆性气候。大部分地区全年分旱、雨两季，雨季集中了全年75%的降水量。年平均降水量西北部不足250毫米，内地为750~1000毫米，墨西哥湾沿岸中部与太平洋沿岸南部为1000~2000毫米。因墨西哥境内多为高原地形，冬无严寒，夏无酷暑，四季万木常青，自然条件极其优越，有"高原明珠"的美称。

5. 资源

矿业资源丰富，地下天然气、金、银、铜、铅、锌等15种矿产品的蕴藏量位居世界前列，主要有石油、天然气、金、银、铜、铅、锌、砷、铋、汞、镉、锑、磷灰石、天青石、石墨、硫黄、萤石、重晶石、氟石等。其中白银的产量多年来居世界之首，素有"白银王国"之称。铋、镉、汞产量占世界第二位，重晶石、锑产量居世界第三位，碘、水银居第四位。已探明的石油储量为205亿桶位。天然气储量为700亿立方米，是拉美第一大石油生产国和出口国，居世界第13位，在墨西哥国民经济中占有重要的地位。森林覆盖面积为4500万公顷，约占领土总面积的1/4。水力资源约1000万千瓦。海产主要有对虾、金枪鱼、沙丁鱼、鲍鱼等，其中对虾和鲍鱼是传统的出口产品。

6. 政区

（1）行政区划

全国划分为31个州和1个联邦区（墨西哥城），州下设市（镇）和村。

（2）首都

墨西哥城（Mexico City），面积1525平方千米，人口2200万（含卫星城），是墨西哥人口最多的一个城市。海拔2240米。5月平均气温12℃～26℃，1月平均气温6℃～19℃。

（二）经济

1. 工业

墨西哥工矿业门类比较齐全，但发展不平衡。制造业占重要地位，建筑、纺织、服装业、运输设备、水泥、化工产品、电力各业持续增长。石油产量继续保持世界第4位，墨西哥是世界主要蜂蜜生产国，年产量达6000万千克，居世界第四位。生产的蜂蜜90%用于出口，每年此项外汇收入约达7000万美元。

2. 农业

全国有可耕地3560万公顷，已耕地2300万公顷。主要农作物有玉米、小麦、高粱、大豆、水稻、棉花、咖啡、可可等。墨西哥古印第安人培育出了玉米，所以该国享有"玉米的故乡"的美誉。有"绿色金子"别称的剑麻，也是墨西哥引领世界风骚的农产品，其产量居世界前列。全国牧场占地7900万公顷，主要饲养牛、猪、羊、马、鸡等，部分畜产品出口。

3. 外贸

墨西哥同200多个国家和地区建立了贸易关系，与44个国家签订了自由贸易协定。主要出口原油、工业制成品、石油产品、汽车、汽车配件、咖啡豆、蔬菜、钢材及化工产品、机械产品、服装、农产品等。主要进口客车、电器、石化产品、食品、饮料、纸浆、纺织、医药制品、广播电视接收及发射设备等。

1992 年 8 月 12 日，美国、加拿大和墨西哥三国就《北美自由贸易协定》（North American Free Trade Agreement）达成一致意见，并于同年 12 月 17 日由三国领导人分别在各自国家正式签署。1994 年 1 月 1 日，协定正式生效，北美自由贸易区宣布成立。《北美自由贸易协定》的签订，对北美各国乃至世界经济都将产生重大影响。目前，美国是墨西哥最大的贸易伙伴和投资来源国，双边贸易占墨西哥外贸总额的 70%，对美出口占墨西哥出口总额的 83%，美国资本占墨西哥吸收外资总额的 65% 以上。

4. 旅游业

悠久的历史文化、独特的高原风情和人文景观以及漫长的海岸线为墨西哥发展旅游提供了得天独厚的有利条件，居拉美第一的旅游业已成为墨西哥主要创汇来源之一。墨西哥城、阿卡普尔科、蒂华纳、坎昆等均为著名旅游胜地。主要的旅游风景名胜有玛雅古迹、月亮金字塔、杜伦古城、莫雷利亚、格雷塔罗市、奇琴伊察古城等。

5. 中墨关系

1972 年 2 月 14 日，墨西哥合众国与中华人民共和国建交。建交后，两国关系发展顺利。墨西哥历任总统均在任内访华，中国国家主席、政府总理等领导人先后访墨西哥。

近年来，中墨两国经贸关系发展迅速。中国已成为墨西哥第二大贸易伙伴，墨西哥是中国在拉美第二大贸易伙伴。

（三）社会文化

1. 国家象征

（1）国旗

墨西哥国旗呈长方形，长与宽之比为 7∶4。从左至右由绿、白、红三个平行相等的竖长方形组成，白色部分中间绘有墨西哥国徽。绿色象征独立和希望，白色象征和平与宗教信仰，红色象征国家的统一。

（2）国徽

墨西哥国徽图案为一只展翅的雄鹰嘴里叼着一条蛇，一只爪抓着蛇身，另一只爪踩在从湖中的岩石上生长出的仙人掌上。图案中下方为橡树和月桂树枝叶，象征力量、忠诚与和平。

2. 人口

墨西哥总人口约 1.12 亿，在美洲居第 3 位，仅次于美国和巴西。印欧混血人种约占 90%，印第安人约占 10%。官方语言为西班牙语，约有 7.1% 的人讲印第安语。居民中约89%信仰天主教，约6%信仰基督教新教。

图4-5　墨西哥国旗

图4-6　墨西哥国徽

3. 教育

墨西哥是教育大国，公共教育基本为免费教育。义务教育阶段的教材全部免费。墨西哥现行教育体制如下：

（1）基础教育

学前（3年）、小学（6年）和初中（3年），宪法规定从2008年开始实行从学前3年到初中的12年义务教育制。

（2）高中教育

墨西哥称之为准高等教育（3年）。

（3）高等教育：

本科4~5年，技术大学2~4年，硕士3年，博士2年。高等院校分四类：国立大学（含自治大学）、私立大学、科技院校和研究机构中的教学机构等。

（4）非学校教育：

成人教育、远距离教育及职业培训等。

4. 科研

墨西哥有较完整、系统的科研体系。全国科学技术理事会是最高科技领导机构，1970年成立，主席由总统任命。全国高级科研人员近万名。科研领先优势为：环境和气候、生物医药研究和卫生、农林渔业、工业和制造技术、电子、材料和度量学、非核能源、生物技术、航空、空间研究及应用等。主要科研机构有：科学院、石油研究所、农业研究所、核能研究所和国际玉米和小麦中心等。

5. 文化

墨西哥是美洲文明古国，曾孕育了玛雅、阿兹特克、托尔特克、奥尔梅加和特奥蒂华坎等古印第安文化。墨西哥已有21处古迹被联合国宣布为"人类文化和自然遗产"。

　　玛利雅奇音乐和萨巴特奥舞蹈融合了西班牙和印第安音乐舞蹈的特色，成为墨西哥独特的民族艺术形式。

　　墨西哥文学在拉美独树一帜。作家奥克塔维奥·帕斯（1990 年诺贝尔文学奖）、胡安·鲁尔福和卡洛斯·富恩特斯都是现代西班牙语文坛巨匠。

　　墨西哥壁画举世闻名，里维拉、奥罗斯科、西凯罗斯为杰出壁画家。

（四）民俗风情

1. 姓名

　　墨西哥人的名字和西班牙人的名字一样。例如 Antonio Maldonado Evangelista，Antonio 是名字，Makdonado 是父亲的姓氏，Evangelista 是母亲的姓氏。

2. 服饰

　　墨西哥人普遍重视穿着打扮，其服装既有现代的，也有民族的。在传统节日里，随处可见头戴草帽、身着各式民族服装、留着胡髭的彬彬有礼的男士和身穿色泽艳丽、刺绣精美长裙、头戴鲜花的妩媚女士。在正式场合，墨西哥人着装庄重，穿套装或套裙。

3. 饮食

　　墨西哥人的传统食品是玉米、菜豆和辣椒，玉米饼卷和辣椒世界闻名。墨西哥人喜食辣椒，即使吃水果也会撒上辣椒粉。墨西哥盛产的仙人掌既是美味的水果也是可口的蔬菜。龙舌兰虫、蚂蚱和蚂蚁蛋等昆虫也是墨西哥人喜爱的食品。主要美味有：

　　（1）龙舌兰酒

　　龙舌兰对于墨西哥而言，具有十分重要的意义。龙舌兰叶可以造纸，而龙舌兰的花朵十分尖锐，据说可以当作武器。而如今，龙舌兰最重要的作用是制造龙舌兰酒（Tequila，又称"特基拉酒"）。用龙舌兰叶酿制成的龙舌兰酒是墨西哥一大特产。龙舌兰酒的度数比较高，喝起来会有一些辣而香甜的感觉绕于舌尖，缠绵于喉。

　　（2）墨西哥菜

　　墨西哥菜肴是和法国、印度、中国和意大利菜齐名的世界五大菜系之一。墨西哥菜肴的特色就是口味浓厚、色彩绚丽。赛必切（Ceviche）是一道墨西哥美味。当地人用柑橘类水果（柚、橘、橙、柠檬、青柠等）汁做底料，加入其他香料辅料，把刚捕捞的各种海鲜浸泡其中而制成的一道开胃凉菜。还有一种口味独特的 Pipianes，它的调味汁取自花生、南瓜子和辣椒。一种叫莫力的调味香辣酱，完全继承于 17 世纪的一个复杂的异域菜谱，它需要混合 100 多种原料才能制成它那特有的口味和诱人的深棕色，因而制作美味的莫力酱成了厨师们一显身手而又颇费气力的工作。

墨西哥是辣椒的发源地，全球约一半辣椒都生长于墨西哥境内。墨西哥菜以辣为主，内地居民常以龟、蛇、斑鸠、松鼠、石鸡入菜，家常蔬菜要数炒仙人掌、仙人球最富特色。墨西哥人还以嗜酒闻名于世。宾客上门，习惯先以酒招待。

（3）玉米饼

数百年来，玉米一直是墨西哥食品中的主角。而以玉米为原料制成的玉米饼也是墨西哥最基本、也最有特色的食品。这是一张用玉米煎制的薄饼，吃的时候，顾客可根据自己的喜好加入碳烤的鸡肉条或是牛肉酱，然后再加入番茄、生菜丝、玉米饼起司等配料，看上去颜色格外丰富，就好似一件艺术品一般。包好以后，放入嘴中一咬，外面脆生生的，而里面却香、辣、酸、甜各味俱全，刚柔相济、多味混杂，真叫人"爱不释口"。

（4）香辣牛扒

通常在餐馆里吃的牛扒，多数人是不加任何调料的，有时顶多加一点盐。不过墨西哥的牛扒却不一样，你可以看见它是先用辣椒、盐等调料腌制好的，煎好后，即使不浇汁也非常够味。值得一提的是，人们通常认为新西兰的牛肉是上品，其实墨西哥的牛肉与新西兰的牛肉也不相上下，滑嫩清香。

（5）豆类食品

和玉米一样，豆类也是墨西哥饮食中很重要的原料。墨西哥人很喜欢吃豆子，也发明了许多豆类食品的做法，比如辣豆烧牛肉、凉拌青豆等。

4. 传统习俗

（1）许愿葡萄

世界各地的人们以各自独特的风俗习惯辞旧迎新。在墨西哥，人们是吃着"许愿葡萄"喜迎新年。葡萄是每一个墨西哥家庭年末必备的食物。辞旧迎新的钟声每响一下，人们吃下一粒"许愿葡萄"，一共要吃 12 粒，每吃一粒许下一个心愿，求"平安""幸福""健康"和"财富"，祈祷新的一年从年初至岁末的每个月都吉祥如意。

（2）哈拉贝

"哈拉贝"是墨西哥最具代表性的民间舞蹈，男子身穿传统民族服装，头戴宽檐帽，热情专注，追逐女伴；女子身穿宽肥艳丽的土布裙，佯装害羞，优雅地躲避，并不时用裙子甩出各种花形图案。

（3）玉米情结

墨西哥是玉米的故乡，当地人对玉米有着深厚的感情。过去 5000 年来，玉米从一种不为人知的野生黍类成了世界第三大粮食来源，这离不开墨西哥人的勤劳与智慧。墨西哥人还在种植玉米的过程中创造出了玛雅和阿兹特克文明。墨西哥人常说："我们创造了玉米，玉米同时也创造了我们，我们是玉米人"。

（4）食虫国

在世界上许多地方，人们一直保持着食昆虫的传统。在墨西哥，昆虫成了食物的一部分，因为墨西哥昆虫的数量和种类世界闻名，而且昆虫的营养价值极高。墨西哥人食用的昆虫达到450多种。可食用的虫类主要有"查普林"蝗虫、蜻蜓、蝴蝶、毛虫、蚊蝇、蚂蚁、蜂等。值得一提的是，根据种类的不同，有些昆虫可食用其卵、幼虫和成虫，也就是说，在其整个发育期内都可食用。其中，最有名和人们食用最多的昆虫包括"查普林"蝗虫、"湖米尔"大水蚊、龙舌兰虫等。

5. 禁忌

墨西哥人忌讳"13"、"星期五"。认为这些都是不吉利和令人可怕的数字和日期。他们虽说常用亲吻方式施礼，但却忌讳相互不熟悉的男子之间亲吻或吻手。他们认为只有没教养的人才会这样做。他们视公共场所出现"男子穿短裙女子穿长裤"为有失体面。他们认为"男子穿西服，女子穿长裙"才合情理。

在墨西哥，黄色和红色的花不可送人，因为黄花表示死亡，红花表示诅咒。墨西哥人忌讳蝙蝠图案和艺术造型。因为他们认为蝙蝠是一种吸血鬼，给人以凶恶、残暴的印象。墨西哥人忌讳紫色，他们认为紫色是一种不祥之色，因为只有棺材才涂这种颜色。

第二节　南美洲客源国概况

一、南美洲概述

南美洲（South America）是南亚美利加洲的简称，位于西半球南部，东面是大西洋，西为太平洋。陆地以巴拿马运河为界与北美洲相分，南面隔海与南极洲相望。总面积1797万平方千米（含附近岛屿），占世界陆地总面积的12%，按面积大小排是七大洲中的第四个。南美洲海岸线长28700千米。海岸较为平直，少岛屿和海湾。

南美洲大陆的地形可分为三个南北方向的纵列带：西部为狭长的安第斯山脉（Andes Mountains），东部为波状起伏的高原，中部为广阔平坦的平原低地。安第斯山脉长9000千米，是世界最长的山脉，阿空加瓜山（Aconcagua）海拔6960米，是南美洲最高峰；东部为巴西高原（Brazil Plateau）、圭亚那高原（Guyana Plateau）和巴塔哥尼亚高原（Patagonia Plateau），其中巴西高原面积500万平方千米，是世界最大的高原；中部为奥里诺科平原（Orinoco Plain）、亚马逊平原（Amazon Plain）和拉普拉塔平原（La Plata Plain），是世界最大的冲积平原。

南美洲大部分地区属热带雨林和热带草原气候，温暖湿润。南美洲的自然资源丰富。石油、铁、铜等储量皆居世界前列。森林面积占世界森林总面积的23%，草原面积占世界草原总面积的14%，渔业资源和水力资源也十分丰富。

南美洲包括13个国家和地区，它们分别是哥伦比亚（Colombia）、委内瑞拉（Venezuela）、圭亚那（Guyana）、苏里南（Suriname）、厄瓜多尔（Ecuador）、秘鲁（Peru）、巴西（Brazil）、玻利维亚（Bolivia）、智利（Chile）、巴拉圭（Paraguay）、乌拉圭（Uruguay）、阿根廷（Argentine）和地区（法属圭亚那）。第二次世界大战之后，南美洲经济发展很快，经济结构发生显著变化。但各国经济水平和经济实力相距甚远。其中巴西和阿根廷已建立了比较完备的国民经济体系，发展最快，两国的国内生产总值约占全洲2/3。委内瑞拉、哥伦比亚、智利、秘鲁经济也较发达。

南美洲的文化原以印第安人的文化为主，欧洲殖民者于印第安人大量死亡后引进黑奴以补充劳力，使本区血统复杂。因西班牙及葡萄牙带来的拉丁文化长期居主导地位，故南美洲常被称拉丁美洲，但印第安文化并未消失，且融入非洲黑人文化，文化间彼此冲突与融合，形成合成文化，使南美洲的文化更加丰富。

由于长期处于殖民地地位，各国官方语言多属殖民母国的语言，但少数如迤加语、瓜拉尼语（巴拉圭）仍然存在。南美洲大多数国家的官方语言为西班牙语，其他如巴西为葡萄牙语，圭亚那为英语，苏里南为荷兰语，法属圭亚那则为法语。

图4-7　南美洲国家联盟旗帜

图4-8　南美洲国家联盟盟徽

南美洲国家联盟（Union of South American Nations）是根据《库斯科宣言》于2004年12月8日成立的主权国家联盟，南美洲12个国家均加入南美洲国家联盟，有观察员国2个。联盟原名南美洲国家共同体，2007年4月16日改为南美洲国家联盟。联盟总部设于厄瓜多尔首都基多（Quito），而南美洲银行将设于巴西利亚（Brasilia）。

二、巴西

巴西（Brazil），全称巴西联邦共和国（The Federative Republic of Brazil）。由于历史上曾为葡萄牙（Portugal）的殖民地，巴西的官方语言为葡萄牙语。足球是巴西人文化生活的主流。巴西是当今世界"金砖国家"（BRICS）之一。

（一）地理

1. 位置

巴西位于南美洲东南部，北邻法属圭亚那、苏里南、圭亚那、委内瑞拉和哥伦比亚，西邻秘鲁、玻利维亚、南接巴拉圭、阿根廷和乌拉圭，东濒大西洋。海岸线长 7400 多千米，领海宽度为 12 海里，领海外专属经济区 188 海里。国土面积 851.49 万平方千米，约占南美洲总面积的 46%，是拉丁美洲面积最大的国家。仅次于俄罗斯、加拿大、中国和美国，为世界第五大国。

2. 地形

巴西的地形主要分为两大部分，一部分是海拔 500 米以上的巴西高原，分布在巴西的南部，另一部分是海拔 200 米以下的平原，主要分布在北部的亚马孙河流域和西部。全境地形分为亚马逊平原、巴拉圭盆地（Paraguay Basin）、巴西高原和圭亚那高原，其中亚马逊平原是世界上最大的平原，约占全国面积的 1/3。巴西高原是世界上面积最大的高原。

3. 水文

主要河流有亚马孙河（Amazon River）、巴拉那河（Parana River）和圣弗朗西斯科河（San Francisco River）。亚马孙河全长 6751 千米，是世界上水量最大的河流，横贯巴西西北部，在巴流域面积达 390 万平方千米。拉那河包括巴拉那河和巴拉圭河，流经西南部，多激流和瀑布，有丰富的水力资源，巴西与巴拉圭合建的被誉为"世纪工程"的世界第一大水电站伊泰普水电站（Itaipu Hydropower Station）就建在巴拉那河上。弗朗西斯科河系全长 2900 千米，流经干旱的东北部，是该地区主要的灌溉水源。

4. 气候

巴西大部分地区属热带气候，最南端为亚热带气候。北部亚马孙平原属赤道气候，年平均气温 25℃～28℃，中部高原属热带草原气候，分旱、雨季。南部地区年平均气温 16℃～19℃。

5. 资源

巴西矿产资源丰富，已探明铁矿砂储量 333 亿吨，占世界总储量 9.8%，居世界第五位；产量 3.55 亿吨，居世界第二位；出口量也位居世界前列。镍储量达世界总储量98%，锰、铝矾土、铅、锡等多种金属储量占世界总储量的10%以上。铌矿储量已探明455.9万吨，按当前消费量够全球使用800年。此外还有较丰富的铬矿、黄金矿和石棉矿。煤矿探明储量101亿吨，但品位很低。2007年以来，巴西在东南沿海相继发现大油气田，预计石油储量将超过500亿桶，天然气3649.9亿立方米，有望进入世界十大石油国之列。森林覆盖率达57%。木材储量658亿立方米。水力资源丰富，拥有世界18%的淡水，人均淡水拥有量29000立方米，水利蕴藏量达1.43亿千瓦/年。

6. 政区

（1）行政区划

全国共分为26个州和1个联邦区（巴西利亚联邦区），州下设市，全国共有5564个市。

（2）首都

首都巴西利亚（Brasília）人口约256.3万。地处巴西高原中部，融汇了世界古今建筑艺术的精华，有"世界建筑博览会"之称。1987年，联合国教科文组织宣布将巴西利亚城列为"人类文化财富"。

（二）经济

1. 工业

巴西是拉美第一经济大国，有较为完整的工业体系，工业基础雄厚。钢铁、造船、汽车、飞机制造等行业已经跃居世界重要生产国家的行列，在世界享有盛誉；核电、通信、电子、飞机制造、信息、燃料乙醇等领域已跨入世界先进国家行列。

2. 钢铁

巴西是南美洲的钢铁大国，为世界第六大产钢国，钢材出口达1200万吨，占全国钢材总量的54%。也是拉美第一、世界第九汽车生产大国。

3. 农业

巴西农业发达，是世界蔗糖、咖啡、柑橘、玉米、鸡肉、牛肉、烟草、大豆的主要生产国。巴西是世界第一大咖啡生产国和出口国，素有"咖啡王国"之称。巴西咖啡以质优、味浓而驰名全球。巴西又是世界最大的蔗糖生产和出口国、第二大大豆生产和出口国、第三大玉米生产国。全国可耕地面积约4亿公顷，被誉为"21世纪的世界粮仓"。

4. 运输业

巴西公路运输占全国运输总量的70%，铁路占17%，水路不足10%。公路总长150万千米，铁路总长3.03万千米。主要港口有维多利亚（Vitoria）、桑多斯（Santos）、里约热内卢（Rio de Janeiro）等。

5. 对外贸易

主要贸易对象为美国、欧盟、日本、中东及拉美邻国。主要进口石油、化工原料、光学仪器、小麦等。出口钢材、交通运输设备、铁矿砂、纸浆、皮鞋、咖啡、糖、大豆、橙汁等。

6. 旅游业

巴西的旅游业久负盛名，为世界十大旅游创汇国之一。主要旅游点有里约热内卢、圣保罗（Sao Paulo）、萨尔瓦多（Salvador）的教堂和古老建筑、巴西利亚城、伊瓜苏瀑布（Iguazu Falls）和伊泰普水电站、玛瑙斯（Manaus）自由港、黑金城（Ouro Preto）等。

7. 中巴关系

1974 年 8 月 15 日两国建交以来，在政治、经济、贸易、文化、科技合作等领域的友好合作关系得到全面发展。两国高层互访频繁。中国已成为巴西的第一大贸易伙伴，同时也是第一大出口市场和第二大进口来源国。在"金砖国家"中，巴西是中国的第一大贸易伙伴。

（三）社会文化

1. 国家象征

（1）国旗

巴西国旗呈长方形，长与宽之比为 10∶7。旗地为绿色，中间是一个黄色菱形，其 4 个顶点与旗边的距离均相等。菱形中间是一个蓝色天球仪，其上有一条拱形白带。绿、黄色是巴西的国色。绿色象征该国广阔的丛林，黄色代表丰富的矿藏和资源。天球仪上的拱形白带将球面分为上下两部分，下半部象征南半球星空，其上大小不同的白色五角星代表巴西的 26 个州和一个联邦区。白带上用葡萄牙文写着"秩序和进步"。

（2）国徽

巴西国徽图案中间突出一颗大五角星，象征国家的独立和团结。大五角星内的蓝色圆面上有五个小五角星，代表南十字星座；圆环中有 22 个小五角星，代表巴西各州和联邦区。大五角星周围环绕着用咖啡叶和烟草叶编织的花环，背后竖立一把剑，剑柄在五角星下端。绶带上用葡萄牙文写着"巴西联邦共和国"，"1889 年 11 月 15 日"（共和国成立日）。

2. 人口

巴西人口约 2.01 亿。巴西人口中 53.74% 的为白种人，38.45% 为混血种人，6.21% 为黑人，1.6% 为亚洲人，其余则为少数印第安人。巴西有 25 万华人，主要集中在圣保罗和里约热内卢。葡萄牙语为官方语言。居民大部分信仰天主教。

图4-9　巴西国旗

图4-10　巴西国徽

3. 教育

巴西实行9年义务教育制（6～14岁），对贫困生入学实行国家助学金制度。巴西的教育体系包括基础教育和高等教育。基础教育分初级教育和中等教育，初级教育相当于我国的小学和初中，中等教育相当于我国的高中；高等教育指各类大学，学制一般为四年。著名高等学府有圣保罗大学、坎皮纳斯大学、巴西利亚大学、里约热内卢天主教大学等。

4. 文化

巴西的文化具有多重民族的特性，巴西作为一个民族大熔炉，有来自欧洲、非洲、亚洲等其他地区的移民。

在音乐舞蹈方面都有十分不同的表现。不管在艺术形式或通俗特色方面，巴西音乐均引起世人注目。19世纪具有国际声望的作曲家哥梅斯（Karlos Gomes）即是巴西人，其作品具有意大利风情，包括一出根据阿伦卡尔的《瓜拉尼人》（Guaranies）写成的歌剧。

巴西的文化具有浓郁的拉丁美洲特色，普遍的音乐舞蹈时尚（如桑巴舞Samba）多来自民间，主要受非裔所影响。每年2月的嘉年华（Carnival）会，正是巴西多重文化的表现方式之一。

5. 足球

巴西由于举国上下对足球的喜爱及其男女国家队在世界大赛中取得的好成绩，有"足球王国"之美誉。巴西足协立于1914年，1923年加入国际足球联合会（International Federation of Football Association）。至2014年巴西已经是连续第20次进入世界杯（World Cup）决赛圈。巴西是世界上唯一参加了历次世界杯决赛阶段比赛的球队。自从1930年世界杯举行以来，巴西人没有缺席过一届世界杯盛会，这在世界足坛是独一无二的记录。"球王"贝利（Pele）说："没有巴西队参加的世界杯将是不可想象的。"

巴西队历史上的名将有："球王"贝利、加林查、济科、法尔考、苏格拉底、罗马里奥、贝贝托、罗纳尔多、罗纳尔迪尼奥、卡卡。其中，贝利是有史以来无可争议的最伟大的球员。

（四）民俗风情

1. 姓名

巴西人说葡萄牙语，在起名问题上也和葡萄牙类似，姓名都很长。一般巴西人的名字由三或四部分组成，第一个字节是出生时父母起的名，最后一个字节是父系传下来的姓，中间的那些字节就复杂了，可以用教父母的姓名、祖父母的姓名、动物名、地名等。巴西人习惯呼名不称姓。父母一般都给子女起两个名，而且往往双名齐用。无论在家里，还是公共场合，都只叫本人的名。

在巴西，人们在称呼问题上，即使书面行文也不习惯用姓氏，很少在名前加上"最尊贵的先生"和"阁下"等。

巴西人喜用别名、爱称和绰号。这些别号有的由名字脱胎简化而来，有的则与名字毫无关系，由自己或亲朋好友命名。很多名人以别号著称，本人姓名反而不为人所知。"球王"贝利（Pele）原名埃德森·阿兰特斯·多·纳西门托（Edson Arantes do Nascimento）。他的足球生涯是从街头光着脚踢球开始的，由于脚法出众，伙伴们喜欢称他为"贝利"，意即"赤脚大王"，他成名后索性沿用这个绰号，叫响了全世界。

2. 服饰

在正式场合，巴西人的穿着十分考究。他们不仅讲究穿戴整齐，而且主张在不同的场合里，人们的着装应当有所区别。在重要的政务、商务活动中，巴西人主张一定要穿西装或套裙。在一般的公共场合，男人至少要穿短衬衫、长西裤，女士则最好穿高领带袖的长裙。

3. 饮食

巴西人平常主要吃欧式西餐。因为畜牧业发达，巴西人所吃食物之中肉类所占的比重较大，烤肉就成为当地最常用的大菜。在巴西人的主食中，巴西特产黑豆占有一席之地。东北地区人们主食就是黑豆和木薯粉，其他地区的主食是面、大米和豆类等。蔬菜的消费量，以东南部和南部地区居多。巴西人喜欢饮咖啡、红茶和葡萄酒。

4. 社交

巴西是一个没有沉重历史传统的年轻国家，不崇尚陈陈相因、循规蹈矩。

小孩子从学龄前就表现得无拘无束、思维大胆、谈吐自然、不发怵不怯场，个个都像小大人似的。因此，从民族性格来讲，巴西人在待人接物上喜欢直来直去，有什么就说什么；巴西人在人际交往中大都活泼好动，幽默风趣，爱开玩笑。

目前，巴西人在社交场合通常都以拥抱或者亲吻作为见面礼节。只有十分正式的活动中，他们才相互握手为礼。除此之外，巴西人还有一些独特的见面礼，如握拳礼、贴面礼、沐浴礼。

5. 禁忌

巴西人大多数信仰天主教，另外也还有少部分人信仰基督教新教、犹太教以及其他宗教。他们忌讳数字"13"，他们普遍认为"13"为不祥之数，是会给人带来厄运或灾难的数字。因此，人们都忌讳见到、听到"13"。在同客人闲聊中，不愿议论与阿根廷有关的政治问题。他们对行文或通信中，别人代签或以印章替代签字的作法是不理解的，甚至认为这是不尊重对方的表现。他们忌讳紫色，认为紫色是悲伤的色调；忌讳绛紫红花，因为这种花主要用于葬礼上；他们还把人死喻为黄叶落下，因此，棕黄色就成凶丧之色，很为人们所忌讳。

英美人用拇指和食指联成圆圈，并将其余三指向上升开，形成"OK"的手势，在巴西看来是非常下流的。对未经许可私入宅门的人是极为讨厌的。送礼忌讳送手帕，他们认为送手帕会引起吵嘴和不愉快。巴西人饮食上忌吃奇形怪状的水产品和用两栖动物肉制作的菜品；也不爱吃用牛油制作的点心。

复习题

一、名词解释
1. 感恩节
2. 赛必切（Ceviche）
3. 黄石国家公园
二、简答题
1. 简述美国的两大城市带。
2. 简述墨西哥的传统习俗。
3. 简述巴西人的姓名习俗。

实际操作训练

一、实训名称
设计国际旅游线路

二、实训内容

从你的所在地，设计一条赴美洲的国际旅游线路（线路中应包含串联的旅游城市或景区、游览景点及内容、交通方式等），并指出该旅游线路设计上的优点。

三、实训步骤

1. 以 5~8 人为一小组，分工合作完成以下工作：

（1）考察与调查旅游线路设计所涉及的各个要素的历史、现状及发展趋势；

（2）分析与预测旅游线路的发展前途、销售市场、竞争态势、核心资源；

（3）确定线路的品牌名称；

（4）计划活动日程；

（5）选择交通方式；

（6）安排住宿餐饮；

（7）筹划购物时间；

（8）安排娱乐活动。

2. 小组研讨并形成书面方案上交，同时以小组为单位进行陈述和答辩。

四、实训评价

教师和学生代表根据各组的设计方案及表现给予评价打分，纳入学生实训课考核之中。

第五章　中东和非洲客源国概况

学习目标

1. 掌握中东和非洲主要客源国的地理概况；

2. 掌握中东和非洲主要客源国的经济概况；

3. 掌握中东和非洲主要客源国的社会文化与民俗风情，并能据此开展旅游接待工作。

第一节　中东客源国概况

一、中东概述

中东（Middle East），又称中东地区，是指地中海东部与南部区域，从地中海东部到波斯湾的大片地区。"中东"一词源于欧洲中心论者，意指欧洲以东，并介于远东（Far East）和近东（Near East）之间的地区，一般可近似地理解为泛指西亚、北非地区的一些国家，包括西亚的伊朗（Iran）、巴勒斯坦（Palestine）、以色列（Israel）、叙利亚（Syria）、伊拉克（Iraq）、约旦（Jordan）、黎巴嫩（Lebanon）、也门（Yemen）、沙特阿拉伯（Saudi Arabia）、阿拉伯联合酋长国（United Arab Emirates）、阿曼（Oman）、科威特（Kuwait）、卡塔尔（Qatar）、巴林（Bahrain）、土耳其（Turkey）、塞浦路斯（Cyprus）和北非的埃及（Egypt）等国家。

中东地区扼欧、亚、非三大洲的要道，是世界文明的两大发源地之一，是基督教、伊斯兰教和犹太教的发源地和圣地。

中东是目前世界上石油储量最大，生产和输出石油最多的地区。中东的重要海湾波斯湾蕴藏着丰富的石油资源，约占全世界石油资源的74%。波斯湾及沿岸地区所产石油绝大部分用油轮运往西欧、美国、日本等发达国家和地区。石油资源在世界能源中的地位逐渐上升，更增加了中东地区对世界经济发展的影响。

中东除黎巴嫩等国外，大多数国家国民经济以开采原油和炼油为主，如沙特阿拉伯、科威特、阿拉伯联合酋长国、卡塔尔、巴林和阿曼等，从出口石油中赚了很多的钱，成为高收入国家。

中东的人种主要是白色人种。历史上，东西方文化在这里频繁交流，多种民族在这里汇聚。现在，中东的各民族仍然保留着自己的宗教信仰和风俗习惯，大多数居民信仰伊斯兰教，少数居民信仰基督教、犹太教和其他宗教。伊斯兰教、基督教和犹太教都把耶路撒冷（Jerusalem）看做圣城。文化上的差异也是导致中东不安定的重要原因之一。

阿拉伯国家联盟（League of Arab States）是为了加强阿拉伯国家联合与合作而建立的地区性国际组织，简称阿拉伯联盟或阿盟。1945年3月22日，在埃及倡议下，埃及、伊拉克、约旦、黎巴嫩、沙特阿拉伯、叙利亚和也门7个阿拉伯国家的代表在开罗（Cairo）举行会议，通过了《阿拉伯联盟宪章》，阿拉伯国家联盟正式成立，简称阿盟。

图5-1 阿盟旗帜　　　　　　　图5-2 阿盟盟徽

阿盟组织机构主要有首脑会议、理事会和秘书处，总部设在开罗。联盟成员国自成立后陆续缔结了一些加强各方面合作的条约、协定，是当代国际社会，尤其是中东地区的重要政治力量。

二、埃及

埃及（Egypt），全称阿拉伯埃及共和国（The Arab Republic of Egypt）。埃及人口和农业主要分布在尼罗河（Nile River）沿岸和河口三角洲地区，是人类文明的发源地之一。埃及旅游资源丰富，文化古迹众多。美丽的尼罗河畔，古埃及人留下了宏伟的金字塔、神秘的狮身人面像和大量宏伟的古代神庙，没有什么比这些更能让我们深切地感受到人类历史的久远。

（一）地理概况

1. 位置

埃及地跨亚、非两洲，北部经地中海与欧洲相通，东部经阿里什（Arish）

直通巴勒斯坦（Palestine）。苏伊士运河（Suez Canal）沟通了大西洋、地中海与印度洋，战略位置和经济意义都十分重要。埃及国土大部分位于非洲东北部，只有苏伊士运河以东的西奈半岛（Sinai Peninsula）位于亚洲西南角。北濒地中海，西连利比亚（Libyan），南接苏丹，东临红海（Red Sea）并与巴勒斯坦接壤，东南与约旦（Jordan）、沙特阿拉伯（Saudi Arabia）相望，地当亚、非、欧三洲交通要冲。海岸线长约2700千米。

2. 地形

埃及的疆土略呈不规则的四方形。东西宽1240千米，南北长1024千米，地形平缓，沙漠面积占全国总面积的96%。尼罗河纵贯南北，两岸谷地和三角洲面积达40000多平方千米，构成肥沃绿洲带。地中海沿岸多沙丘，北部低地是蒂赫沙漠（Tih desert），多间歇性河流和干涸的河床。东部为高原，红海沿岸和西奈半岛有丘陵山地。最高峰为凯瑟琳山（Catherine），海拔2642米。

尼罗河以西的西部沙漠又叫利比亚沙漠（Libya Desert）。它是世界最大的沙漠——撒哈拉沙漠（Sahara Desert）的一部分，约占埃及面积的2/3，大部分为流沙，间有哈里杰、锡瓦等绿洲。它的南部海拔350～500米，大吉勒夫高原海拔1000米左右，中部和北部多洼地，以盖塔拉洼地（Qattara Depression）面积最大。尼罗河以东的东部沙漠，亦称阿拉伯沙漠（Arabian Desert），多砾漠和裸露岩丘。它直逼红海之滨，地势由东向西倾斜，红海沿岸多山，海拔1500米左右。

3. 气候

全境干燥少雨，尼罗河三角洲和北部沿海地区属亚热带地中海式气候，气候相对温和。1月平均气温12℃，7月平均气温26℃；年均降水量50～200毫米。其余大部地区属热带沙漠气候，炎热干燥，气温可达40℃。年平均降水量不足50毫米。每年4—5月常有"五旬风"，夹带沙石，损坏农作物。气候干热，除地中海沿岸年雨量可达100多毫米外，大部地区终年很少降雨。

4. 水文

尼罗河是埃及的生命线，是"埃及的母亲"。它自南向北注入地中海，是非洲第一长河，也是世界上最长的河流，全长6670余千米。它由发源于乌干达（Uganda）维多利亚湖的白尼罗河（White Nile River）、发源于埃塞俄比亚（Ethiopia）高原的青尼罗河（Blue Nile River），在苏丹首都喀土穆（Khartoum）会合之后流入埃及。从南到北纵贯埃及东部，在埃及境内一段长达1530千米，是具有舟楫、灌溉之利的重要的水利资源。主要湖泊有大苦湖、提姆萨赫湖以及阿斯旺高坝形成的非洲最大人工湖——纳赛尔水库（Nasser Lake）水库（5000平方千米）。

5. 资源

埃及自然资源丰富，主要有石油、天然气、磷酸盐、铁、锰、煤、金、锌、铬、银、钼、铜和滑石等。已探明的储量为：石油60亿桶，天然气76亿立方米，磷酸盐约70亿吨，铁矿1.82亿吨。2003年，埃及首次在地中海深海发现了原油，在西部沙漠发现迄今最大的天然气田，并开通了通往约旦的第一条天然气管道。埃及已成为世界上天然气资源最丰富的国家之一。

6. 政区

（1）行政区划

埃及全国的一级行政区划包括27个省。在行政上，划分为8个经济区，每区包括一个或几个省。省的政府首长是省长，由总统任命。

（2）首都及重要城市

①开罗

埃及首都开罗（Cairo），位于尼罗河三角洲顶点以南14千米处，北距地中海200千米，是整个中东地区的政治、经济和商业中心。它由开罗省、吉萨省、盖勒尤比省、十月六日省和哈勒旺省组成，通称大开罗，人口1700万，是阿拉伯和非洲国家人口最多的城市，世界十大城市之一。古埃及人称开罗为"城市之母"，阿拉伯人把开罗叫作"卡海勒"，意为征服者或胜利者。

②亚历山大

亚历山大（Alexandria）位于尼罗河三角洲西部，临地中海，面积100平方千米，人口305万，是埃及和非洲第2大城市，也是埃及和东地中海最大港口。该城建于公元前332年，因希腊马其顿国王亚历山大大帝（Alexander the Great）占领埃及而得名，是古代和中世纪名城，曾是地中海沿海政治、经济、文化和东西方贸易中心，有诸多名胜古迹。风景优美，气候宜人，是埃及的"夏都"和避暑胜地，被誉为"地中海新娘"。现有棉纺织、汽车修配、石油提炼和造船等全国1/3的工业，是埃及棉花贸易大市场，全国80%～90%的进出口物资经其西港吞吐。

（二）经济

1. 工业

埃及是非洲工业较发达国家之一，拥有初具规模的工业体系。埃及工业以纺织、食品加工等轻工业为主，占工业总产值的一半以上。石油、电力、建材、钢铁、水泥、采矿冶金、汽车制造、制药、化工等行业也具备一定实力。近十几年来，成衣及皮革制品、水泥、化肥、制药、陶瓷和家具生产等发展较快，化肥可自给。石油工业发展尤为迅速，占国内生产总值18.63%，是最重要的外汇来源之一。

2. 农业

埃及是个传统的农业国。虽然可耕地只占全国总面积的3%，但劳动生产率比较高，农产品产值占GDP的18%，吸纳了全国1/3的就业人口，农产品出口占全部商品出口的20%。尼罗河和沿海盛产鱼类。埃及是世界重要的棉花产地和出口国。

3. 农业

农业在国民经济中占有重要地位，农业人口约占全国总人口的56%，农业产值约占国民生产总值的18%。尼罗河谷地和三角洲是埃及最富庶的地区，盛产棉花、小麦、水稻、花生、甘蔗、椰枣、水果和蔬菜等农产品，长绒棉和稻米产量均居非洲首位，玉米、小麦居非洲前列，长纤维棉花和柑橘驰名世界。政府极为重视农业发展和扩大耕地面积。主要农作物有棉花、小麦、水稻、高粱、玉米、甘蔗、亚麻、花生、水果、蔬菜等。但随着人口增长，埃及仍需进口粮食，是世界上最大的食品进口国之一。农产品主要出口棉花、土豆和大米。

4. 旅游

埃及文化灿烂、历史悠久，旅游资源丰富，名胜古迹宏伟丰富，具有发展旅游业的极为优越的条件。主要旅游点有金字塔、狮身人面像、爱资哈尔清真寺、古城堡、希腊罗马博物馆、卡特巴城堡、蒙塔扎宫、卢克索神庙、卡纳克神庙、国王谷、阿斯旺水坝等。旅游收入是埃及外汇的主要来源之一。

5. 对外贸易

埃及同120多个国家和地区有着贸易往来，它的主要贸易对象是美、法、德、意、英、日等国。埃及还较多地接受外国援助。美国是埃及的主要援助国。向埃及提供援助和贷款的国家和组织还有德国、日本、英国、意大利、比利时、荷兰等国及世界银行、国际货币基金组织。1990年海湾战争后，西方和海湾国家减免了埃及的债务共255亿美元。此外，埃及还从海湾国家、美国、西欧各国、日本、加拿大及韩国获得了10亿多美元赠款或紧急援助。

6. 交通

埃及的交通运输十分便利。海陆空运输能力增长较快。铁路全长10008千米。开罗第一条地铁全长64千米，第一期工程已于1987年9月竣工通车。公路全长4.9万千米。有海港7个，年吞吐量3050万吨，主港口有亚历山大、塞得港（Port Said）、苏伊士等。有国际机场11个，开罗机场是联结亚、非、欧的重要国际航空港。

7. 中埃关系

1956年5月30日，阿拉伯埃及共和国与中华人民共和国建交，成为第一个承认新中国的阿拉伯、非洲国家，也是第一个与中国建立战略合作关系的阿拉伯国家和非洲国家。建交以来，中埃两国友好合作关系不断发展。

（三）社会文化

1. 国家象征

（1）国旗

埃及国旗呈长方形，长与宽之比为3∶2。自上而下由红、白、黑三个平行相等的横长方形组成，白色部分中间有国徽图案。红色象征革命，白色象征纯洁和光明前途，黑色象征埃及过去的黑暗岁月。

（2）国徽

埃及国徽为一只金色的鹰，称萨拉丁雄鹰。金鹰昂首挺立、舒展双翼，象征胜利、勇敢和忠诚，它是埃及人民不畏烈日风暴、在高空自由飞翔的化身。鹰胸前为盾形的红、白、黑三色国旗图案，底部座基饰带上写着"阿拉伯埃及共和国"。

图 5-3　埃及国旗　　　　　　　　　图 5-4　埃及国徽

2. 人口

埃及是阿拉伯世界中人口最多的国家，人口达7950万，其中绝大多数生活在河谷和三角洲。主要是阿拉伯人。伊斯兰教为国教，其信徒主要是逊尼派（Sunnite）。小部分人信仰基督教（Christianity），还有少数犹太教（Judaism）徒。官方语言为阿拉伯语，通用英语和法语。

3. 教育

1963年以后，实行公立学校全面免费。并逐步建立起包括大、中、小学，以及职业学校和师范教育的教育体系。初等学校学制6年。中等阶段分作预备学校和中等学校两级，各3年。其最后2年，文理分科，并订有统一的教学计划。在中等阶段，还有职业教育系统，包括工、农、商、家事、艺术等。高等教育一般 4 年。各级学校的学生修业期满，都须经过统考，成绩及格，才可以毕业和升入高一级学校。初等学校之前，设有 1~2 年的幼儿园，但基本上是私立的。著名的高等学校有开罗大学（Cairo University）、亚历山大大学（Alexandria University）、艾因·夏姆斯大学（Ain Shams University）、爱资哈尔大学（Al - Azhar University）等。

4. 文化

埃及文化是具有非洲特点的阿拉伯文化，特别是亚历山大城，其次是开罗，其间夹杂着利凡特文化的特点，即法国、希腊、土耳其和叙利亚文化的混合体。随着 7 世纪阿拉伯人的入侵，新的统治者和自身文化的保护人将阿拉伯语和伊斯兰教传播开来，其中禁止偶像崇拜，对大部分埃及人从过去法老和希腊罗马时代的宗教中解脱出来产生重大影响。只有很少过去的传统在科普特教堂中以改良的方式保存下来。埃及城市中，中产阶级的生活状况和生活方式与欧美人没有太大的区别。

以开罗为例，在众多书店、电影院、新歌剧院、文化团体和大学里，他们有很多机会去分享和体验国际社会的方方面面。对于城市贫民来说，虽然与从法老时代以来一直毫无变化的单调的农村生活比起来，城市生活有些乐趣，但仍是相当乏味的。电视和电影以及公共庆祝活动，给人们的生活增添了乐趣。1988 年获诺贝尔文学奖的纳吉布·马哈富兹（Neguib Mahfouz）的小说中，生动地描述了现代埃及社会各阶级的生活画面。

埃及的文化遗产主要有埃及博物馆（Egyptian Museum）、金字塔（Pyramids）、尼罗河、左塞尔陵墓、古城堡、汗·哈利里市场、法老村（Pharaonic Village）、苏伊士运河等。

5. 体育

埃及体育有悠久的历史。数千年前，埃及人就进行赛船、摔跤、狩猎等体育活动。埃及的体育水平在非洲是较高的。开展体育活动的主要地区是开罗和亚历山大两大城市。体育活动有 30 余种，最普及的项目有足球、篮球、排球、游泳、举重、摔跤、拳击等。

体育俱乐部是开展体育活动和训练运动员的主要场所。它是由一些私人团体或个人在国家资助下建立的。各俱乐部有自己的体育代表队，教练员大部分是业余的，也有少数教练员是专职的。

6. 科学

（1）人类最早的太阳历

古埃及创造了人类历史上最早的太阳历。早在公元前 4000 年时，埃及人就已经把 1 年确定为 365 天，全年分成 12 个月，每月 30 天，余下的 5 天作为节日之用；同时还把一年分为 3 季，即"泛滥季"、"播种季"、"收割季"，每季 4 个月。

实际上，古埃及的这种历法并不精确，因为 1 个天文年是 365.25 日，所以古埃及历每隔 4 年便比天文历落后 1 天。然而在古代世界，它却是最佳的历法。

在古王国时期，埃及人观察到当尼罗河开始泛滥时，天狼星清晨正好出现在埃及的地平线上，于是古埃及人将这一天定为一年的第一天。

（2）建筑中的天文学知识

古埃及的建筑与天文学密切相关，许多建筑中都隐含了一定的天文学知识。著名的金字塔就隐含了许多天文学知识。金字塔的四面正对着东南西北四个方向。胡夫大金字塔（Khufu Great Pyramid）的北面有隧道，可以进入金字塔的中心部位，由那儿眺望北方夜空，北极星正好映入眼帘。哈夫拉（Khafre）金字塔王殿内南北方位有两个通气孔。北通气孔指向当时猎户星座的 Zeta 星。另外，狮身人面像（Sphinx，又译"斯芬克斯"）在春分日和秋分日这两天它的正面永远都正对着太阳升起的地方，千万年不变。

（3）数学

古埃及人很早就采用了十进制记数法。在现存的莱因特纸草上记载了不少埃及人的数学问题，虽然只是片段，仍然可以表明当时古埃及人的数学已经取得了相当大的成就。古埃及人依次用笔画排列计数到 9，然后用一个好像倒写的"U"的符号代表 10。但古埃及人写 111 这个三位数时，每一数位都用一个特殊的符号表示，而不是像现在一样将 1 重复写三次。这说明埃及人当时还没有完全掌握十位进制。

（4）木乃伊

古埃及千年不腐的"木乃伊"（Mummy）闻名于世。古埃及人认为人的身体是灵魂的安息处，要想获得永生，就必须把尸体保存好。制作木乃伊在古埃及第一王朝之前就开始了。古埃及人用防腐香料或用香油（或药料）涂尸防腐的方法，把国王或大臣的尸体制成干尸保存下来。

1991 年，埃及科学家穆罕默德·塞闭特博士发现，古埃及人在制作木乃伊时使用了放射性物质。埃及国家博物馆对古代法老和王后的木乃伊进行研究时，利用探测仪器证明，馆内几具古埃及不同时期，不同地点的木乃伊体内的充填物中均含有放射性物质，可以释放出 α、β、γ 射线。由此可以确认古埃及人早在 4000 多年前就已经在运用放射性物质保护法老的木乃伊了。

（四）民俗风情

1. 姓名

埃及人大部分是阿拉伯人，阿拉伯人姓名一般由三或四节组成。第一节为本人名字，第二节为父名，第三节为祖父名，第四节为姓，如沙特阿拉伯前国王费萨尔的姓名是：Faisal ibn Abdul Aziz ibn Abdul Rahman al Saud 译为：费萨尔·伊本·阿卜杜勒·阿齐兹·伊本·阿卜杜勒·拉赫曼·沙特。其中费萨尔为本人名，阿卜杜勒·阿齐兹为父名，阿卜杜勒·拉赫曼为祖父名，沙特为姓。正式场合应用全名，但有时可省略祖父名，有时还可以省略父名，简称时只称本人名字。但事实上很多阿拉伯人，特别是有社会地位的上层人士都简称其姓。埃及是一个文化多元化的国家，人们取名没有任何限制。埃及最普遍的名字仍是"穆罕默德"。

2. 宗教

每逢周五是埃及人传统的"主麻日聚礼"，当清真寺内传出悠扬的唤礼声，伊斯兰教徒便纷纷涌向附近的清真寺，做集体礼拜。为数众多的教徒仍然虔诚地信守每日5次礼拜的教规：即晨礼、响礼、哺礼、昏礼、宵礼。每逢宗教节日，电视还播放总统及政府首脑去清真寺礼拜的镜头。

埃及伊斯兰教徒不仅仅是虔诚信仰"五行"（自白、礼拜、绝食、布施、参拜麦加圣地），还得力行，这才算完成了信徒分内的事。也就是说，"五行"已经跟日常生活打成一片。了解他们这种生活习俗之后，你才不至于在无意中侵害了他们的"五行"。伊斯兰教徒有个绝不可少的习惯：一天之内祈祷数次。

3. 饮食

埃及人喜吃甜食，正式宴会或富有家庭正餐的最后一道菜都是上甜食。著名甜食有"库纳法"和"盖塔伊夫"。

"锦葵汤"、"基食颗"是埃及人日常生活中的最佳食品。"盖麦尔丁"是埃及人在斋月里的必备食品。"蚕豆"是必不可少的一种食品。其制造方法多种多样，制成的食品也花样百出。例如，切烂蚕豆、油炸蚕豆饼、炖蚕豆、干炒蚕豆和生吃青蚕豆等。

埃及人通常以"耶素"（一种不用酵母的平圆形埃及面包）为主食，进餐时与"富尔"（煮豆）、"克布奈"（白乳酪）、"摩酪赫亚"（汤类）一并食用。他们喜食羊肉、鸡、鸭、鸡蛋以及豌豆、洋葱、南瓜、茄子、胡萝卜、土豆等。在口味上，一般要求清淡、甜、香、不油腻。串烤全羊是他们的待客佳肴。值得一提的是，很多埃及人还特别爱吃中国川菜。

4. 婚嫁习俗

每一位埃及成年男子到了婚配年龄，首先要向意中人的父亲提亲或者在母系亲属及邻居中择偶。提亲后，男女双方开始商讨女方的陪嫁数额，一般是男方把陪嫁款项的2/3作为聘礼送给女方。然后，在村长的主持下订立婚约。埃及农村的婚礼场面热闹奢侈。迎亲前，男方大摆宴席，并有歌舞相伴，有时宴庆数日。迎亲时，新郎的母亲带领多辆装点漂亮的马车到女方家接新娘，新娘要坐在其中一辆用昂贵克什米尔毛绸、玫瑰花等装饰的花车上。晚餐后，新郎要由乐队引路去清真寺行跪拜礼，最后回到新房，与新娘共饮一杯清泉水，以示同享甘甜幸福。这样的婚礼大约要持续 30 天，耗资千余埃镑。在埃及西部沙漠的锡瓦绿洲，有独特的婚俗。姑娘 8 岁定亲，14 岁完婚。其间，小伙子要不断地向女方家赠送礼物。新娘头上要编结很多发辫。其一半由娘家梳编，另一半需婆家人来完成。姑娘的嫁妆是 100 件袍裙。所以，锡瓦人家一有女儿出生，母亲就要开始忙着为其缝制陪嫁的袍裙。

5. 习俗禁忌

埃及人爱绿色、红色、橙色，有把绿色喻为"吉祥"之色，把白色视为"快乐"之色的说法。忌蓝色和黄色，认为蓝色是恶魔，黄色是不幸的象征，遇丧事都穿黄衣服。

他们对生活中经常遇到的数字也有喜厌之分。一般人都比较喜欢"5"和"7"数。认为"5"数会给人们带来"吉祥"，认为"7"数是个受人崇敬的完整数字。因为"安拉"创造世界用了 6 天的时间，在第 7 天休息，所以人们办一些重要的事情总习惯采用"7"数，例如：有很多咒语、祷告要说 7 遍；朝觐者回来后，第 7 天请客；婴儿出生后，第 7 天宴请；还有纪念婚后 7 日，纪念去世后 7 日等。忌讳 13，认为它是消极的。

他们有把葱视为真理标志的习惯。他们非常喜爱仙鹤。认为仙鹤是一种吉祥鸟。它美丽又华贵，象征着喜庆和长寿。埃及人宠猫、敬猫如神，并视猫为神圣的精灵。在埃及人的心目中，猫是女神在人间的象征，是幸运的吉祥物，是受人崇敬的国兽。

埃及人不喜欢熊猫，因它的形体近似肥猪。喜欢金字塔形莲花图案。禁穿有星星图案的衣服，除了衣服，有星星图案的包装纸也不受欢迎。

在埃及，一到了下午 3 至 5 点之后，人们大都忌讳针。商人绝不卖针，人们也不买针，即使有人愿出 10 倍的价钱买针，店主也会婉言谢绝，绝不出售。传说，每天的这个时间里，有天神下凡赐给人们一些生活必需品，但天神要亲自体察人们各自的境遇。越是富有的人，得到的赏赐会越多；越穷的人，所得的赏赐则越少。而穷人整天总是穿针引线，缝缝补补，为了使穷人得到的赏赐多一些，免于窘困终身，所以人们在这个时候绝不卖针。

埃及人（穆斯林皆如此）认为"右比左好"，右是吉祥的，做事要从右手和右脚开始，握手、用餐、递送东西必须用右手，穿衣先穿右袖，穿鞋先穿右脚，进入家门和清真寺先迈右脚。究其原因，穆斯林"方便"和做脏活时都用左手，因此左手被认为是不干净的，用左手与他人握手或递东西是极不礼貌的，甚至被视为污辱性的。

晚餐在日落以后和家人一起共享，所以在这段时间内，有约会是失礼的。他们习惯用自制的甜点招待客人，客人如果是谢绝或一点也不吃，会让主人失望也失敬于人。埃及人在正式用餐时，忌讳交谈，否则会被认为是对神的亵渎行为。埃及人一般都遵守伊斯兰教教规，忌讳喝酒，喜欢喝红茶。他们有饭后洗手，饮茶聊天的习惯。忌吃猪、狗肉，也忌谈猪、狗。不吃虾、蟹等海味、动物内脏（除肝外）、鳝鱼、甲鱼等怪状的鱼。

男士不要主动和妇女攀谈；不要夸人身材苗条；不要称道埃及人家里的东西，否则会认为你在向他索要；不要和埃及人谈论宗教纠纷、中东政局及男女关系。

第二节　非洲客源国概况

一、非洲概述

非洲（Africa）全称阿非利加洲，意思是"阳光灼热"的地方。非洲位于亚欧大陆的西南面。东濒印度洋，西临大西洋，北隔地中海与欧洲相望，东北以红海和苏伊士运河与亚洲分界。习惯分为北非、东非、西非、中非和南非五个地区，共 60 个国家和地区。

非洲大陆北宽南窄。南北约长 8100 千米，东西约长 7500 千米。面积 3029 万平方千米（包括亚洲境内的埃及领土西奈半岛），约占世界陆地面积的 1/5，是次于亚洲的世界第二大洲。其中大陆面积占全洲 98%，岛屿面积仅占 2%。位于非洲北部的撒哈拉沙漠（Sahara Desert），是世界上最大的沙漠，约占全洲总面积的 1/4。

非洲是唯一被赤道一分为二，又同时处在东、西、南、北半球的大洲，大洲最北端和最南端和赤道的距离几乎相等。全洲 3/4 以上面积位于南、北回归线之间，热带、亚热带地区占 95% 以上，其中一半以上的地区终年炎热，有将近一半的地区有着炎热的暖季和温暖的凉季。气候普遍暖热，其特点是高温、少雨、干燥，气候带分布呈南北对称状。赤道横贯中央，气候一般从赤道随纬度增加而降低。

非洲是世界古人类和古文明的发祥地之一，目前，世界上最古老的人类化石就是在非洲发现的。非洲现有人口 10 亿，约占全球总人口的 15%。长期的被殖民历史，使非洲成为世界上经济发展水平最低的一个洲，全非洲一年的贸易总额只占全世界的百分之一。但整个非洲并非完全贫穷不堪，而在财富方面也有很大的变量。非洲的博茨瓦纳（Botswana）和南非（South Africa），经济发展就比较成功。前者超过四分之一的财政预算用于改善首都哈博罗内（Gaborone）的基建，使其成为世界发展最快的城市之一。后者则有丰富的天然资源，是世界上最主要的黄金和钻石生产国之一。

非洲联盟（African Union）简称非盟，是一个包含了 54 个非洲会员国的联盟，是属于集政治、经济和军事于一体的全非洲性的政治实体。非洲联盟未来有计划统一货币、联合防御力量以及成立跨国家的机关，这包括一个管理非洲联盟的内阁政府。联盟的主要目的是帮助发展及稳固非洲的民主、人权以及能可持续发展的经济，除此之外亦希望减少非洲内部的武装战乱及创造一个有效的共同市场，最终目标是建立非洲合众国（United States of Africa）。

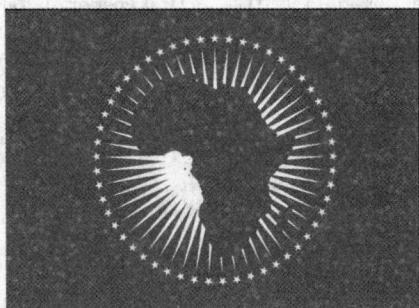

图 5-5　非盟旗帜

图 5-6　非盟盟徽

非洲联盟的前身是 1963 年 5 月 25 日在埃塞俄比亚（Abyssinia）首都亚的斯亚贝巴（Addis Abeba）成立的非洲统一组织（Organisation of African Unity）。2002 年 7 月 9 日在南非最后一任主席南非的塔博·姆武耶卢瓦·姆贝基（Thabo Mvuyelwa Mbeki）主持改组为非洲联盟。2007 年 7 月 2 日，利比亚（Libya）领导人穆阿迈尔·卡扎菲（Muammar Gaddafi）在加纳（Ghana）首都阿克拉（Accra）举行的非洲联盟峰会上提出成立非洲合众国。

二、南非

南非（South Africa），全称南非共和国（The Republic of South Africa），地处南半球（Southern Hemisphere），有"彩虹之国"之美誉。南非是非洲最大经济体和最具影响力的国家之一，其国内生产总值约占撒哈拉以南非洲国家经济总量的 1/3，对地区经济发展起到了重要的引领作用。南非财经、法律、通信、能源、交通业发达，拥有完备的硬件基础设施和股票交易市场。南非在 2010 年加入金砖国家（BRICS），进一步与巴西、俄罗斯、印度、中国加强合作贸易交流。

（一）地理概况

1. 位置
位于非洲大陆的最南端，北面与纳米比亚（Namibia）、博茨瓦纳（Botswana）、津巴布韦（Zimbabwe）、莫桑比克（Mozambique）和斯威士兰

(Swaziland) 接壤。东、南、西三面为印度洋和大西洋所环抱，地处两大洋间的航运要冲，地理位置十分重要。其西南端的好望角 (Cape of Good Hope) 航线，历来是世界上最繁忙的海上通道之一，有"西方海上生命线"之称。面积有122万平方千米，海岸线长2500千米，面积世界排名第24位。

2. 地形

全境大部分为海拔600米以上高原。德拉肯斯山脉 (Drakensberg) 绵亘东南，卡斯金峰高达3660米，为全国最高点；西北部为沙漠，是卡拉哈里盆地 (Kalahari Basin) 的一部分；北部、中部和西南部为高原；沿海是狭窄平原。奥兰治河 (Orange River) 和林波波河 (Limpopo River) 是境内的两大主要河流。

3. 气候

大部分地区属亚热带和热带草原气候，东部沿海为亚热带湿润气候，南部沿海为地中海式气候。全境气候分为春夏秋冬4季。12月至次年1月为夏季，最高气温可达32℃~38℃；6—8月是冬季，最低气温为 −10℃~−12℃。全年降水量由东部的1000毫米逐渐减少到西部的60毫米，平均450毫米。

4. 资源

南非资源丰富，是世界五大矿产国之一。南非以丰富的矿物资源驰名世界，现已探明储量并开采的矿产有70余种，黄金、铂族金属、锰、钒、铬、硅铝酸盐的储量居世界第1位，其中黄金储量占全球的60%，蛭石、锆、钛、氟石居第2位，磷酸盐、锑居第4位，铀、铅居第5位，煤、锌居第8位，铁矿石居第9位，铜居第14位。钻石、石棉、铜、钒、铀以及煤、铁、钛、云母、铅等的蕴藏量也极为丰富，黄金、钻石、钒、锰、铬、锑、铀、石棉等的产量均居世界前列。

5. 政区

（1）行政区划

全国分为9个省：东开普、西开普、北开普、夸祖鲁/纳塔尔、自由州、西北、北方、姆普马兰加、豪登。2002年6月，北方省改名为林波波省 (Limpopo)。各省有立法、任免公务人员的权力，负责本省经济、财政和税收等事务。根据2000年通过的《地方政府选举法》，全国共划有284个地方政府，包括6个大都市、47个地区委员会和231个地方委员会。

（2）首都

南非是世界上唯一同时存在三个首都 (Capital) 的国家。

行政首都比勒陀利亚 (Pretoria，现已更名为茨瓦内 Tshwane)，是南非中央政府所在地，人口292万。

立法首都开普敦 (Kape Town)，是南非国会所在地，是全国第二大城市和重要港口，位于西南端，为重要的国际海运航道交汇点，人口374万。

司法首都布隆方丹（Bloemfontein），为全国司法机构所在地，人口75万。

（二）经济

1. 工业

矿业、制造业、建筑业和能源业是南非工业四大支柱部门，深井采矿等技术居于世界领先地位。全国约有12%的劳动力从事矿业。制造业门类齐全，技术先进，产值约占国内生产总值的16%。主要产品有钢铁、金属制品、化工、运输设备、机器制造、食品加工、纺织、服装等。南非已成为世界最大的黄金生产国。电力工业较发达，发电量占全非洲的60%。建筑业发展较快，产值约占国内生产总值的3.8%。能源工业基础雄厚，技术较先进，产值约占南非国内总产值的15%。电力工业较发达，发电量占全非洲的2/3，其中约92%为火力发电，为世界上电费最低的国家之一。

2. 农业

南非的农业较为发达，产值约占国内生产总值的3%。可耕地约占土地面积的13%，但适于耕种的高产土地仅占22%。农业、林业、渔业就业人数约占人口的7%，其产品出口收入占非矿业出口收入的15%。农业生产受气候变化影响明显。主要农作物有：玉米、小麦、甘蔗、大麦等。蔗糖出口量居世界前列。农林渔业占国内生产总值的5%，在国民经济中的作用不断减小。非黄金出口收入中的30%来自农产品或农产品加工。正常年份粮食除自给外还可出口。各类罐头食品、烟、酒、咖啡和饮料质量符合国际标准，葡萄酒在国际上享有盛誉。

3. 畜牧业

畜牧业较发达，主要集中在西部2/3的国土。牲畜种类主要包括牛、绵羊、山羊、猪等，家禽主要有鸵鸟、肉鸡等。主要产品有禽蛋、牛肉、鲜奶、奶制品、羊肉、猪肉、绵羊毛等。所需肉类85%自给，15%从纳米比亚、博茨瓦纳、斯威士兰等邻国和澳大利亚、新西兰及一些欧洲国家进口。绵羊毛产量可观，是世界第4大绵羊毛出口国。

4. 渔业

水产养殖业产量占全非洲5%和世界的0.03%。南非全国约有2.8万人从事海洋捕捞业，主要捕捞种类为淡菜、鳟鱼、牡蛎和开普无须鳕。每年捕捞量约58万吨，产值近20亿兰特。此外，南非养蜂业年产值约2000万兰特。

5. 外贸

南非实行自由贸易制度，是世界贸易组织（WTO）的创始会员国。欧盟与美国等是南非传统的贸易伙伴，但近年与亚洲、中东等地区的贸易也在不断增长。

出口产品有：黄金、金属及金属制品、钻石、食品、饮料及烟草、机械及交通运输设备等制成品。南非是世界最大的黄金出口国，还是世界主要钻石出口国。主要进口机械设备、交通运输设备、化工产品、石油等。

6. 旅游业

旅游业是当前南非发展最快的行业之一，产值约占国内生产总值的8%，从业人员达120万人。旅游资源丰富，设施完善。旅游点主要集中于东北部和东、南沿海地区。生态旅游与民俗旅游是南非旅游业两大最主要的增长点。旅游业是南非第三大外汇收入和就业部门。

7. 交通运输

有非洲最完善的交通运输系统，对本国以及邻国的经济发挥着重要作用。以铁路、公路为主，空运发展迅速。近年来加强了城镇及经济开发区交通基础设施建设。

（1）铁路

总长约3.41万千米，其中1.82万千米为电气化铁路，有电气机车2000多辆。年度货运量约1.75亿吨。由比勒陀利亚（Pretoria）驶往开普敦（Cape Town）的豪华蓝色客车享有国际盛誉。

（2）公路

分为国家、省及地方三级。国家级公路9600千米。双向高速公路1440千米，单向高速公路440千米，单向公路56967千米，收费公路2400千米。

（3）航运

海洋航运发达，约98%的出口要靠海运来完成，主要港口有开普敦、德班（Durban）、东伦敦（East London）、伊丽莎白港（Port Elizabeth）、理查兹湾（Richards Bay）、萨尔达尼亚（Saldanha）等。

（4）航空

南非航空公司（South African Airways，SAA）是非洲大陆最大的航空公司，也是世界最大的50家航空公司之一。主要国际机场有奥立佛·坦博国际机场（OR Tambo International Airport）、开普敦国际机场（Cape Town International Airport）和德班沙卡王国际机场（King Shaka International）等。

（5）管道

南非管道运输网络总长3000千米，输送全国85%的石油加工产品。

8. 中南关系

1998年1月1日，南非共和国与中华人民共和国建立大使级外交关系。建交以来，两国关系全面、快速发展。南非是中国在非洲的最大贸易伙伴，中国是南非最大贸易伙伴国。中国已超过美国成为南非第三大出口市场，并与南非一起成为非洲主要的两大投资来源。

（三）社会文化

1. 国家象征

（1）国旗

1994年3月15日南非多党过渡行政委员会批准了新国旗。新国旗呈长方形，长与宽之比为3:2，由黑、黄、绿、红、白、蓝六色的几何图案构成，象征种族和解、民族团结。

图5-7 南非国旗 图5-8 南非国徽

（2）国徽

南非国徽由太阳、蛇鹫、山龙眼、长矛和圆头棒、盾牌、麦穗、象牙、人形等图案组成。太阳象征光明的前程；展翅的鹭鹰是上帝的代表，象征防卫的力量；万花筒般的图案象征美丽的国土、非洲的复兴及力量的集合；取代鹭鹰双脚平放的长矛与圆头棒象征和平以及国防和主权；鼓状的盾徽象征富足和防卫精神；盾上取自闻名的石刻艺术的人物图案象征团结；麦穗象征富饶、成长、发展的潜力、人民的温饱及农业；象牙象征智慧、力量、温和与永恒；两侧象牙之间的文字是"多元民族团结"。

2. 人口

南非人口约为5177万。主要由黑人、白人、有色人和亚裔四大种族构成，黑人主要有祖鲁、科萨、斯威士、茨瓦纳、北索托、南索托、聪加、文达、恩德贝莱9个部族，主要使用班图语。白人主要是荷兰血统的阿非利卡人和英国血统的白人，语言为阿非利卡语和英语。有色人是殖民时期白人、土著人和奴隶的混血人后裔，主要使用阿非利卡语。亚洲人主要是印度人和华人。

南非的官方语言有11种，分别是：英语、阿非利卡语（南非荷语）、祖鲁语、科萨语、斯佩迪语、茨瓦纳语、索托语、聪加语、斯威士语、文达语和恩德贝勒语。其中英语和阿非利卡语（南非荷兰语）为通用语言。

居民主要信仰基督教新教、天主教、伊斯兰教和原始宗教。

3. 教育

因长期实行种族隔离的教育制度，黑人受教育机会远远低于白人。1995 年 1 月，南非正式实施 7～16 岁儿童免费义务教育，并废除了种族隔离时代的教科书。

政府不断加大对教育的投入，着力对教学课程设置、教育资金筹措体系和高等教育体制进行改革。学制分为学前、小学、中学、大学、研究生 5 个阶段。

著名的大学有：金山大学（University of the Witwatersrand）（又译为维特沃特斯兰德大学）、比勒陀利亚大学（University of Pretoria）、南非大学（University of South Africa）、开普敦大学（The University of Cape Town）、祖鲁兰大学（University of Zululand）等。

为体现种族平等，南非有 11 种官方语言。然而，多种官方语言的存在成为南非普及教育的一大障碍。为解决这一问题，2011 年起推行教育制度改革，南非将在小学教育的前 3 年普及英语教育。

（四）民俗风情

1. 姓名

南非人的姓名与欧美等西方国家一样，也是名在前姓在后。如纳尔逊·罗利赫拉赫拉·曼德拉（Nelson Rolihlahla Mandela）、塔博·姆贝基（Thabo Mbeki）。黑人的姓名大多也已经西方化了，"乔治"、"威尔逊"、"海伦"、"爱丽丝"都是他们常用的姓名，然而，在一般情况下，他们还是更喜欢在具体称呼上保留自己的传统，即在进行称呼时在姓氏之后加上相应的辈分，以表明双方关系异常亲密。比如，称南方黑人为"乔治爷爷"、"海伦大婶"，往往会令其喜笑颜开。

2. 服饰

在城市之中，南非人的穿着打扮基本西化了。南非黑人受到西方文化的影响，也经常身着西装。大凡正式场合，他们都讲究着装端庄、严谨。因此进行官方交往或商务交往时，最好穿样式保守、色彩偏深的套装或裙装，不然就会被对方视做失礼。但大部分黑人，特别是妇女保持着传统的服饰风格。他们通常还有穿本民族服装的习惯。不同部族的黑人，在着装上往往会有自己不同的特色。

3. 餐饮

南非当地白人平日以吃西餐为主，经常吃牛肉、鸡肉、鸡蛋和面包，爱喝咖啡与红茶。南非黑人的主要食物是玉米、高粱和小麦，薯类、瓜类和豆类食品也在日常饮食中占很大比例。牛、羊肉是主要肉食品，南非人一般不吃猪肉和鱼类。饮料主要是牛、羊奶和土制啤酒。黑人爱吃熟食和烤牛、羊肉。南非黑人不喜生食，爱吃熟食。

南非著名的饮料如意博士茶（Rooibos Tea），是一种采自只产于南非西开普敦的瑟达堡地区的一种豆科灌木特有的一种香草药。由于不含咖啡因，并有神奇的保健功效，老人、小孩、成人、婴儿、孕妇均可日夜随心饮用，无任何副作用。因此被称为"南非国饮"，与黄金、钻石一起被称为"南非三宝"，深受南非各界人士的欢迎。

4. 礼仪

南非受西方礼仪的影响，在社交场合行握手礼，称男性为先生，称女性为夫人、女士、小姐。受到种族、宗教、习俗的制约，南非的黑人和白人所遵从的社交礼仪不同。在黑人部族中，尤其是广大农村，南非黑人往往会表现出与社会主流不同的风格。比如，他们习惯以鸵鸟毛或孔雀毛赠予贵宾，客人此刻得体的做法是将这些珍贵的羽毛插在自己的帽子上或头发上。

5. 禁忌

信仰基督教的南非人，忌讳数字 13 和星期五；南非黑人非常敬仰自己的祖先，他们特别忌讳外人对自己的祖先言行失敬。跟南非人交谈，有 4 个话题不宜涉及：

（1）不要为白人评功摆好。

（2）不要评论不同黑人部族或派别之间的关系及矛盾。

（3）不要非议黑人的古老习惯。

（4）不要为对方生了男孩表示祝贺。

复习题

一、名词解释

1. 如意博士茶

2. 太阳历

3. 木乃伊

二、简答题

1. 简述南非的首都。

2. 简述南非主要政党的政治主张。

实际操作训练

一、实训名称

设计国际旅游线路

二、实训内容

从你的所在地，设计一条赴非洲的国际旅游线路（线路中应包含串联的旅游城市或景区、游览景点及内容、交通方式等），并指出该旅游线路设计上的优点。

三、实训步骤

1. 以 5~8 人为一小组，分工合作完成以下工作：

（1）考察与调查旅游线路设计所涉及的各个要素的历史、现状及发展趋势；

（2）分析与预测旅游线路的发展前途、销售市场、竞争态势、核心资源及内部条件；

（3）确定线路的品牌名称；

（4）计划活动日程；

（5）选择交通方式；

（6）安排住宿餐饮；

（7）筹划购物时间；

（8）安排娱乐活动。

2. 小组研讨并形成书面方案上交，同时以小组为单位进行陈述和答辩。

四、实训评价

教师和学生代表根据各组的设计方案及表现给予评价打分，纳入学生实训课考核之中。

参考文献

［1］石应平. 中外民俗概论［M］. 成都：四川大学出版社，2002.

［2］柏杨. 旅游主要客源地概况［M］. 北京：人民邮电出版社，2006.

［3］张超广. 旅游学概论［M］. 北京：冶金工业出版社，2008.

［4］李志勇. 客源国概况［M］. 成都：四川大学出版社，2002.

［5］杨载田. 客源国概况［M］. 广州：华南理工大学出版社，2008.

［6］方澜，孙廷忠. 中外民俗［M］. 大连：大连理工大学出版社，2009.

［7］赵利民. 旅游客源国（地区）概况［M］. 大连：东北财经大学出版社，2009.

［8］陈家刚. 中国旅游客源国概况［M］. 天津：南开大学出版社，2005.

［9］石应平. 中外民俗概论［M］. 成都：四川大学出版社，2002.

［10］马耀峰，李天顺. 中国入境旅游研究［M］. 北京：科学出版社，1999.

［11］周鹏. 中国入境旅游客源市场格局及发展预测［J］. 地域研究与开发. 2004（05）.

［12］王彩红，孙根年，马耀峰. 20年来中国入境旅游业的波动周期及影响因素［J］. 宁夏大学学报：自然科学版，2004（25）.

［13］张建华. 中国国际旅游业的发展现状及努力方向［J］. 国际经贸探索，1997（12）.

［14］周玉翠. 我国入境旅游业的影响因素分析［J］. 经济问题探索，2010（6）.

［15］林德荣. 福建入境旅游市场中台湾客源市场特征分析［J］. 旅游科学，2007（21）.

［16］苟胜东. 旅游学概论［M］. 北京：中国发展出版社，2009.

［17］中国出境旅游市场发展状况. http://tradeinservices. mofcom. gov. cn/e/2010 - 11 - 30/87226. shtml.

［18］百度百科. http：//baike. baidu. com.

［19］维基百科. http：//zh. wikipedia. org/wiki.

［20］中国旅行社协会课题组. 2013入境旅游市场分析［N］. 中国旅游报，

2013 – 12 – 23（第 11 版）．

［21］内外交困，我国入境旅游市场面临考验．http：//www．traveldaily．cn/article/71756．html．

［22］于向东．中国旅游海外客源市场概况［M］．大连：东北财经大学出版社，2009．

［23］秦瑞鸿．全国硕士研究生入学考试旅游学辅导全书［M］．济南：山东人民出版社，2009．

［24］中国入境旅游发展年度报告 2012．http：//www．cnta．gov．cn/html/2012 – 7/2012 – 7 – 12 – 18 – 16 – 06769．html．

［25］新华网．http：//news．xinhuanet．com/ziliao．

［26］中华人民共和国外交部．国家和组织．http：//www．fmprc．gov．cn/chn/pds/gjhdq．

［27］中华人民共和国国家旅游局．http：//www．cnta．gov．cn．